女性と闘争

飯田祐子／中谷いずみ／笹尾佳代 編著

雑誌「女人芸術」と一九三〇年前後の文化生産

青弓社

女性と闘争——雑誌「女人芸術」と一九三〇年前後の文化生産

目次

第2部　交渉する表現主体とジェンダー

装丁――神田昇和

はじめに

飯田祐子／中谷いずみ／笹尾佳代

本書で論じる年代は一九三〇年前後である。三〇年前後は、戦間期に湧出した多様な文化が混沌として交錯した時期である。エロ・グロ・ナンセンスの昭和モダニズムの一方では、左翼思想の風が激しく吹き、大正期のリベラルな思想がその渦のなかで解体され再構成されている。

この時期の女性に広く関心が向けられた場合、トピックとして注目を集めてきたのは、「主婦」や「モダンガール」など、新興中産階級の女性カテゴリーだった。「主婦」や「モダンガール」は、大正中期以降に生じた消費文化や雑誌文化の重要な担い手であり、確かに新たな時代の象徴的存在だったといえるが、ここで立ち止まって考えてみたいのは、「主婦」も「モダンガール」も、文化の担い手ではあっても、消費者や読者として受容の側に配置されているということだ。ともに、語られる存在であって、語る側、文化生産の側にはいない。語る側にいるのは男性であり、彼らが女性たちの欲望を引き出し、消費に動員するという構図が論じられてきたのである。

しかしながら、その時期、文化を生産した女性たちがいなかったわけではない。語られるだけではなく、語る側に身を置き、新しい時代を作り出すための闘争にエネルギーを注いだ女性たちは、確かに存在していた。本書は、そのような文化を生産する側の女性たちの動向に光を当てるものである。その際、特に重要なのは一九三〇年前後の左翼思想の高まりである。左翼思想は「階級」を前景化し、「女性」というカテゴリーに亀裂を走らせた。ブルジョア／無産婦人、あるいは主婦／職業婦人、また都市／地方、個人志向／組織志向といった対立軸が浮上し、「女性」を一枚岩的に捉えることはできないことが明らかになり、女性の多数性という問題に直面せざるをえなくなった。ここに、大正期との大きな違いがある。

「青鞜」(青鞜社、一九一一―一六年)に代表されるリベラルな第一波フェミニズムは、「男性」に対立するカテゴリーとしての「女性」を足場にして、その平等と解放を求める思想だった。「女性」として「女性」の問題を語るということがまず新しかったのであり、それゆえ「女性」のなかの差異を積極的に問題化することはなかった。第二波フェミニズムの展開も思い出されるが、まず「女性」という枠組みで場が作られたあとに議論が深化し、「女性」という括りの普遍性が問題視されるようになるのである。第一波でその契機になったのは左翼思想だった。普遍性を覆し、それぞれの立場が生み出されていくその動態は「闘争」というべき熾烈さで発熱していた。本書では、その熱さを捉えてみたい。

ただし、女性たちの左翼思想の理論的系譜や正当性を確かめようというのではない。「女性」たちは左翼運動でも周縁に置かれていたのであり、中心に置かれた左翼思想を規範として評価すれば、その不十分さや未熟さを指摘することになるかもしれないが、そうした作業は左翼思想の場でのヒエラルキーを再生産するだけで、そのなかを生きた女性たちの姿を見つめることからはむしろ遠ざかってしまうだろう。本書では、正しさを測るのとは異なる視線で、「女性」たちの存在とその闘争に光を当てることを目指している。

一九三〇年前後という時期の「女性」たちについて考えるとき、「主婦」や「モダンガール」などの中産階級の「女性」カテゴリーについて論じるだけでは十分とはいえない。それらと同時に、無産階級の女性たちを視野に入れ、複数の女性カテゴリーがどのように語り合われ、またどのように語り分けられていたのかについて、考えていく必要がある。そして、無名の無産階級の女性たち、またより大きな声を発しえた女性知識人や女性表現者は、何を語り、どのように生きたのか。受容するだけではなく、積極的に闘争した女性たちの姿を見つめたい。

*

本書の出発点になったのは、本書の編者三人(飯田祐子・中谷いずみ・笹尾佳代)でおこなった「女人芸術」

（女人芸術社、一九二八―三二年）の共同研究である。一九三〇年前後における「女性」カテゴリーの分裂について検討することを主要な目的として、二〇一四年度から三年間の科学研究費を得て（「1930年前後における女性作家・知識人のヘゲモニー闘争――『女人芸術』を通して」15K02245）、「女人芸術」を読み直してきた。前述の問題意識は、その過程で鮮明になったものである。「女人芸術」は、長谷川時雨が夫の三上於菟吉から資金を得て主宰した雑誌だが、当時の女性知識人や表現者が集結している。大正期のリベラル・フェミニストや左翼女性知識人、またモダニズム系の作家など、集まった女性たちの立場は実に多様だった。与謝野晶子や岡田八千代、生田花世や今井邦子といった明治から書き続けてきた女性がおり、女性による日本初の雑誌「青鞜」を立ち上げた平塚らいてうや尾竹紅吉も参加している。評論家として、マルクス主義者の山川菊栄や神近市子、一方にはアナーキストの望月百合子や高群逸枝なども執筆している。小説家としては、プロレタリア作家の宮本百合子や平林たい子、佐多稲子、中本たか子、松田解子などが気炎を吐き、モダニズム系の作家では尾崎翠や野溝七生子が独特の世界を提示した。新たな書き手の発掘や支援にも力を入れ、「女人芸術」から世に出た最も有名な作家として林芙美子がいる。「女人芸術」には、一九三〇年前後の女性表現者・知識人が立場を超えて集い、それゆえ「女性」の多数性が顕著に現れた雑誌だったといえる。

女性たちの闘争は、女性たちと外部の状況との間にも、また女性たち自身の間にも認められる。多数化した「女性」は横並びに並列していたわけではない。当初は文学・芸術・女性問題など様々な領域が共存していたが、一九三〇年頃から左傾化して同時代の社会運動の様相を伝えるとともに、プロレタリア文学や評論の女性の書き手が活躍する場になった。懸賞募集で生まれた松田解子作詞の『全女性進出行進曲』は山田耕筰の作曲でコロムビアからレコード化され、各地でおこなわれた講演会の際には声を合わせて合唱された。そこには左翼思想に傾倒する者の声と、女性雑誌文化のなかで読者としての共同性を求める者の声が交じり合っている。共同研究をおこなうなかで実感したのは、そうした雑種性と闘争が発生させる熱だった。

二〇一八年一月には、「女人芸術」を起点としながら、同時代の文化事象に議論を開くシンポジウム「一九三〇年前後の文化生産とジェンダー」（会場：名古屋大学ジェンダー・リサーチ・ライブラリ）を開催した。本書は、その報告をまとめたものである。飯田・中谷・笹尾は、共同研究に基づいて各自で論を構成した。さらに、共同研究時から協力をしてくださった「女人芸術」研究のパイオニアである尾形明子、英語圏での日本女性雑誌研究者であるサラ・フレデリックが、「女人芸術」の歴史性や可能性について報告した。

また、シンポジウムを開催するにあたって特に重視したのは、その射程を東アジアという範囲に広げることだった。「女人聯盟員」と名づけられた読者は海を越えて広がり、朝鮮や台湾、中国からも読者が熱い思いを寄せている。小説や評論の翻訳やアジアやヨーロッパの様子を伝える記事など、外地や外国の情報も多く掲載された。帝国日本が版図を広げていく時代的動向を背景にしながらも、「女人芸術」は多様な女性たちをつなぐ回路になり、また様々な立場の女性たちが自分の道を得ていく回路にもなった。ブルジョアの文化とプロレタリアの思想がぶつかり交ざり合い、社会変革に向かう女性たちを生むと同時に、外地や外国の情報を女性たちに伝え、同時代の東アジアで発刊された様々な女性雑誌との響き合いを可能にするものだった。左翼思想の波は、もちろん日本だけでなく東アジアをも覆っている。その大きな動きを前提として、一九三〇年前後の女性たちの多様性と変化のうねりについて考えることを企図し、台湾から呉佩珍、韓国から李恵鈴を迎え、中国については星野幸代が報告した。

＊

シンポジウムは三部構成で実施したが、本書では大きく二部構成とした。

第1部は、「左翼思想とジェンダー」と題し、左翼思想のジェンダー構造や、階級とジェンダー・セクシュアリティといった力学の重なりやずれについて考察した論を収めた。

第1章「階級闘争におけるセクシュアリティ——女性闘士たちと「愛情の問題」」（中谷いずみ）は、一九三〇年前後の階級闘争におけるセクシュアリティをめぐる語りや女性闘士の表象を分析したものである。中谷は、片岡鉄兵「愛情の問題」や江馬修「きよ子の経験」など「愛情の問題」群といわれる小説の分析を通して闘争の現場における女性のセクシュアリティの意味づけや問題の個人化に注目し、メディア言説などにみられる女性闘士の性的客体化とその消費が、運動主体として立ち上がる彼女たちの論理を見えなくしていくさまを論じる。

第2章「女性解放と恋愛至上主義との間――大正・昭和期のコロンタイ言説の受容」(呉佩珍)は、恋愛の自由問題と女性の労働問題が女性解放の焦点になっていった一九二〇年代後半に注目して、アレクサンドラ・コロンタイをめぐる言説を追ったものである。呉は、コロンタイズムをめぐる受容や論争、高群逸枝の「黒い恋」や徳永直『赤い恋』以上」など小説の分析を通して、言説の通俗化や恋愛をめぐる階級的意味づけ、アナキズムとボリシェビキの対立など、この時期の無産階級運動と女性を取り巻く力学を明らかにしていく。

第3章「社会主義運動とモダンガール――韓国近代長篇小説の様式のある秘密」(李恵鈴[相川拓也訳])は、一九三〇年前後の植民地朝鮮の長篇小説群から、近代知の移動性と流動性を体現した存在としてモダンガールと社会主義者の表象を分析したものである。李は、家族や家庭、階級などからの両者の離脱や変身を指摘したうえで、近年の韓国現代小説に見られる女性労働者と社会主義、そしてモダンガールの統合的形象に、女性の性と社会主義の新たな接合の形を見いだしている。

第4章「闘争の発熱――「女人芸術」のアナボル論争」(飯田祐子)は、マルクス主義者に加えてアナキスト(無政府主義者)をも視野に入れ、左翼思想における「女性」と「階級」という二つの力学の組み合わせについて再考したものである。マルクス主義者とアナキストの議論の質の差異を確認するとともに、動態としての連続性を指摘した。思想として衝突した二つの立場は、複数の女たちが交じり合い、応答し合う濃密な場を生み出したのである。

第2部では、「交渉する表現主体とジェンダー」と題して、左翼思想の高まりと広がりに対して、必ずしも無産階級ではない女性たちがどのように応じ、またどのように新たな動きを生み出していったのかを論じる。主として文学領域の女性表現者たちの動向について検討する。

第5章「目覚めの途上にあること――「女人芸術」の文学作品にみる闘争の周縁」（笹尾佳代）は、「女人芸術」が生み出していた文学作品の特徴を、特に新人作家たちの作品に着目することから捉える。闘争の現場を描くものではない、いわば周縁のプロレタリア文学であるそれらは、マルクス主義の求心力に引き付けられていく人々の熱気や動きとともに、共闘の場から取り残された人々の姿をも描きえたものだった。ここには、労働運動の論理が届きえていなかった問題が浮上する。

第6章「「女人芸術」のインターセクショナリティ――階級・エスニシティ・性意識と「女人芸術」のフェミニズム」（サラ・フレデリック）は、「女人芸術」の小説作品に見いだしうる雑種的な豊かさに、新たな光を当てる。アイデンティティや差別を構成する複数の政治的な力学が関係し合う状態を理論化した「交差」という概念を通して、「女人芸術」の雑種性が発生させた複数の政治性の重なり自体に、「女人芸術」の再読が今日的にもつ可能性を見いだしている。

第7章「〝閨秀作家〟凌叔華の一九三〇年代――戦時下のセクシュアリティと創作」（星野幸代）は、左翼思想の高まりや、その後の抗日言説との距離を捉えることから、凌叔華の「フェミニン」な作風の価値を測定するものである。凌は、反ファシズムの機運が高かった武漢で欧米知識人たちと交流し、抗戦期に英語での自伝執筆を続けた。星野はこの執筆活動を、ヴァージニア・ウルフとの文通や、彼女が与えた凌への助言、ウルフ自身の創作との関わりのなかで検討し、主流文化を拒んだところで生まれていた女性文学者たちの結び付きを捉える。

第8章「「女人芸術」創刊から廃刊、そして「輝ク」」（尾形明子）は、「女人芸術」を通時的に見通し、その場を切り開いた長谷川時雨が何を考え、どのように時代に向かい、女性たちを迎えたのかをつまびらかにしている。「女人芸術」は、長谷川時雨の人としての力がなければ生まれえなかった。また、この章では、「女人芸術」廃刊後の展開を見据えることの重要性を説いている。「女人芸術」の廃刊から十カ月後に刊行された「輝ク」は、戦時体制に女性たちを組み込むはたらきを担うことになった。一九三〇年前後からその後の時代へ向かって、「女性」カテゴリーの亀裂は埋められ、「銃後の女性」として再統合されていくのである。

＊

また、八本の論文の間に八本のコラムを加えた。これらのコラムは、シンポジウムの際に会場の名古屋大学ジェンダー・リサーチ・ライブラリで同時開催した「『女人芸術』という回路」で展示パネルとして作成したものをもとにしている。いずれも、「女人芸術」を同時代の文化的諸相のなかに置き、雑誌内部の情報が何にどのように接続しているのかを示すものである。

＊

以上、本書は女性たちの「闘争」に向き合うことで、「生産＝男性／受容と消費＝女性」という既存の枠組みを組み替える。また、一九三〇年前後に発生した「女性」の多数化と集合化のダイナミズムについて考察して、ジェンダーの複雑な機能を明らかにするものである。

［付記］各章の引用文中にある旧字体の漢字は、原則的に新字体に改めている。仮名遣いは原則的に引用元のとおりである。また、引用文の中略は（略）としている。

第1部　左翼思想とジェンダー

第1章　階級闘争におけるセクシュアリティ
——女性闘士たちと「愛情の問題」

中谷いずみ

はじめに

一九二五年三月、男子だけを対象とする普通選挙法が成立、五月公布の改正衆議院議員選挙法で実現した。それに連動して女性の参政権を求める機運も高まり、二四年十二月には婦人参政権獲得期成同盟（翌年、婦選獲得同盟に改称）が結成される。一八九〇年以後、女性が政談演説会を聴く自由やその発起人になる権利は剝奪されてきたが、平塚らいてうや市川房枝、奥むめおの新婦人協会が請願や宣伝・普及に努めた結果、一九二二年に法の一部が改正されて解禁になった。政治結社に加われない女性たちにとって、婦人団体は政治運動、労働運動、女性解放運動などの面で重要な足場でもあった。

また選挙権の拡大は、労働運動などの場に、普通選挙実施に向けた無産政党の組織化をめぐる課題を突き付けることになった。無産政党は一九二六年十二月に大きく三つに分かれて結成されていくのだが、この時期、神近市子が「婦人の解放を望む者は無産政党を支持すべき(1)」と述べたように、階級闘争と女性の解放を重ねる言説が流通し始める。山川菊栄は、現在の社会を動かしているのは、「表面、権利を代表してゐる男子であつても」事実上は男子の「意思を動かすところの社会条件」であり、婦人解放を望むものは闘争の対象を「男性に求めるのではなく」「社会的条件に対して向けねばならぬ[2]」と述べ、望月百合子は「男子は女子を奴隷化したばかりでなく、同時に大多数の男子をも奴隷化した」のであり「解放と云ふことは全部の上に行はれて始めて真の解放とな[3]」ると述べている。また平塚らいてうは、「青鞜」（青鞜社、一九一一―一六年）の頃に「職業生活」や「社会生活」へと飛び出していった女性たちを「封建的家族制度を向ふに廻し、個人主義のために闘った大小のノラ」と呼び、そのノラたちもまた「個人主義では解決出来ない多くの婦人問題、社会問題」の根底にある「社会制度」によって「人格的自由、思想の独立」を妨げられたとして「知的婦人」の解放を無産者解放に重ねる。[4]「知識婦人が無産婦人大衆と共に同一戦線に立ち、全無産階級解放の運動に合すること」が女性自身を「婦人として又無産者としての二重の桎梏から解放する」とともに、「未来社会」における女性の「新しき社会的地位を獲得する唯一の道[5]」であるとするこの文章は、らいてうでさえも無産者運動に「無産者」としての「女性」解放の期待を寄せていたことを教えてくれる。実際、無産者運動内での女性の存在感は増していた。三〇年二月の東洋モスリン（洋モス）亀戸工場第一争議、四月の鐘紡争議、九月の東洋モスリン亀戸工場第二争議、十一月の倉敷紡績争議など、各地の製糸工場のストライキでは女工たちが先頭に立って闘った。また「日本のマルクス主義運動に女子学生がいちばん多く参加したのは一九三一、二（昭和六、七）年であろうか[6]」と牧瀬菊枝が記しているように、「知識婦人」など労働者階級以外の女性たちも同じく闘争主体として運動に参加していたのである。

　では、女性解放は階級闘争によって果たされたのだろうか。本章ではこの問題を念頭に、一九三〇年前後の階級闘争をめぐる言説で女性のセクシュアリティがどのように語られていたのかについて、片岡鉄兵や江馬修らによる「愛情の問題」を扱った小説を取り上げて分析を試みる。

1　無産者解放運動と女性解放

一九二九年二月の「女人芸術」（女人芸術社）に掲載された「誌上議壇」[7]に「今までの無産婦人運動」は「無産政党の言ひなりになつて、余りおとなし過ぎてゐたんぢやないか」「婦人の共通な利害に対しても闘へない」（永島暢子）とあるように、無産婦人諸団体は無産諸政党の影響を強く受けていた。例えば、立場を超えた女性の統一的組織を目指して二七年に作られた婦人政治運動促進会は、その準備活動中に共産党指導下の合法団体だった「労農党支持一本」に絞るようにという指令が表面化し、それまで集っていた女性たちが不参加を表明したという[8]。また、そののちに労農党系婦人団体として二七年七月に発足した関東婦人同盟は結成後一年もたたない二八年三月に解体声明を発表するが、その理由は、労農党本部からの勧告と声明発表の同月に起きた共産党弾圧事件（三・一五事件）の打撃だったという。山内みなの自伝は当時の勧告内容を示す「労働農民新聞」一九二八年四月七日付の記事を紹介している。そこでは従来の婦人運動を「小ブルジョア婦人運動」と呼び、「男子」に対する「反抗にすぎず」「資本家地主の政府と闘争し得ないが為に到底婦人の解放を実現し得ない」ものだとしたうえで、「今日の我が婦人同盟は、かかる誤った見解の上に組織され」ているとして、今後は「婦人同盟」ではなく「わが党婦人部」として活動するようにと書いてある。この勧告に対し、山内は腹立たしく思い、これでは「婦人運動は発展できないと、心の中では承服」しなかった。しかし三・一五事件によって労農党や日本労働組合評議会など、共産党指導下の合法団体が解散命令を受けたため、うやむやになってしまったという[9]。

とはいえ、女性が闘うべき相手は男性ではなく資本家と資本主義国家だとするこのような認識は、当時の無産者運動左派の言説にしばしば見られるものだった。例えば「女人芸術」で批評家として活躍した中島幸子もまた、「過去の女権拡張論者」の「解放」は「男性のむごたらしい束縛を断つことを熾烈に欲求し」たもので「厳密なる科学的認識を欠いた処の、素朴な要素をば多分に包含してゐた」とし、「資本主義の枠内では、幾多の人形の家は暴露され、且つ多くのノラは生れるかもしれぬ」が「婦人一般の解放はマルクス主義の理論把握にのみ依拠する」ものだという。そして「吾々の云ふ女権拡張は資本主義社会の次に来るべき未来社会に於いて、婦人が男子と対等によりよき向上した生活を営むことである」[10]と述べる。こうした階級闘争による女性解放という論理を支えていたのは、革命後ロシアの女性労働者イメージだろう。「女人芸術」には、ゼシカ・スミスによる「ソヴィエットロシヤの労働婦人」[11]の一部が神近市子訳で掲載されており、そこには「労働者が男であるか女であるかは問題であり得ない、たゞ単純に窮乏の度が問題となり得るのである……かゝる態度のみが、我等の組織に婦人を止め、労働軍に於ける分裂を防ぐことを我等に得しめるであらう……」[12]という革命後の一九一八年四月に労働組合ペトログラード評議会が発したアピールが紹介されている。また、女性労働者たちが「工場も生産した物も私共のもの」であることを喜び、「今は私共は自由です」と語る姿も伝えられている。さらに二九年六月の「女人芸術」には山川菊栄による「ロシアにおける労働婦人の近状」[13]が掲載されており、労働組合の政策が功を奏して多くの産業部門で女性労働者が増加していること、特殊の資格を必要としない業務では男女労働者の賃金もほぼ同等であること、近年は労働組合や協同組合、政府の地位での女性の昇進も著しいことなどを報告している。他にも秋田雨雀による視察報告「ソビエート・ロシヤに於ける女性活動」[14]や神近市子訳によるゼシカ・スミス「ソヴエートの母子保護施設」[15]など、数え上げればきりがない。「女人芸術」は繰り返し、革命後のソビエト・ロシアが女性解放をどう成し遂げつつあるかを伝えていたのである。このようなイメージとともに、資本主義から社会主義への移行が女性解放を可能にするという言説が流通していたのである。

だが、こうした言説が日常における権力の発動を不可視化するものであることは言うまでもない。次節では国家体制という大文字の権力への抵抗のもと、女性の身体を囲繞するような日常の権力が発動される場面やその許容を可能にする論理について、二つのプロレタリア小説を挙げて考えてみたい。

2 「貞操」をめぐるレトリック

運動の場で「女性」の存在感が増していたこの時期、プロレタリア文学の領域では、非合法活動に従事する男女の関係を扱った作品が現れる。片岡鉄兵の小説タイトルを援用して「愛情の問題」を扱った作品群と呼ばれるこれらの小説には、非合法活動をしていることが周囲にばれないよう「普通の夫婦」を演じるべく男性活動家の妻を装う女性、すなわち「ハウス・キーパー」が描かれている。彼女たちは家事全般を引き受け、男性党員同士が連絡を取り合うためのレポーターや会合の際の見張り役を担い、そして男性党員としばしば性的関係をもつ。ここでは彼女たちの描かれ方に目を向けてみたい。

「改造」一九三一年一月号（改造社）掲載の片岡鉄兵「愛情の問題」は、半非合法な活動の必要から同棲をしている間に「愛情」で結ばれてしまった男女の場面で始まる。しかし女性に焦点化したこの物語の主筋は、相手の男である皆木との恋愛にあるわけではない。そこで描かれるのは「性」と「運動」の関係である。作中には、「仕事」の都合上、皆木との同棲生活を終えて石川という男と暮らし始めた主人公の女（名前は付されていない）が、石川から性的関係を結ぶことを提案されて動揺する場面が描かれている。そのときの彼女の内面は、次のように語られる（×のルビは伏せ字の復元を示す）。

> 彼女は何ということもなく、石川が怖くなった。それでありながら石川の云うことを無理だと、一がいに蹴ってしまうことも出来ない。性欲に悩まされるそのことが罪悪である筈はなかった。ふと貞操《××》という言葉が彼女の頭に泛んだ。それは単なる言葉だった。鉄則というには余りにもろい感じであり、いつ砕けてしまう珠であるかも知れない。たとい一個人の一個の貞操《××》にしろ、それがもしほんの少しでも階級闘争の上に役立

つというのならいつだって犠牲にしなければならないのだから。けれども、闘争は好んでそういう犠牲を要求するのではない。そういう場合は殆ど稀有である。[16]

彼女は「貞操」をめぐって逡巡するのだが、この後、石川に対して「節制が足りない」という抗弁で打ち勝つ。ところがここで語りは、「売買」や「取引」の「対象となるべき貞操」をもたない非合法時代の闘争者たちにとって、「貞操のすがり所」とは「潔癖という個人的な気分」であるという。そして「稀有にしか起り得ないことではあるが」、それが「個人的な気分である限り、階級闘争のひろい見地の前には、いつでも犠牲になされ得る根拠でもある」と述べる。つまり、語りのレベルで彼女の「貞操」が優先されない場合もあると示されるのである。石川は謝ったものの、「夜ふけにこの男と二人だけであることを強く意識」して「戦慄」し、彼が便所に立ち上がっただけで恐怖を感じてしまう彼女は、耐えきれずに家を飛び出して、皆木のもとに戻る。だが皆木は「石川と一緒にいることに堪えられなくなった、その個人的な感情を以て、其所に居ることを放棄した」のは「退却」だと叱り、彼女も「自分の弱さ、自分のつまらなさ」を感じるのである。ここで留意したいのは、合意のない性交という暴力の可能性に対する恐怖が、彼女の内的独白や語りによって「個人的な」「貞操」の問題にすり替えられてしまっていることである。それによってこの出来事は、性暴力の問題ではなく、女性の側が「貞操」を捨てるか否かの問題として焦点化される。またそれのみならず、この「貞操」をめぐる選択が「闘争」との距離に関わるものであるかのように語られるのである。家を飛び出す前に、石川への恐怖心と拒絶感を抱いた際の彼女を、語りは次のように位置づける。

> 同志を失った彼女——闘争から孤立した彼女——もはや彼女は弱い弱いあたりまえの女にすぎない！[17]

彼女は工場が多い江東で「或る紡績工場に働き掛ける」ために石川と暮らし始めたのだが、「彼女の仕事がまだ巧く着手出来ない間に破綻が来た」という設定になっているため、石川としかつながりがない状況にある。そうした設定で、彼女自身の身体を犯すかもしれない男を拒むことは「同志を失」うこと＝「闘争から孤立」することと説明されるのである。つまりテクストは、性暴力への恐怖を「貞操」という「個人」の選択に置換したうえで、その選択を「闘争」に身を置くことの決断と同義であるかのように描いていくのである。

「貞操」をめぐっては、一九一四年頃に「青鞜」で論争が起き、メディアでも広く話題になった経緯を踏まえる必要があるだろう。牟田和恵は、貞操論争における「貞操観念」を「旧来の貞操の思想」、つまり「家や夫のために守られるべき貞操」という考え方に対して「自らのセクシュアリティが他者の所有物であることを敢然と否定」するという「強烈な自我の観念に裏打ち」されたものだったと見なす。しかし同時に牟田が指摘するように、それは「自己のもの、自我のためにこそ、貞操を守ることを宣言する」ような「女性のセクシュアリティの物象化を同時に招」く面もあった[18]。つまり、父や夫など〈イエ＝家〉によるセクシュアリティの管理に対して、〈性〉を自らの「自己所有物」と捉え、そこに「自己」や「自我」を重ねるために「貞操」がまた意味をもつのである。こうした発想は、例えばマルクス主義者と女子学生の関係を描いた野上彌生子の小説「真知子」[19]にも見られるものである。

女子学生（東京帝国大学聴講生）でありブルジョア階級に属する真知子が階級闘争の思想に共感しながらも離れていく過程を描いたこの小説では、関という活動家の男と関係をもつ場面が描かれている。その際「プロレタリアト《（ママ）》以外の血を信じない」関に対し、真知子は「私のたつた一つ持つてるもの、誰にも分けなかつた、あなたの為だけに取つておいたものまで信じないとは仰しやらないでせう」といい、「私の血に必要な勇気が欠けてゐたら、それが血の代りをしてくれ」ると覚悟を見せる。地の文は「それが何であるかは口に出さうとはしなかつた。出せば厭味な、黴臭い、中世期風の安易と牧歌と逸楽の響をその言葉は伴ふ懼れがあつた」と続き、「貞操」という言葉とその古臭さが示唆される。家族からブルジョア的結婚を期待されていた真知子は〈家＝イエ〉の管理下にある「貞操」を自らの決断で手放すことで、活動に入る「勇気」を示すのである[20]。

ここに見られるように、この時期、「貞操」はブルジョアへの対抗という文脈でしばしば語られた。ロシアの革命家コロンタイの受容を調査した杉山秀子は、娘のゲニアが恋愛感情のないまま母の恋人と肉体関係をもつことを正当化する「三代の恋」[21]がこの時期話題となり、「ゲニアの生き方、ゲニアイズムは当時の日本の若者の間に一大センセーションを巻き起こした」としたうえで、しかしゲニアイズム＝コロンタイズムを批評した論の多くは「部分的肯定と部分的否定」「ほとんど否定的ではあるが、ある部分肯定的」「全面的否定」が圧倒的に多く、「一部の若いプチブル層を除けば、意外に冷静に受けとめられ[22]」たと述べている。ここで留意したいのは、次のような記述である。

コロンタイがゲニアに於いて表現した所の女性生活――階級的社会的労働に従事する多忙な若き党員ゲニアは時間の浪費と感情の浪費との省略のために彼女一流の感情は高潮時に於る性的衝動の満足は浮藻な性的享楽にあらずして最も神聖化されたブルジョア既成道徳への反逆的実践であつた[23]。

これは一九三〇年十一月の「女人芸術」「相互検討」欄掲載の読者投稿である。投稿者はコロンタイズムに肯定的とは言いがたいのだが、しかし「性」の「神秘化」を対抗すべきブルジョア的な古い道徳とする見方は、階級闘争に携わる女性たちの記述にしばしば見られるものである。「最も神聖化されたブルジョア既成道徳への反逆的実践」と解している点に注意が必要だろう。またこの投稿の末尾には編集部によると思われる「評」が付されているが、そこにも「神秘の殿堂から、引き下された所謂性の問題を、今更偶像化する事は必要ではない」と書かれており、「ブルジョア既成道徳」による「性」の「神秘」化ないし「偶像化」を暴いたものという意味づけがコロンタイズムになされていたことがわかる。例えばハウス・キーパーの孤独を描いた藍川陽「生活の感傷[24]」には、同志の男から「同棲」をもちかけられて「禁欲――之が処女の貞操だ」「愛情の無い肉体的交際は売淫に等しい――清算した心算の古い性道徳が頭を持ち上げて、幸子をまごつかした」とある。

つまりこの時期、運動する女性たちにとって、「貞操」からの解放は女性の「性」をもってする「ブルジョア既成道徳」への反逆という意味も含まれていたのである。片岡鉄兵「愛情の問題」に見られたような、性暴力への恐怖を「貞操」をめぐる選択に置換し、闘争への意志と同等であるかのようにみせるレトリックは、こうした性をめぐる意味づけを利用したものといえるだろう。

3 〝個人的なことは政治的なことである〟

同時期に「愛情の問題」を扱った江馬修の小説「きよ子の経験[25]」には、「コロンタイ」の名を挙げる場面がある。主人公のきよ子は、ブルジョア生活を脱して消費組合での仕事に励んだあと、原田という男のレポーターとして働くようになる。その仕事を紹介した野口は、原田を「我々にとつて非常に大事な男」で「いかなる事があつても彼を身をもつて守つて貰はねばならぬ」存在といい、きよ子は「とても及びつかない遠い所にあるやうに感じてゐた××党」で働かせてもらえると喜ぶ。実家を出ることにした彼女は原田と「カムフラージュ」の夫婦として同居するのだが、性的関係をもってしまう。その場面は次のように描かれている。

> 或る晩彼は恋愛論をやり出して、コロンタイ女史の『三代の恋』なぞを引用しながら、性愛の自由を強調した。そして性欲に関して随分際どい事まで口にした。聞きながらきよ子は不安になり不愉快になつた。彼がさういふ話をしながら、彼女に対して何を意図してゐるかゞほゞ分つたからだ。彼女が暗い顔をして黙つてしまふと、彼も急にまじめな顔になつて、左翼運動に話題を転じた。しかしその晩、彼女はどうにもならないやうな風で、とう〱彼と肉体的交渉を持たされてしまつた。
>
> 　彼女は煩悶した。なぜなら、きよ子は彼を尊敬はしたが、恋愛を感じてはゐなかつたし、完全に階級的な

同志として以外の関係を考へても見なかつたからである。ましてコロンタイイズムを小ブル的な恋愛観としてかねてから排撃し、階級的な仕事に恋愛を絡ませるものを極度に軽蔑してゐた彼女だつた。きよ子はもうこの間までのやうに明るい朗らかな気持で生活できなくなつた。[26]

ここで「コロンタイ」の「性愛の自由」が、男の「性欲」を正当化する文脈で持ち出されていることに注意しよう。きよ子は「不安になり不愉快に」なるのだが、「どうにもならないやうな風」で「肉体的交渉を持たされてしま」い、「階級的な同志として以外の関係を考へても見なかつた」男との関係に「煩悶」する。引用後の場面で、原田はきよ子に対し「君にはまだ封建的な道徳観や小ブル的な恋愛観が抜け切らないんだなあ」といい、「君がもし僕を愛してゐないと云ふんなら、それでも構はんさ」「単に性欲上の関係だけでもいゝぢや無いか」と述べている。[27]結局、苦しんだきよ子は、関係の深まりと「彼女の努力」によって「だん〳〵原田を愛するやうに」なり、「殊に地下で働いてゐる男たちは異性に接する機会がごく稀」であり「私のやうなものでも喜びを与へる事ができれば満足」だとまで考えるようになる。しかしその後、原田が捕まり、自分も拘留されてはじめて原田に妻と赤ん坊がいることを知り、「階級運動に対するその犠牲的な決意」を「踏みにじられ」たように感じた彼女は、「原田を怨んで、生活にも闘争にも何の希望を持てないやうな状態」に陥るのである。[28]きよ子に焦点化したこのテクストは、一見原田を批判的に書いているようでもあり、実際、橋本英吉は翌月の時評でこの作品を「×員の恋愛問題を捉へて、可成りガッチリと纏めあげてゐる」と称しながらも、「ほんの毛ほどのことでも立派なデマの材料」になるので「原田が単に自分の欲望のためにきよ子をうまく利用したのか」「過失」として引き起された事なのか」明瞭に書くべきだったとしている。[29]だがここで目を向けたいのは、原田という男の表象ではなく、「性」の経験を通して女性闘士として成長できるかのように描く物語の筋立てである。

きよ子は、原田の紹介者だった野口に宛てて一連の経緯を書いた手紙を送るのだが、再会した野口はあざむいた原田が悪いとしながらも「あなた自身も多少の責任を分つべき個人的な問題に躓ついたからと云つて、どうして我々の左翼運動全般にまで懐疑的にならなくてはならないんでせうか」と言う。そして「立派な人が多い」「党」とはいえ「時々は変節者も出る」のであり、それによって「×の重大性にしろ、左翼運動の意義にしろ、少しも減退するわけではない」と述べたうえで、次のような言葉を放つ。

> 『さあ、あなたは原田との個人的ないきさつに失望して憤慨して運動を離れ、小ブルらしく没落してしまふか、それとも今度の苦い経験をよく自己批判して、揚棄して、新しく試練された自分として、更に次の闘争に出直して行くか、この分れ目にあなたは立つてゐるんです。あなたはどつちを選びますか』[30]

耳まで「真つ赤にほてらして」話に聞き入っていたきよ子は、この言葉に「歓びに目を輝やかし」て「お話でようく分りました。私がまちがつてゐたのです」と答え、闘争の世界へ戻ることを選択する。ここで彼女の経験は「個人的ないきさつ」とされ、乗り越えるべき「試練」として語られているのである。こうした筋立ては、前述の片岡鉄兵「愛情の問題」にも見られる。次の引用は、「愛情の問題」で、大量検挙（四・一六事件）で仲間を失ってしまった主人公の女が、ようやく再会した同志の岸田を自分の家に泊める場面である。一組しかない布団を敷いてやった彼女は、彼の「健康ないびき」を聞きながら、「自分も、あの蒲団の中にもぐり込んで行けば好いのだ」と思い、次のように考える。

> あらゆるものを投げ出したものに、貞操なんか何だ？　もはや石川の場合の彼女とはちがっていた。彼女はもっともっと育っていた。もっともっと自由な女性を自分の中に自覚していた。たとい肉体は腐っても好かった。組織を裏切らず、卑怯者にならずに、自分を押し進めていく途中で、どうせ献げた身体だ。もはや彼女にとって組織以外に大切にするものは何にもないのだ。貞操ばかりを破れ物のように気に掛けていたら、それでどうなると云うのだ？[31]

自らの「身体」を「組織」に「献げた」主人公にとって、「貞操」へのこだわりを捨てることは「自由な女性」に「育って」いくために必要なこととされ、乗り越えられるべき問題として語られる。引用部のあと、彼女は「蒲団の中へそっと、片方の脚から入って行」くのだが、同志の岸田は「ちょっと目を醒まし」て二言三言、言葉を発しただけで「元のように寝息を立て」眠ってしまう。それを見た彼女は、「自分が今の今までひとり問題にしていることは、岸田などにとっては問題でもなくなって」いて「彼はずっとずっと高いところに行っている」と思う。そして、闘争の過程で「小さな恋愛関係が生起する」のは「自然」なことだが、その「自然の衝動を克服」し「あたり前のことを起らせずに済む強さ」は「闘争のあらゆる場面で輝かしい役割を果たす力なのだ(32)」と考えるのである。

こうしてテクストは、「自然の衝動」さえも超越して闘争に向かう岸田という男を、闘士のあるべき姿として描き出す。しかも、この「自然の衝動」としてテクストに描かれるのは「性欲」ばかりではない。この前の場面で四・一六事件後に捕まることを恐れる彼女は、同志が拷問を受けている場面を想像するのだが、そこでは「現実の苦痛の瞬間」に「日本共産党員であることを止め」「自分の生命を愛する単なる本能の奴隷」になって口を割る同志の姿がイメージされていた。だが、岸田からの連絡を待っていた女は、実は彼女の部屋に泊まった翌日に彼が捕まっていたことを知り、それでも自分の部屋が警察に知られていないという事実から「彼女のことを黙っている岸田や××や××を思」い、はじめて「同志愛」を「噛みしめるように感じ」る。そして「これこそ力強い愛情だ。これこそ、世界を成長させる愛情だ」と気づき「仕事のことを考えて、じっとして居れないものを感じ」るのである(33)。「拷問」という暴力に耐えて自分の「生命」よりも「同志」への愛情を優先する岸田の姿は、ともすれば彼女が石川に感じた性暴力への恐怖をもまた克服すべき些細なものに見せる効果をもってしまうだろう。その暴力主体が「敵」と「同志」という点で大きく異なるにもかかわらず、「同志愛」によって乗り越えるべき「自然の衝動」という点で両者は重なってしまうのである。テクストは「彼女の消息は？　作者も知らない……」という言葉で閉じられており、彼女が「仕事」に奔走する姿が暗示されている。つまりこの物語は、女が「個人的」な「貞操」へのこだわりや暴力への恐怖という「自然の衝動」を克服し、一人前の「闘士」へと成長する過程を描いたものなのである。

　これまで見てきたように、「きよ子の経験」と「愛情の問題」という二つの小説は、運動のなかで生じた性暴力への恐怖や性交渉への戸惑いを、闘争すべき権力関係の範疇外にある「個人的」な問題とし、より大きな「同志愛」に向かうことで「闘士」として成長するという筋立てになっている。ここには「性」という「個人的」問題にこだわっていること自体を闘士としての未熟さの証しと見なし、それを振り切ってこそ一人前とする論理が潜んでいるといえるだろう。

　ただし、同時代でもその論理を相対化するようなものは見られる。例えば先に挙げた野上彌生子「真知子」には、真知子と結婚の約束をした活動家の関が彼女の友人である米子とも関係をもって妊娠させていたとわかり、関と真知子が衝突する場面が描かれている。関は米子の苦しみを、「飢ゑのやうに人を殺しはし」ない「歯の痛み」のような「個人的な」「私事」であり「組織とは関係ない」と語る。それに対して真知子は、「歯を痛くさせたのは誰なのです」と切り返すのである。[34] 戦後に刊行された岩波文庫版「まへがき」には「私生活における箇人《ママ》的モラルの完成」なしに「働く者の階級の幸福」も「人類の新しいモラルの昇華もありえないとする女主人公の考へ方は、作者の考へ方である」と記されている。このことから、野上もまた「個人的」モラルのレベルで捉えていたとわかるが、とはいえ階級闘争における女性の「性」をめぐる論理を批判する視点が書き込まれていることは事実である。[35] また、蔵原惟人は片岡の「愛情の問題」にふれて、女性の「個人的感情」の「犠牲」ではなく男性の「非階級的な行為」を問題にすべきだったと述べている。彼はまた、「きよ子の経験」を「女に対する封建的な、またブルジョア的な考え方とどこが違っているのだ」と批判し、これらの作品群が「感情と義務」を対立させ、そこに問題の解決を求めるのは誤りだと述べている。[36] ただし蔵原は、「階級的義務」は「個人的な幸福に対立し、それを破壊する」ようなものではなく、「愛よりも強き力」「愛よりも大きな幸福」として描かれなければならないとも述べている。[37] この論理が、本章で見てきたような女性闘士の成長物語の筋立てに、実は重なるということには注意すべきだろう。

また、女性たちにとって「性」をめぐる問題はただ「犠牲」として片づけられるものではなく、運動との関係で葛藤を引き起こすものでもあった。「女人芸術」の小説群には、しばしば階級闘争と性をめぐる葛藤が描き込まれている。例えば、沖しづ子「道子のことづて」[38] は、組織の仕事に情熱をもちながら同情者にとどまる姉道子と、かつて姉の恋人だった活動家の島と付き合っている妹のフヂ子を描いた小説である。運動への希望を妹に託す道子は、フヂ子に「凡ゆる場合に階級の利害を第一番に考へて、――恋愛も結婚も、個人的な一切を、それに従属させなくちや不可ない」と言う一方で、「島なんかに利用されちや不可ません」「自分自身、重大な使命を果たしながら、二人前の生活費を稼ぎ出すなんてことはやらうたつて出来ないこと」だと男性優位ではないあり方を提示する。また、「島が運動のためにどんな重要な役割を果たしてゐるか知らないが、あつちの女、こつちの女に食ひ下つて歩く生活態度には、可なり濃厚なルンペン性があることを正しく見なくては」などともいう。この姉の発言に対してフヂ子は、「私は同志としての島をその具体的な活動に於いて見るだけだわ《（マヽ）》個人的な生活態度がどうあらうと問題ぢやないわ」と返すのだが、そのあとの地の文に「そつくり島の口調だ――姉はさう思つた」とある。ここには闘争主体としてのフヂ子の主張と、彼女の言葉に男性に都合がいい論理を見いだして案じる姉の姿が描かれている。

実は女性闘士による「性」をめぐる主張は、小説だけに見られるものではなかった。一九三一年七月の「女人芸術」に掲載された「未決女囚当時の心境」という記事には、次のような記述が見られる。

> 刑事は段々Kとの関係に話をうつして行き、Kは君よりもつと信用してゐる一人の女と一緒に居たのだ。Kは信越のオルガナイザーとして派遣されるについて全く君を利用したのだ。（略）又奴等の憎むべきデマであると思つた。私はKがたとへ自分を信じようと、又他の女を愛して居ようと、私は私として守らねばな

らぬ務めがあつた。私は彼の行為に対しては階級的裏切がない限り、決してとがめ得るものでないと考へてゐた。だから私はそんな個人的な信用とか愛とかゞ問題ではなしに、より多く運動のために働きかけるといふ事が重要な事だつた。(39)

無記名だが、今日では記事の内容から女性共産党員だった平林せんのものと推測できる。平林せんは、長野県諏訪郡の農家の生まれで、小学校卒業後に製糸女工をしていたが、またいとこで東京女子大学生だった伊藤千代子を頼りに上京して運動に参加した人物で、引用は、三・一五事件で勾留されているときの取り調べについての記述である。(40) 引用文中に出てくる「K」とは、平林がハウス・キーパーをしていた河合悦三を指すと思われるが、刑事から「K」が「他の女と一緒に居た」と聞いた「私」は、「奴等の憎むべきデマである」と思う。そしてそもそも彼が「他の女を愛して居ようと、私は私として守らねばならぬ務め」があり、「個人的な信用」や「愛」などは問題ではなく、「運動のために働きかける」ことが重要だと記すのである。記事の初めのほうには、上京当時「多くの同志達の指導の下に、ほんたうにしつかりした無産階級××運動のために闘ひ得る闘士となる事を熱望してゐた」とあり、彼女にとって「運動」のための「務め」が何より優先されるものだったことがわかる。ところが「闘士となる事を熱望」する彼女に与えられた仕事とは男性同志の妻になること、すなわち「男」の存在を媒介しなければ「運動」に関われない立場に身を置くことでもあった。彼女は「女性」としてではなく一人の「闘士」として自らを立ち上げたのであり、そのかぎりで「性」をめぐる諸々の問題は「個人的」なものにすぎないのである。だが、性別役割分業や女性を性的客体とする価値観が支配するなかで、「性」を超えた抽象的個人として立ち上がるのは難しい。彼女たちは、性差別的構造や性暴力を「個人的」な些細なことと見なすことで、「性」から解放された主体として自ら振る舞おうとした。しかし第二波フェミニズムが指摘したように、公／私の区分それ自体に男性優位の権力関係が潜んでいることを踏まえれば、運動のなかで生じたはずの「性」をめぐる問題を「個人的」なこと＝私的なことと位置づけることで「運動」から切断するその論理自体に、権力関係が潜んでいたといえるだろう。そして無産階級を解放したいという彼女たちの熱意は、運動の場に深く浸透していた性別役割分業や女性を性的客体と見なす姿勢によって搾取されることになる。階級闘争での男性優位の権力構造は、公的領域を特権化し「闘争」に参加する彼女たちを公に属する存在と位置づけながらその身体や「性」を搾取し、それらを私的領域に属する、乗り越えるべきものとして提示するのである。その点で、メジャーなプロレタリア作家たちによる「愛情の問題」や「きよ子の経験」が、女性闘士の成長をめぐる言説実践でもあったことは強調してもしすぎることはないだろう。

おわりに

もちろん、前述のとおり無産者運動が目指す社会には女性解放も含まれていたのであり、その意味で女性闘士たちは未来の可能性に自らの身を賭けたともいえるだろう。だが、一人前の闘士になるべく「性」を些細なことと見なして運動に従事した女たちの思いは、メディアによっても踏みにじられることになる。一九三二年十月の共産党幹部一斉検挙に関する報道が解禁となった三三年一月十八日、各新聞社は号外を出した。前年の共産党による銀行襲撃事件がまだ記憶に新しい読者に対し、検挙の際に起きた熱海温泉での銃撃戦が「大活劇」と報じられるなど、紙面には検挙を好奇の眼で消費するような語りがあふれ、女性党員たちもスキャンダラスに語られた[41]。

例えば一九三三年一月十八日付「東京朝日新聞」号外（二面）には、「踊る赤色女性群　男子も及ばぬ捨て身の活動　冷い鉄則・夫の名も知らぬ　変り種・烏森芸者」という見出しの記事が女性党員の顔写真付きで掲載され、一人ひとりの簡潔な紹介が記されている。前置きには次のような文がみられる。

女党員の多かつた事と彼女達が男子党員をしのぎ重要な地位と役割とを獲得して大衆の中に飛び込みめざま

しい飛躍をしている点に今度の共産党は従来のそれに比し大きな異色を持つてゐる、全く彼女達は党の肉弾最前衛となつて捨て身の活動に青春に燃ゆる若者をやすやすとりこにし党員に獲得したのである

「肉弾最前衛」として「捨て身の活動」で「若者をやすやすとりこに」したとされる女性党員たちの紹介文には、「哀れにもかさねのように顔の半分を占める大きなあざがあり絶望的な彼女の気持につけ込む赤い魔の手」（荒川つる子）、「幼時里子にやられた関係で肉親の愛を知らぬさびしさからいつしか左翼へ走り」（青島比佐子）、「党の命令でダンサーとなつて日本橋茅場町忠勇ビルのホールへ現れ三井軍役の息某をトリコにし資金獲得のためつゝもたせの主役を演じ」（対馬ひさ子）、「大物食ひの彼女も岩田義道急死のことを聞かされた時は流石に女らしく係官の前にわつと泣き伏し」（安富淑子）など、肉親や異性との関係を左翼運動に走る要因としたり、「性」を前景化したりする記述が躍っている。もちろん、すべての女性党員がそのように語られるわけではないのだが、同紙面掲載の「首脳部の経歴」という幹部たち（男性八人、女性一人）[42]の紹介記事にそのような傾向はなく、ニュアンスの違いは明らかである。[43]また同紙面には「エロ班　資金獲得策」という見出しとともに、「銀行ギャングを目論んだ家屋資金局」が「エロ班」を組織し、女性党員を「人身御供」にして「エロと引換へに大枚三万円を獲得せん」としたとも報じられている。つまり共産党のスキャンダルとして女性闘士が報じられる際には、彼女たちの運動への意志よりも「愛」や「性」の文脈が強調されてしまうのである。

共産党検挙報道解禁記事を見た平塚らいてうは、一九三三年一月二十一日付の「東京朝日新聞」朝刊の家庭欄（五面）に「女共産党員への抗議」（平塚明）という記事を書いた。らいてうは「この事件に現はれた男性による女性の「性」の露骨な利用」について「旧社会における男子の在来の婦人観——婦人を唯手段として見、機械として扱つてゐたそれと全く同一」だと批判し、次のように述べる。

今回検挙された多数の若い女性たちは、その多くは知識層でありながら、国民としての自覚と共に女性と

してての自覚ももたず、それ故に自分の性を利用されながら更にそれに気づかない。私にはこの事がいひやうもなく気の毒にも残念にも思はれます。
しかしこの若き女性たちを娘にもつ多くの家庭の母たちの苦悩に思ひ及ぶときわたくしの胸は一層同情に堪へない痛みを感じます。

らいてうは、彼女たちが「自分の性を利用されながら更にそれに気づかな」かったと見なし、その「母たちの苦悩」に思いを寄せる。「旧社会における男子の在来の婦人観」と同じであることを指摘しながらも、「母」への共感という形で彼女たちを〈イエ＝家〉の「娘」と位置づけてしまうかのようならいてうの言説もまた、闘争主体として立ち上がった女たちの意志や未来への望みを見落とし、「知識層でありながら」も「気づかない」「自覚」がない存在として彼女たちを語ってしまうのである。こうして、「闘争主体」として立ち上がった女たちの意志のみならず、その心身を搾取した階級闘争と「性」をめぐる論理、すなわち公／私という日常のジェンダー配置のうえに組み立てられた権力構造は見過ごされてしまうことになる。その意味では、無産者解放運動の言説のみならず、らいてうのような女性解放論者もまた、運動に身を投じた女たちの思いや彼女たちがさらされていた構造的暴力に目を向けることはできなかったといえるだろう。
しかし彼女たちの社会変革に向けた熱意や行動、出来事、戸惑い、怒り、失望などは、文字として残されている。そうした言葉の数々を、いま私たちに宛てられたものとして受け取り、考え、つないでいくことはできるのではないだろうか。

注

(1) 神近市子「婦人と無産政党」「女人芸術」一九二八年七月号、女人芸術社、一二ページ

（2）山川菊栄「フェミニズムの検討」、同誌五ページ

（3）望月百合子「婦人解放の道」、同誌一〇ページ

（4）平塚らいてう「知識婦人についての考察」「女人芸術」一九二八年八月号、女人芸術社、二―七ページ

（5）同論文七ページ

（6）牧瀬菊枝『一九三〇年代を生きる』思想の科学社、一九八三年、二〇ページ

（7）平塚らいてう／奥むめお／織本貞代／永島暢子／松本日佐子／山本和子／八木秋子／城しづか／素川絹子「誌上議壇」「女人芸術」一九二九年二月号、女人芸術社、一〇ページ

（8）山内みな『山内みな自伝――十二歳の紡績女工からの生涯』新宿書房、一九七五年、一五八ページ

（9）同書一九八―二〇〇ページ

（10）中島幸子「婦人と階級闘争」「女人芸術」一九二九年六月号、女人芸術社、三四―三五ページ

（11）ゼシカ・スミス「ソヴィエットロシヤの労働婦人」神近市子訳、「女人芸術」一九二八年十二月号、女人芸術社、六二―七二ページ

（12）同論文六二、六五ページ

（13）山川菊栄「ロシアにおける労働婦人の近状」「女人芸術」一九二九年九月号、女人芸術社、五四―五五ページ

（14）秋田雨雀「応接室――ソビエート・ロシヤに於ける女性活動」「女人芸術」一九三〇年二月号、女人芸術社、四―七ページ

（15）ゼシカ・スミス「ソヴエートの母子保護施設」神近市子訳、「女人芸術」一九三〇年九月号、女人芸術社、二―二五ページ

（16）片岡鉄兵「愛情の問題」の引用本文は『「戦旗」「ナップ」作家集2』（「日本プロレタリア文学集」第十五巻）、新日本出版社、一九八四年、三〇九―三二九ページ）による。引用は三一四―三一五ページ。

（17）同作品三一六ページ

（18）牟田和恵『戦略としての家族――近代日本の国民国家形成と女性』新曜社、一九九六年、一四二―一四三ページ

（19）野上彌生子「真知子」『野上彌生子全集』第七巻、岩波書店、一九八一年（同『真知子』鉄塔書院、一九三一年）

(20) 同作品二九一—二九二ページ
(21) アレキサンドラ・コロンタイ「三代の恋」『恋愛の道』林房雄訳、世界社、一九二八年。コロンタイの受容については本書、第2章「女性解放と恋愛至上主義との間——大正・昭和期のコロンタイ言説の受容」（呉佩珍）に詳しい。
(22) 杉山秀子『コロンタイと日本』新樹社、二〇〇一年、一四七—一五二ページ
(23) 山本有子「ゲニヤイズムのルンペン化と産児制限」「女人芸術」一九三〇年十一月号、女人芸術社、七七ページ
(24) 藍川陽「生活の感傷」「女人芸術」一九三一年三月号、女人芸術社、一〇九ページ。なお、「生活の感傷」におけるハウスキーパー表象については「空白の「文学史」を読む——プロレタリア運動にみる性と階級のポリティクス」（日本近代文学会編集委員会編「日本近代文学」第九十八集、日本近代文学会、二〇一八年）で論じた。
(25) 江馬修「きよ子の経験」の引用本文は「ナップ」一九三一年二月号（全日本無産者芸術連盟）による。
(26) 同作品一七二ページ。ここで「万一子供が出来るやうな事があつたら僕が責任をもつ」と言う原田に対し、きよ子は「いつやられるかも知れない身で、子供の責任を持つも無いもんだわ」と返すのだが、「子供」の問題はこれきりで言及されなくなる。「愛情の問題」を扱う作品で「妊娠」「出産」の問題が切り捨てられる傾向については、池田啓悟が『宮本百合子における女性労働と政治——一九三〇年代プロレタリア文学運動の一断面』（「立命館大学文学部人文学研究叢書」第四巻）、風間書房、二〇一五年）で指摘している。
(27) 前掲「きよ子の経験」一七二—一七三ページ
(28) 同作品一七三—一七七ページ
(29) 橋本英吉「二月の諸成果（月評）」「ナップ」一九三一年三月号、全日本無産者芸術連盟、一一四—一一五ページ
(30) 前掲「きよ子の経験」一七八—一七九ページ
(31) 前掲「愛情の問題」三二五ページ
(32) 同作品三二六—三二七ページ
(33) 同作品三二一—三二九ページ
(34) 前掲「真知子」三二七—三二八ページ
(35) 野上彌生子「岩波文庫版「まへがき」」（前掲『野上彌生子全集』第七巻）三八四ページによった。

(36) 蔵原惟人「芸術的方法についての感想(前編)」『蔵原惟人評論集』第二巻、新日本出版社、一九六七年、二一〇—二一一ページ

(37) 同論文二一三ページ

(38) 沖しづ子「道子のことづて」「女人芸術」一九三〇年十月号、女人芸術社、三六—四三ページ

(39) 「未決女囚当時の心境」「女人芸術」一九三一年七月号、女人芸術社、九八—一一〇ページ

(40) 平林せんの経歴については、鈴木裕子編著『女性——反逆と革命と抵抗と』(「思想の海へ「解放と変革」」第二十一巻)、社会評論社、一九九〇年)一四一—一五〇ページを参照した。

(41) この事件をめぐる新聞報道や女性誌の反応については、島村輝「ジャーナリズムの「捏造」とデモクラシーの「逼塞」——転向点・一九三三年の報道空間」(「社会文学」編集委員会編「社会文学」第四十九号、日本社会文学会、二〇一九年)に詳しい。

(42) 女性一人とは児玉静子であり、他の男性幹部同様、彼女に関する記述には「愛」や「性」にまつわる言葉は見られない。

(43) 例えば「首脳部の経歴」では「幼にして家運傾き四高から京大に入学反帝責任者として在学中にも検挙された」(藻谷小一郎)、「秩父町道生文重郎氏の三男で実家は『久喜文』で知られる豪商、早大文科に入学赤い思想にかぶれ二年間も家に帰らず」(久喜勝一)、「極貧に生れ幼少より両親なし、筑豊炭田の鉱夫となり大正十二年郷里佐賀より上京」(源五郎丸芳晴)、「大阪貿易学校夜間部を卒業し総同盟に加盟その後交通労働の指導者となり」(田井為七)など、親や異性との「愛」や「性」に関する言葉が含まれていないことからも、女性党員の語られ方に偏りが見られるのは明白である。

[付記] 本研究は、JSPS科学研究費15K02245、18K00316の助成を受けた。

コラム　洋モス争議と「女人芸術」

中谷いずみ

「女人芸術」（女人芸術社）の書き手のなかには、運動に携わる者も数多くいた。ここでは女工たちが自ら立ち上がった点で先駆的ともいわれる洋モス争議（東洋モスリン亀戸工場での解雇反対争議。［第一次］一九三〇年二月、［第二次］一九三〇年九―十一月）を取り上げ、その闘争に関わった織本貞代と中本たか子という二人の女性を通して、「女人芸術」と運動の関わりを浮かび上がらせたい。

織本貞代の労働女塾と「女人芸術」

かつて日労党婦人部の指導者として活躍してゐた織本貞代氏が、今度亀戸町の工場地帯をえらんではじめた婦人労働女塾の生徒さん達である。こゝは専ら労働組合の婦人闘士、婦人指導者を養成するのが目的で、委員は織本氏をはじめ、東洋モスリン、東京モスリン工場に働く女工さんたちである。現在三十人程の目覚めた女工さんが未来の戦線の闘士たる可く熱心に勉強してゐるが、大変な盛況で、二日に一人の割合で入塾者があり、塾の手狭さをさへ感じる程だといふ。労働運動の左翼戦線が実際なきまでに紛糾されつゝある時、時機を得た有意義な計画として諸方から注目されてゐる。

科目は午前と夜間に、労働運動の理論、資本を教へる傍ら、裁縫、生花、料理など、女一人前の教養を忘れないといふ中々行き届いたやり方で、あまり家庭的な雰囲気に親しむ機会のない女工さん達は、さよう日の夜の料理の時間など嬉々として通つて来るといふ。（写真はまさに試食せんとする織本氏と生徒さんたち）。

図1　労働女塾
（出典：「女人芸術」1929年11月号、女人芸術社）

女性解放運動家でありのちに女性史家ともなる織本貞代（帯刀貞代）は、「女人芸術」に労働婦人運動史などを発表していた。工場が多い東京・亀戸に居を構えた織本は、働く女性たちが労働問題や婦人問題、裁縫などを学ぶ場として一九二九年七月に労働女塾を開く。図1は、「女人芸術」一九二九年十一月号に掲載された記事である。そこには多くの女工たちが参加し、そこで学んだ彼女たちは洋モス争議でも中心的な役割を果たした。また織本貞代が『ある遍歴の自叙伝』(1)に記したよ

図2　洋モス第一次争議の様子
(出典：「女人芸術」1930年4月号、女人芸術社)

うに、労働女塾は中本たか子や長谷川時雨、生田花世、山田邦子など「女人芸術」に関わる女性たちからも支援を受けていた。

なお、洋モス争議の寄付報告者のなかには「女人芸術社一同」五円二十銭、「女人芸術講演会」二円二十五銭などの記述があり、[2]「女人芸術」が誌面上の活動ばかりではなく、この時期に盛り上がる女性労働者たちの運動を陰に陽に支えていたことがわかる。

女工たちの闘い——洋モス争議

図2は「女人芸術」一九三〇年四月号の巻頭に掲載された、洋モス第一次争議の様子を伝える写真である。同号は織本貞代の「黎明期に於ける労働婦人——東洋モスリンの争議」を掲載し、女工たちの闘う姿を報告している。織本は、大衆党系婦人団体である無産婦人同盟の中心的人物として、中間派の組合同盟（日本労働組合同盟、一九三〇年六月に労働組合全国同盟と合流して全国労働組合同盟となる）指導下で洋モス争議に参加し、演説会などもおこなって、女工た

ちを後方から支援した。

争議の敗北

長期にわたる抵抗と先鋭的な姿勢で注目を集めた洋モス争議だったが、結果は敗北に終わった。織本貞代は争議終結後の「女人芸術」一九三一年一月号に「日本の紡績争議に関する覚え書き」を発表し、洋モス争議を例として資本側の戦術について述べている。職業暴力団や雇い入れ人夫らによる暴力、農村の家族に対する猛烈なはたらきかけ、強制帰郷、他工場からのスキャップ（代替要員）融通、保護を名目とした警察の介入などの資本側の戦術に対し、地域住民だけではなく労働者や農民との連携が必要だったと織本は論じている。また、争議後の女工たちに言及した記事は他に、「女人芸術」一九三一年九月号に掲載された、洋モス女工だったという田村とめ子の「洋モス争議の回顧」がある。そこでは、争議で解雇されたあと、他工場に勤めることもかなわずに困窮する女工たちの姿と、争議の終結をもたらした組合同盟幹部への批判をつづっている。

なお織本貞代は、一九三一年三月に中央委員を務めていた無産婦人同盟を脱退、同年夏には共産青年同盟に加入して地下活動に入り、三二年十二月に検挙される。

中本たか子と東洋モスリン

中本たか子は、「女人芸術」一九二九年三月号巻頭に掲載された「鈴虫の雌」で新人作家として注目を集め、引き続き「恐慌」（「女人芸術」一九二九年十月号）、「便衣隊創設」（「女人芸術」一九三〇年五月号）などを同誌に発表した。彼女は織本貞代を手づるとして一九二九年十月に亀戸に移り住む。しかし、中間派の婦人団体の一員として闘争に参加した織本貞代とは異なり、中本たか子は日本共産党指導下の全協（日本労働組合全国協議会）のもと、洋モス工場内部で組合同盟反対派を集めて組織化する活動に従事した。のちに彼女

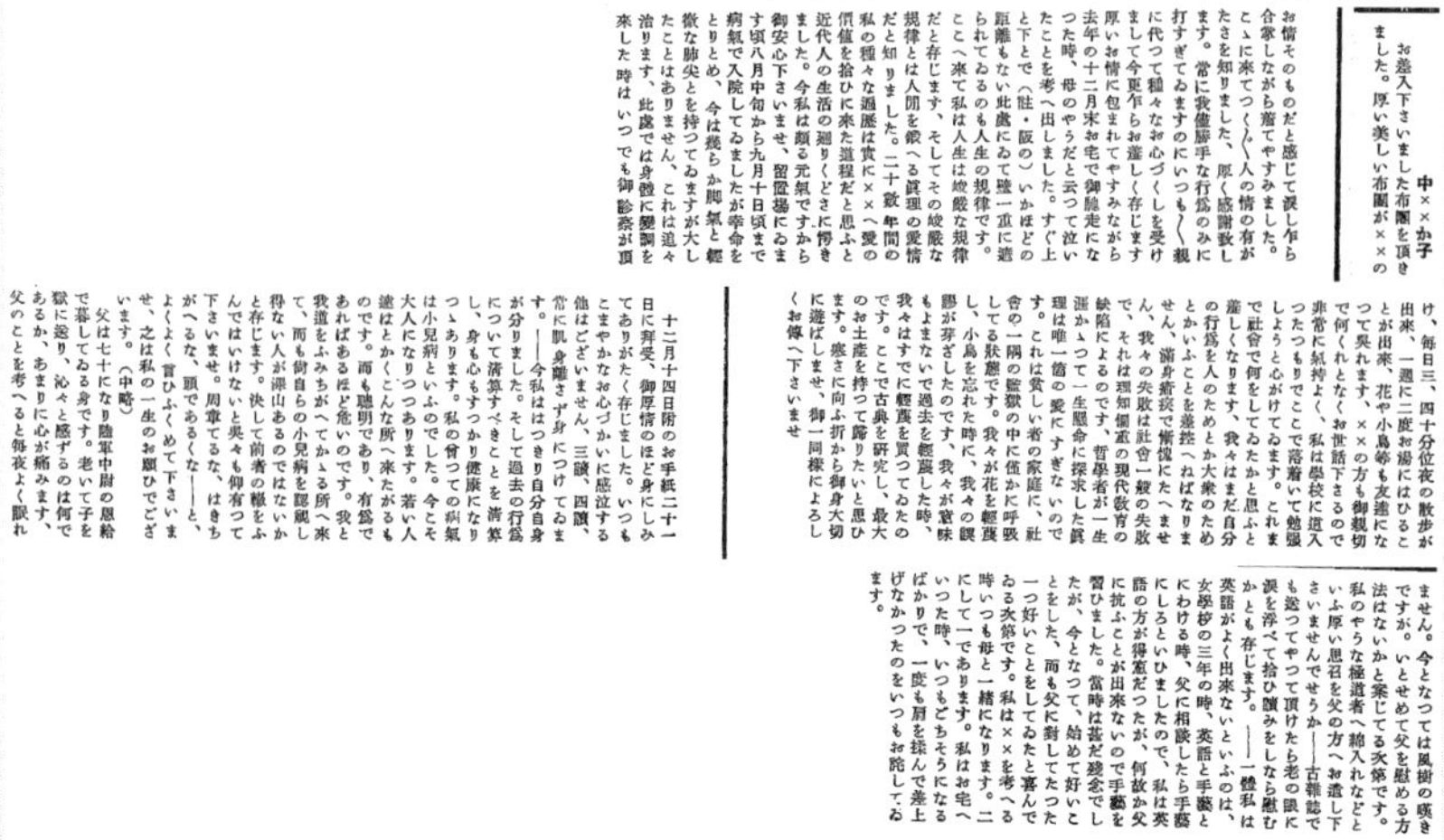

中××か子

お差入下さいました布團を頂きました。厚い美しい布團が××のお情そのものだと感じて涙し乍ら合掌しながら寢てやすみました。こゝに來てつく〲人の情の有がたさを知りました、厚く感謝致します。常に我儘勝手な行爲のみに打すぎてゐますのにいつも〱親に代つて種々なお心づくしを受けまして今更乍らお羞しく存じます厚いお情に包まれてやすみながら去年の十二月末お宅で御馳走になつた時、母のやうだと云つて泣いたことを考へ出しました。すぐ上と下とで（牡・阪の）いかほどの距離もない此處にゐて壁一重に遮られてゐるのも人生の規律です。ここへ來て私は人生は峻嚴な規律だと存じます、そしてその峻嚴な規律とは人間を鍛へる眞理の愛情だと知りました。二十數年間の私の種々な過歴は實に××へ愛の價値を拾ひに來た道程だと思ふと近代人の生活の廻りくどさに愕きました。今私は頗る元氣ですから御安心下さいませ、留置場にゐます頃八月中旬から九月十日頃まで病氣で入院してゐましたが幸命をとりとめ、今は幾らか脚氣と輕徵な肺尖とを持つてゐますが大したことはありません、これは追々治ります、此處では身體に變調を來した時はいつでも御診察が頂け、毎日三、四十分位夜の散歩が出來、一週に二度お湯にはひることが出來、花や小鳥等も友達になつて吳れます、××の方も御親切で何くれとなくお世話下さるので非常に氣持よく、私は學校に這入つたつもりでここで落着いて勉强しようと心がけてゐます。これまで社會で何をしてゐたかと思ふと羞しくなります、我々はまだ自分の行爲を人のためとか大衆のためとかいふことを差控へねばなりません、滿身瘡痍で慚愧にたへません、我々の失敗は社會一般の失敗で、それは理知偏重の現代敎育の缺陷によるのです、哲學者が一生涯かゝつて一生懸命に探求した眞理は唯一箇の愛にすぎないのです。これは貧しい者の家庭に、社會の一隅の監獄の中に僅かに呼吸してる狀態です。我々が花を輕蔑し、小鳥を忘れた時に、我々の誤謬が芽ざしたのです、我々が意味もよまないで過去を輕蔑した時、我々はすでに輕蔑を買つてゐたのです。ここで古典を硏究し、最大のお土産を持つて歸りたいと思ひます。寒さに向ふ折から御身大切に遊ばしませ、御一同樣によろしくお傳へ下さいませ

十二月十四日附のお手紙二十一日に拜受、御厚情のほど身にしみてありがたく存じました。いつもこまやかなお心づかいに感泣する他はございません、三讀、四讀、常に肌身離さず身につけてゐます。――今私ははつきり自分自身が分りました。そして過去の行爲について淸算すべきことを淸算し、身も心もすつかり健康になりつゝあります。私の曾つての病氣は小兒病といふのでした。今こそ大人になりつつあります。若い人達はとかくこんな所へ來たがるものです。而も聰明であり、有爲であればあるほど危いのです。我と我道をふみちがへてかゝる所へ來て、而も御自らの小兒病を認識し得ない人が澤山あるのではないかと存じます。決して前者の轍をふんではいけないと吳々も仰有つて下さいませ。周章てるな、はきちがへるな、頭であるくな――と、よくよく言ひふくめて下さいませ、之は私の一生のお願ひでございます。（中略）

父は七十になり陸軍中尉の恩給で暮してゐる身です。老いて子を獄に送り、沁々と感ずるのは何であるか、あまりに心が痛みます、父のことを考へると每夜よく眠れません。今となつては風樹の歎きですが。いとせめて父を慰める方法はないかと案じてる次第です。私のやうな極道者へ綿入れなどといふ厚い思召を父の方へお遣し下さいませんでせうか――古雜誌でも送つてやつて頂けたら老の眼に淚を浮べて拾ひ讀みをしなら慰むかとも存じます。――一體私は英語がよく出來ないといふのは、女學校の三年の時、英語と手藝とにわける時、父に相談したら手藝にしろといひましたので、私は英語の方が得意だつたが、何故か父に抗ふことが出來ないので手藝を習ひました。當時は甚だ殘念でしたが、今となつて、始めて好いことをした、而も父に對してたつた一つ好いことをしてゐたと喜んでゐる次第です。私は××を考へる時いつも母と一緒になります。二にして一であります。私はお宅へいつた時、いつもどちそうになるばかりで、一度も肩を揉んで差上げなかつたのをいつもお詫してゐます。

図3　「読者通信」欄
（出典：「女人芸術」1931年2月号、女人芸術社、37－40ページ）

は洋モス第一次争議が始まる直前に捕まり拘留される。

第一次争議終結後に釈放された中本は、亀戸を離れて岩尾家定、田中清玄のハウス・キーパーを務めることになり、一九三〇年七月に検挙されて市谷刑務所に収容される。図3は、「女人芸術」一九三一年二月号の「読者通信」欄に掲載された記事で、伏せ字の名前と「留置場にゐます頃八月中旬から九月十日頃まで病気で入院してゐました」などの記述から、中本たか子のものだと推測できる（中本はこの時期、岩尾との間にできた子どもを中絶するために入院している）。布団を差し入れたり手紙を送ったりするなど、長谷川時雨が中本を支援し続けていたことがこの記事からもわかる。このあと、中本は心身のバランスを崩して松沢病院へ入るが、菊池寛の奔走もあって三一年十月に保釈され、その後の世話は菊池寛や長谷川時雨が引き受けた。この時期、中本は「女人芸術」一九三二年一月号から雑誌終刊となった同年六月号まで、長篇小説「東モス第二工場」を連載しているが、これは洋モスでの全協組織化の運動に関わった際の見聞を下敷きにしたものと思われる。なお、中本は釈放後間もなく全協の活動に戻り、三三年に再び検挙され懲役四年が言い渡された（のちに一年の減刑が宣告されている）。

注

（1）帯刀貞代『ある遍歴の自叙伝』草土文化、一九八〇年、七七ページ

（2）鈴木裕子編・解説『生活・労働2 無産婦人運動と労働運動の昂揚』（「日本女性運動資料集成」第五巻）、不二出版、一九九三年

［付記］織本貞代の経歴については、前掲『ある遍歴の自叙伝』を、中本たか子の経歴については、『わが生は苦悩に灼かれて――わが若き日の生きがい』（白石書店、一九七三年）を参照した。

第2章　女性解放と恋愛至上主義との間
——大正・昭和期のコロンタイ言説の受容

呉佩珍

はじめに

ロシアの女性社会運動家アレクサンドラ・コロンタイ（一八七二—一九五二）の作品で、最初に日本に紹介されたのは、尾瀬敬止が翻訳した「コロンタイ女史の「家庭解放論」」（「女性改造」一九二三年一月号、改造社）である。[1]翌一九二四年、山川菊栄は「アレクスサンドラ・コロンタイ女史」（「女性」一九二四年十月号、プラトン社）で、コロンタイについて、優秀な革命家としてだけでなく女性解放の闘士として位置づけ、詳細に紹介したうえで好意的に評価した。[2]また二七年に山川は、『婦人と家族制度』（叢文閣）を翻訳・出版した。これはコロンタイによる評論の最初の日本語訳である。同年、松尾四郎は『赤い恋』（世界社）を翻訳しているが、これは日本に紹介されたコロンタイの最初の小説になった。次いで、二八年に林房雄はコロンタイの恋愛三部作「ワシリッサ（赤い恋）」「三代の恋」「姉妹」を翻訳し、『恋愛の道』（世界社）という書名で出版した。[3]さらに三〇年に、大竹博吉は『婦人労働革命——経済の進化における婦人の労働』（内外社）を翻訳・出版した。一方、二八年七月に女性雑誌「女人芸術」（女人芸術社）が創刊されると、コロンタイに関する座談会を何回も開催し、紹介する文章を多く掲載した。

コロンタイの日本での受容を手短にまとめたが、その翻訳・紹介は大きく二種類に分けられる。一つは、婦人（女性）解放論に関するもので、いち早く日本に紹介された。もう一つは、その恋愛小説を通しての恋愛言説である。しかしいずれにしても、当時のコロンタイを受容する言説、ないしコロンタイのイメージには、矛盾・分裂した現象が見て取れる。その矛盾・分裂した現象は、左翼思潮と大衆による両極端の受容から生じたものだと思われる。この両極端の受容は、コロンタイの女性解放論と恋愛言説の受容、そしてのちにそれぞれの言説が日本で土着化していく過程と深く関わっている。

本章の目的は、コロンタイが日本に翻訳・紹介されたのち、一九二〇年代から三〇年代にかけての女性解放論と恋愛言説にどのような影響と変化をもたらしたかを検証することにある。特に、コロンタイの女性解放論と恋愛言説、そのメカニズムが、どのように大正・昭和期の文芸思潮にはたらきかけたかを考える。

では、コロンタイ言説の日本受容に入る前に、それを受け入れる土台――日本の女性解放運動思潮の背景について手短に紹介しておこう。

1　大正・昭和期の女性解放運動思潮――女性解放運動と「恋愛至上主義」

日本の女性解放運動史によれば、一九一一年に平塚らいてうたちによって生まれた文芸雑誌「青鞜」（青鞜社、一九一一―一六年）は女性が主導した最初の本格的な解放運動である。明治維新以後、日清戦争と日露戦争を経て日本は近代国家への道を着々と進んでいく。国家主義が高揚していたこの時期に、女子教育の重要性も注目され始めた。当時の欧米諸国で、国力隆盛のためには女子教育が不可欠と言われていたからである。(4)

「青鞜」の同人によるこの解放運動は、家父長制度によるジェンダー・ロールへの制限と束縛を打破することを訴えていた。また、恋愛やセクシュアリティ問題にも着目し始めた。(5)このように「青鞜」の同人は家父長制度と旧習に対して疑問を投げかけたり反逆的な態度をとったりしていたため、「新しい女」というレッテルを貼られてしまった。(6)一九一三年一月から二月にかけてエレン・ケイの『恋愛と結婚』が抄訳されて「青鞜」に掲載されるが、これは大正期の「恋愛結婚」言説の嚆矢になった。翌一四年に『恋愛と結婚』(天佑社)は原田実が翻訳して出版され、二〇年までに七回も増刷される売れ行きになった。また、翌二一年一月三十日から十月二十日にかけて厨川白村の『近代の恋愛観』が「大阪朝日新聞」で連載されているが、それはもともと英米文学の文芸批評である。だが、その内容は「恋愛」に集中しているため、エレン・ケイの『恋愛と結婚』との相乗効果を上げて、大正期の「恋愛至上主義」(love is best)を構築したといえるだろう。当時の「恋愛至上主義」は、理想的な男女関係を、「霊肉一致」の恋愛によって結び付く関係と主張している。この二作はただちに中国・朝鮮と台湾に伝わって、これらの地域の文学と新たな両性関係の考え方に深い影響を与えた。(7)このような時代背景と文芸思潮は、二〇年代後半の日本におけるコロンタイ言説の受容の土台を築き上げた。

厨川の『近代の恋愛観』とエレン・ケイの『恋愛と結婚』は、大正期の「恋愛至上主義」概念の形成と通俗化に決定的な影響を与えた。また明治末期から大正初期にかけての第一波の女性解放運動と比べると、社会主義の流行とプロレタリア文学運動の盛んな動きのなかで、この時期の女性解放運動は明らかに変化していた。大正期に入ってから、資本主義と近代化が急激に進展した。特に大正後期に現れ始めたモダンガールの性と恋愛の自由を求める積極性は、前の世代を上回っていたといえるだろう。その変遷は、明治期と大正期の「青鞜」とその後の「女人芸術」に反映された恋愛言説に見て取れる。「女人芸術」は昭和初期に創刊されているが、そこで紹介された言説からは当時のフェミニストと社会主義思潮のコロンタイ受容のあり方もわかる。

一方、大正後期に入ってから、女性教育の普及と資本主義の高度発展にしたがって、職業婦人が徐々に現れるようになる。社会に女性の労働力を求める傾向も見られるようになり、女性の労働問題と恋愛の自由問題はこの時期の女性解放運動の焦点になっていた。また、一九二一年に「種蒔く人」（種蒔き社、一九二一―二三年）が創刊されたことに象徴されるようにプロレタリア文学運動が始まる。そして二三年の関東大震災以後、プロレタリア文学運動を推進する雑誌「文芸戦線」（文芸戦線社、一九二四―三〇年）と「戦旗」（戦旗社、一九二八―三一年）が創刊された。この動きが二八年の三・一五事件の共産党大検挙まで続き、日本のプロレタリア文学はピークに達していた。[8] このような時代背景のなかで、コロンタイは進歩的な左翼女性運動家としてその思潮と著作が日本に紹介されたのである。

本章の冒頭で手短に述べたが、最初に日本に紹介されたコロンタイの作品は、一九二三年一月に「女性改造」に掲載された「コロンタイ女史の「家庭解放論」」である。この論考は、主に共産主義国家のなかで旧式な家制度はもう続かないと指摘したものである。[9] このなかでコロンタイは、女性を従来の家制度から解放し、「友愛結婚」という新しい結婚様式をもって理想的な共産主義社会を建設すべきだと主張した。その趣旨は、女性の解放が理想的な社会の建設によってはじめて実現しうるというものである。

また、一九二四年に山川菊栄[10]は、前掲の「アレクスサンドラ・コロンタイ女史」で、コロンタイについて詳細に紹介した。山川は、コロンタイへの、そして女性と共産社会主義言説への関心でこの文章を執筆した。二七年に山川が翻訳したコロンタイの評論集『婦人と家族制度』の梗概は以下のとおりである。資本主義のもとで女性労働者の増加が家庭を解体してしまい、共産主義がその解体に拍車をかける。そして家事と育児の社会化によって家族が消滅するが、このような変化は歴史の必然的な進化だという。[11] 三〇年に大竹博吉が翻訳した前掲の『婦人労働革命』は、主に原始社会からロシア革命までの女性労働の歴史を記述している。コロンタイの主張によると、「何時の時代にも、女性の地位は経済的職分によって決定されてきた」。[12] コロンタイのこの著書の観点について、水田珠枝は次のように指摘する。「女性の従属の役割の起源を私有財産の成立に求めるエンゲルスの説に反対し、生産技術の発達による性役割の変化がそれにもたらしたとみる」。[13] その後、『恋愛の道』の訳者の林房雄、高群逸枝と山川の間に、「三代の恋」と「コロンタイムズ」の恋愛言説をめぐって論争があった。ここからも、コロンタイの小説が当時の日本社会に引き起こした話題性と注目度の高さがうかがえる。論争の発端になったのは、林が「中央公論」一九二八年七月号に発表した「新『恋愛の道』――コロンタイ夫人の恋愛観[14]」である。これに対して高群逸枝が「中央公論」一九二八年八月号に「官僚的恋愛論を排す――コロンタイ夫人の恋愛観について[15]」を、そして山川が「改造」一九二八年九月号に「婦人界見たまま[16]」を発表した。それから、「女人芸術[17]」は、『恋愛の道』、特にそのなかの「三代の恋」について後述の一連の議論を始めた。

日本でのコロンタイの翻訳と受容、そして引き起こした論争から、日本の同時代の女性問題の傾向だけでなく、これらの問題がどのように捉えられていたかが浮き彫りになる。また、当時の日本がどのようにコロンタイを読解し、コロンタイが提出した女性問題との対話を試みたかもうかがい知ることができる。以上を踏まえたうえで、本章で考えてみたいのは次の点である。すなわち、コロンタイの著作が翻訳・紹介されたことで引き起こされた論争から、その読解をめぐる多様性に着目して、当時の女性問題の関心のありようと、そしてそれぞれ主張の差異を明らかにすることである。なかでも、特にコロンタイの小説「三代の恋」から生じた「コロンタイズム」がきわめて大きな反響を引き起こしたことに注目したい。

2 「コロンタイズム」論争――ブルジョア階級?、それとも無産階級?

「三代の恋」のヒロイン、ゲニアは妊娠が発覚して母親オリガに堕胎について尋ねたところ、母親は驚いて、父親は誰なのかと聞く。ゲニアは知らないと返事する。しかしある日、オリガは、ゲニアが自分の夫で、ゲニアにとっては継父となるリヤブコフと抱き合っているのを目撃する。オリガは怒り、ゲニアが自分を騙し、妊娠の相手を知らないと言ったのは嘘だと責め立てる。それに対して、ゲニアはこう答える。「私の子供の父がリヤブコフであるか、ほかの人であるかはわからないのです」。さらに、「まるで当然の権利がある如く、まだほかの一人の同志とも関係して」[18]いると続ける。ゲニアは言う――これは自分がお金のため体を売ったり、暴力で犯されたりしたわけではなく、すべて偶然に起こったことで、なおかつ自由な意志によるものだ。だから、誰も傷つけていない。自分が不快を感じたのは、堕胎のために二、三週間働けなくなるからである。それから、自分が愛していない二人と関係をもってしまったのは偶然の出来事で、オリガからリヤブコフの愛を奪い取ってはいない、と。そして母親に対して、夫を束縛するのは、汚い貪欲さからきた行為だと責めるのである。他の同僚から質問されると、ゲニアはこう答える。「恋愛をする暇な時間が要る。が、自分達の様に忙しい革命の仕事に従事してゐる者にはそれが与へられない。だからこうするのだ。自分の恐れてゐるのは花柳病だけで、ほかに何も恐れるものはない」。さらに同志に「あなたはこの二人の男を愛したことがなく、曾つて、男子を愛したこともないといふが、では一体誰を愛してゐるのか」と聞かれると、ゲニアは「母」、それから「レーニン」と答えた。また、母の恋愛についても、「あんな恋の仕方をしたら、仕事をする暇がない」[19]と答えた。

「女人芸術」創刊号に掲載された林房雄訳の『恋愛の道』の合評会から、このようなゲニアの恋愛観に対して、当時、一部の女性の社会主義者が理解を示す一方、大多数は批判的な態度をとっていたことがわかる。例を見てみよう。「これは、今のロシアの過渡的な働き方であつて、コロンタイ女史のいはうとしたことは、どんなことが起こつてもビツクリするなといふこと女性をしつかりさせようといふことの警告なのだとおもひますね」[20]（神近市子）。「恋愛は私事として考へこまない、重大な問題にしない。とにかく、男も女も活動して有能者となる、そして有能者であるといふ意味において、私事なる恋愛は小さくみなすといふのがその『三代の恋』の娘の考へですこれは主義者として自然さうなりやすいことですから」[21]（平林たい子）。この時期のコロンタイ言説への認識を考察すると、ほぼその恋愛言説、特に『恋愛の道』に所収されている「三代の恋」の女主人公ゲニアの「恋愛」に関する主張に関心が集中していることがわかる。なお、日本で「コロンタイズム」が流行語になったのは「三代の恋」が出版されてからだ、と平林たい子が指摘している。[22]

「三代の恋」に現れている恋愛観が反響を引き起こし、当時の女性解放思潮にも大きな衝撃を与えた。「女人芸術」創刊号の座談会以外では、一九二八年九月号と十月号でそれぞれ「多方面恋愛」と「恋愛異説」という座談会をおこなった。内容をみると、コロンタイ以前の恋愛言説は、大正期に流行していたエレン・ケイの「恋愛結婚」と厨川白村の「恋愛至上主義」の延長線上に捉えられていることがわかる。座談会の参加者の関心は「三代の恋」のゲニアにほぼ集中している。長嶋暢子は、ゲニアが母親の夫と関係をもったことについて、次のように述べる。「それが悪いとか良いとか言へないけれども、少なくともお母さまが悩むと云ふことは自然な事、いくらゲニアがお母さんから何も奪つてゐないと言つても、そこには実感として言へない。言ふ所と実感とは違ひますけれども…」(23)。しかしこうした日本のコロンタイズム言説が、コロンタイの実際の主張とずれていると指摘したのは平林である。「コロンタイ女史は、これらの小説に於いて、男女関係自体の歴史的発展の線をもはつきりさせようとしてゐるし、『恋愛の社会的役割』について独自の見地を強調してゐる」(24)。そして、この部分だけに読者の関心が集まり、それが「コロンタイズム」と呼ばれているのは危ない、なぜならこの個所は、小説のなかの「理論的説明」が十分に表れておらず、そのため「無原則主義」「本能主義謳歌」の印象を与えてしまうからだ、と危惧している(25)。このことは、平林が日本のコロンタイの恋愛観の受容の盲点を指摘したといえるだろう。つまり、「欲望本位主義」式のコロンタイの恋愛観が一般的になって氾濫していることに対しての批判がここからは読み取れるのである。

神近が、「女人芸術」一九二八年八月号にゼシカ・スミスの「恋愛と革命」を翻訳・紹介し、その観点を借りて、コロンタイの恋愛観への誤解を改めようとした。スミスは、コロンタイの「三代の恋」でのゲニアの恋愛観が誤解されていることを指摘し、コロンタイの主張の真意について詳細に解析した。スミスは、「三代の恋」の結末で、コロンタイはゲニアを支持していることがわかると述べた。他方で、「凡ての若い人がゲニアではない」(26)とも指摘している。スミスは、ウラジミール・レーニンの見方を援用して、レーニンが若者の「性問題」に「モダンな態度」を抱いていたというのには同意できないとする。「この青年達の（略）所謂「新しい性生活」は、全然ブルジョア的であつて、丁度形をかへたブルジョアの売笑制度の家のやうな気がする」(27)。また神近は後記のなかでこの文章を翻訳した理由も説明している。「コロンタイの『恋愛の道』が邦訳され、それが若い人々の間でかなり問題とされてゐるやうな風も見えるので、ロシヤそのものがそれをどんな風に批評してゐるかそれを同時に知つて置くことも必要」があるという。そのため、「訳載した[28]」。「コロンタイズム」は、若者の間で通俗化して、「性放縦」の口実になってしまった。と同時に、無計画の生育問題は新たな社会問題になるとも予言された。さらに、この時期に、もともと労働階級の負担を軽減するために提起された「節育」(birth control) の概念が、プチ・ブルジョア階級に利用され、「性放縦」の口実になる恐れがあるとも指摘している。スミスが引用したレーニンの言葉は、コロンタイの恋愛概念と「節育」、そして階級の間に生じてしまう矛盾と衝突を浮き彫りにしている。

ほかにもゲニアをめぐる「恋愛形式」論争と「節育」問題に触れたものとしては、芦谷冷子「恋愛の揚棄[29]」(「女人芸術」一九二九年六月号)と山本有子「ゲニアイズムのルンペン化と産児制限」(「女人芸術」一九三〇年十一月号)があり、ともに批判的な見解を提出している。両者とも、「節育」は本来労働階級の経済負担を軽減するために提出されたものであるのに、現在は有閑階級の「性的放縦」の道具にされてしまっていると指摘した。また、ゲニアの愛がない性行為によって妊娠したことへの理解が明らかに通俗化していて、プチ・ブル階級の性解放以後の概念と高い同質性をもっていると批判している。「理想主義の破綻についで日本に於ける既成文化がにわかにその権威を失ひ中産インテリゲンチヤ階級の急速なる崩壊過程に於いて大いなる懐疑は何人をも享楽主義性的放縦にまで引き入れた。かかる時代に出現したコロンタイズムは階級的闘志を欠き反階級的反闘争的方面のみ強論とせられ、『三代の恋』に於いて表現されたゲニアの性生活はプチブル不良青年男女及びルンペンインテリゲンチヤに於いて完全にはきちがえられた[30]」。そして、「共産恋愛の錯覚的認識と産児制限思想の乱用は有閑階級の間に小ブルインテリ階級間に先端モダーニズムであるかの如き錯覚を起さしめた[31]」。この点について「恋愛揚棄」では、無産階級の前衛者に対して「恋愛揚棄至上主義」を鼓吹していた。「恋愛するならせよ。そして恋愛に仕事の邪魔をさせるな。この事はプロレタリアートの前衛にとつては特に緊要なことだ[32]」

「女人芸術」での以上の左翼の女性評論家の見方からすれば、「三代の恋」におけるコロンタイの主張の本意は、女性が革命と労働を最優先させたいことにある。「男女関係」を「ゲニア」的な「恋愛ゲーム」として表しているものの、その最終の目的は理想的な無産階級社会を築き上げる点にある。また、このような社会だからこそ、女性が真正に解放されることが可能だという。しかしながら、「恋愛至上主義」が通俗化していく時代にあって「コロンタイズム」は、「プチ・ブル」階級の「性放縦」と「享楽」の口実にされ、「恋愛至上主義」を擁護するブルジョア階級のための裏づけになっていた。

前述の同時代評以外のコロンタイの紹介者・翻訳者の間にも、コロンタイの小説についていくつか指摘がある。その主張から、「コロンタイズム」が無産階級女性の問題や進むべき路線をめぐる論争の媒介になっていたのがわかる。先に挙げたように、『恋愛の道』の翻訳者・林は、一九二八年七月に「新『恋愛の道』」を発表して、日本の無産階級女性がゲニアの恋愛観に困惑していると指摘した。林は、コロンタイが「三代の恋」で提示した恋愛観を好意的に解釈し、そして擁護した。特にコロンタイが「恋愛と新道徳」の一文のなかで、ドイツの女流作家クレーテ・マイセル・ヘスの著作『性的危機』を紹介しながら、当時の男女関係の形式——①正式な合法的結婚、②売淫、③自由恋愛と分類した個所を取り上げて批評した。(33) 林は、以上のような両性関係はもはや現代社会のニーズに応えられず、なぜなら本当の自由恋愛には相当な「時間と精力」が必要とされるからだと言う。林は、コロンタイがヘスからヒントを得て提示した唯一の解決の道は、「恋愛遊戯（リーベシュピール）」を通して、いままでの「利己主義、独占慾、無法な嫉妬心」という恋愛特徴を克服することだと指摘した。また、ゲニアの行為にはみんな困惑したが、コロンタイの本当の意図は、「三代の恋」を通してこのような新しい恋愛形式を浮き彫りにすることにあるという。(34)

林の主張に対して、高群逸枝も同年八月に前述の「官僚的恋愛論を排す」を発表した。高群は、かつて「朝日新聞」でコロンタイの恋愛観を次のように批判した。(35)「恋愛を私事とする彼女の意見は在来の官僚的な意見の踏襲で新しい恋愛観などいふべきではない」。(36) それに対して、林が「コロンタイがかかる恋愛観の承認を男性に対してではなく、特に女性に対して要求してゐる」と反論した。高群は、コロンタイの恋愛観が「一部の中性的な女官僚」にしか適用できず、「一般の大衆婦人にかういふ要求をするのは無理」だと反論した。さらにコロンタイのこのような恋愛観が一般の「大衆婦人」と「労働婦人」に根づいているという林の考えは、「非常な間違ひで、一部の有閑婦人や、女政治家や、女官僚といったやうな婦人達、ブルジョア民主化の結果の女支配者の出現に基礎付けられるもの」(37)だと指摘した。ちなみに、こうした議論を繰り広げる高群に対して、秋山洋子はアナキスト（無政府主義者）だった高群が当時、マルクス主義者によるソ連政権を官僚支配と見なしていて、コロンタイへの批判も彼女がソ連の高級官僚ということに由来していると説明している(38)。

山川菊栄は、一九二八年九月に前述の「婦人界見たまま」を発表して論争に参戦した。山川は、一八年に平塚らいてうと与謝野晶子との間に「母性保護論争」が展開されていたときから、ボルシェビキ研究で知られていた。山川は早くも二四年にコロンタイを日本に紹介している(39)。山川は、「婦人界見たまま」のなかの「コロンタイの恋愛論」の一節で、特に『赤い恋』と「三代の恋」について論じていた。『赤い恋』について、「陳腐な恋愛場面がうるさく連続し、それが全体の大きな部分を占めてゐるには、少からず倦怠を感じさせられた。それが故にこそ、この書が青年男女に歓迎されるのかもしれないが」と恋愛に関する面を「陳腐」と切り捨てる。さらに、「新しい問題を提供したものでもなく、要するに男性中心の旧き両性関係の破綻と、新しき女性の行くべき道を描いた」だけだと評した。また、「三代の恋」が、『恋愛の道』のなかで「問題になっている」として、「旧い両性関係の型が崩壊したあとに、まだ新しい、より高い両性関係形態の発達しきらない、過渡期の混乱と矛盾とを描いたもの」と捉えている。山川は、ゲニアの態度には「両性関係における新しい、指導的な見地を発見することはできずに、飢饉時代における単純な原始的な食欲の方則が、そのまま性的関係の上に適用せられてゐる」(40)という。以上の論述から、コロンタイの恋愛三部作に対して山川があまり評価していないだけでなく、コロンタイの恋愛言説が通俗化され、もてはやされた事実を危惧していたことが読み取れる。

ここで注目すべきなのは、山川と高群が、コロンタイをめぐって正面からの論争こそ起こさなかったが、一九二八年一月号から同年九月号までの「婦人公論」（中央公論社）で、「純粋素朴な恋愛」が存在するか否かをめぐって代理論争とでもいうべきものをおこなっていた点である。山川はマルクス主義の立場から出発して、「婦人が恋愛をよらずにすむ時代は、同時に結婚によらずして生活し得る時代——真面目な労働によってのみ生活し得る時代でなければならぬ[41]」と女性の「経済的自立」を主張する。一方、アナキズムの立場に立ち自由連合主義を主張した高群は、マルクス主義が中央集権と支配、そして政府と民衆とは対立している立場をとっていたことを批判し、山川のいわゆる「純粋素朴な恋愛」は、「人類の経済的依嘱が、個人的にも、社会的にも、徹底的に除去されたときをおいてはほかに芽ぐまないといわなくてはならない[42]」と否定している。以上の恋愛論争から、山川のマルクス主義の立場と高群のアナキズムの立場との差異が見て取れる。

以上からわかるように、「女人芸術」のコロンタイ言説は、「コロンタイズム」が通俗化され、曲解・乱用されたため、批判される対象になってしまった。あらためて「正確」に「コロンタイズム」を解釈することで、当時の女性解放運動の主流——無産階級運動と産児制限運動——の言説を支えるように捉えなおしたい、という軌道修正の主張が「女人芸術」におけるコロンタイの言説の趣旨といえるだろう。山川は、コロンタイの無産階級社会と女性解放問題への見解を評価しているが、その小説のなかで描いている恋愛形式は、「男性中心の旧い両性関係」だとしている。それに対して、男性の林房雄はコロンタイの小説で取り上げた新しい恋愛様式には異議がないようである。これは、山川が指摘した「男性中心」という発想と無関係ではないと思われる。この点については、林が高群逸枝との論争のなかでいっている、「男性に対してではなく、特に女性に対して要求してゐることだ」という主張からもうかがい知ることができる。また、「三代の恋」での恋愛観に対して、「一部の中性的な女官僚」にしか通用しないという高群の批判から、ジェンダーの観点からも階級の観点からも、コロンタイの恋愛主張に異議があることがわかる。

では、このように物議を醸した「コロンタイズム」という恋愛観は、日本に入ってからどのように受容されていったのだろうか。「コロンタイズム」のはたらきによって、恋愛観と女性解放をめぐる議論は、左翼の路線問題に関わり、さらにプロレタリア文学のなかで発酵していく。次節では、高群の「黒い恋」と徳永直の「『赤い恋』以上」を例として、「コロンタイズム」のメカニズムがプロレタリア文学にどうはたらいたかを検証する。

3　プロレタリア文学のなかの「コロンタイズム」——高群逸枝の「黒い恋」と徳永直の「『赤い恋』以上」

コロンタイの恋愛小説集『恋愛の道』が日本に紹介されてから、そのなかの両性関係と恋愛様式の描写は様々な反響と論争を起こし、当時のプロレタリア文学にも影響を及ぼした。例えば、一九二八年にコロンタイをめぐる論争に参加した高群逸枝は、「女人芸術」一九二九年三月号に小説「黒い恋」を発表した。タイトルからも、『赤い恋』を相対化して、アナキストの立場から恋愛を描く意図がうかがえる。内容を見てみよう。「それは欧州戦争のころなのでした。組合運動の盛んであつた頃で、その運動は政治否定に立脚してゐました。当時わたくしの住んでゐました西海の一隅——山間に在る小さな村も、此の影響のもとに、進歩した集団を生みました(43)」

この作品は、高群の故郷である熊本を舞台にしている。山村が設立した夜間学校に集まる青年男女によって形成されていた労働者を尊重して「革命の組合主義を重んじる」集団を描く。ヒロイン「私＝お梅」は、駐在所の娘・お仙と親友になり、ともに「政治主義の愚か」さについて語ったり、「議会主義的立法的手段によらずに産業的直接行動によらうとする、それは国家並びに法律の助けをからず、生産労働者階級の資本家階級に対する直接的正面突撃によつて資本主義社会を廃止しよう(44)」と口にしたりする。

ここからわかるように、高群は山村の青年集団を通してそのアナキズムの理想図を描いてみせる。しかしながら、「私」とお仙との友情は、お仙の恋人が「私」を好きになってしまったことで次第に変化する。お仙の恋人は、ケイの「恋愛の自由」の概念をもって「私」を説得し、自分との恋愛関係を結ばせようとした。「私」は、彼に恋愛感情をもちえなかったため「古い」と言われる。それに対して「私」は、「私、ただ不自然ですの」「恋よりは、私どもの集会を重んじた」と答えた。そして最後に次のような結論を出した。「題して黒い恋といったわけは、われらの黒い恋は、赤い恋に比べて、ごく地味であり、ごく目だたない、古い恋とすらみえるやうな、一見道徳的にみえるものであり、それが即ち恋のほんとうの、自然の姿であると信じてゐるが故で、あります[45]」

一九三〇年に出版された小説集『黒い女』の序言で、高群は短篇集を『赤い恋』のヒロインをモデルにして創作したと説明した。それはコロンタイの恋愛小説集を強烈に意識しているだけでなく、作品を通して、自分の理想的な恋愛観と左翼女性のイメージを高群は表そうとした。「わたくしはこの書では『黒い恋』の女主人公を、幾分その型に近く作つた。読者願くはそれと『赤い女』——コロンタイが『赤い恋』及び『三代の恋』で描いてゐる女主人公とか、或は現ロシヤの作家達によつて描かれる女子共産党員といつたやうな型の女性とを比較し見られよ。／それらの「赤い女」と、この「黒い女」との相違は、一は指導者的の型のそれである。他は、大衆的の型のそれである。そして一は中性的で、他は自然性的であるとも云へる。中性にあつては性に関して盲目的であり、自然性にあつてはそれの自然的の秩序に立つ。云ひかへれば女性の中性化は局部的な病的現象で大衆的の正しい方向は別にある[46]」

「黒い女」をはじめとする作品から、高群がコロンタイの恋愛小説のヒロインとその作品がもつ恋愛観に批判的な態度をとっていることがわかる。また、コロンタイの作品のヒロインの中性化によって性には盲目的だというほか、このような女性のイメージは女性労働者のそれとは距離が遠くて、「指導者的」——「支配階級」の官僚のものだと指摘している。ここには、アナキズムの色彩が前景化されている。と同時に、女性の造形を通して、コロンタイの作品と異なる左翼女性のイメージを表そうとした。このようなイデオロギーは、コロンタイをめぐる林房雄との論争、そして山川菊栄との恋愛論争と通底していた。

次に、一九二九年に「太陽のない街」で一躍文壇の脚光を浴びたプロレタリア作家・徳永直は、「新潮」一九三一年一月号で「『赤い恋』以上」を発表した[47]。これも「コロンタイズム」がもたらした影響のもとに誕生した作品である。「『赤い恋』以上」は、二〇年に日本労農組合で起きた解消運動を背景にしている。社会運動に関わる男性インテリは「同志」の妻に対して、伝統的な女性役割を果たしてほしいという欲望から逃れられないことを描く。そのあらすじは、次のようなものである。「ナップ」（全日本無産者芸術連盟）のメンバーの鷲尾とN市全農連の執行委員長の矢崎一郎は演説会で「スパイ」[48]によってともに逮捕されて知り合った。矢崎は、自分がインテリであり、妻は紡績工場の元・女工で、「めづらしい戦闘的な女」だが、妻にも「女らしさ」を持ってほしいと思っていると鷲尾に伝えた。鷲尾は、男性としてその気持ちはわかるが、それは「旧い感情のカス」「ブルジョア的な感情」と指摘した。矢崎の妻も夫が自分に「淫売婦のやうに、お白粉をつけろうって云ふんです。何事も批判しないで、慰めてばかり」してほしいというと鷲尾に訴えた。そのうえで矢崎の妻は「妾達は同志なンです。お白粉をつけて淫売の真似したり、そして、スパイと取つ組んだり、妾には両方できません[49]」と語る。そんな矢崎の妻を目の当たりにして、鷲尾はかつて読んだコロンタイの『赤い恋』を思い出して次のように思う。「あの女主人公の環境は、革命後の夜会だつた。彼女の子供の哺育も、彼女自身の経済的環境も、また正しいと認めてくれ、励ましてくれる者も多数にあつたのだ[50]」。その後、矢崎が当局に妥協し、「民主主義の基礎」に立脚して、「合法的左翼政党として、公然の舞台に於ける活動に進出する」「新労農党」になることを提案した。矢崎の妻はそれに反対して徹底的に戦うと決心した。また鷲尾に、N連合会の自分の職場に戻り、「民主主義者にさらはれた大衆を取り戻さなければなりません」と告げた。そして、次のように宣告した。「矢崎はもう同志ぢやありません。妾もやつと夫婦といふ間違つた封建制度の奴隷関係を清算しました[51]」

この小説は、発表された当時、文壇から様々な反響を呼び、広津和郎、保高徳蔵、近藤一郎などの左翼作家から好意的な評価を得た。戦後、宮本顕治はこれを評価すると同時に、この作品が「一夫一婦制度というものの人類の歴史での位置づけ、社会運動での位置づけ」に関しては、当時、「作者の確信のなさ」という「コロンタイズムにひきずられた弱点[52]」があると指摘している。

しかしながら、一九三一年に出版された書籍『『赤い恋』以上』の「序」で徳永は次のように述べている。「誤られたブルジョア自由主義の淫売恋愛、若くばインテリの滓の中に勝手に歪曲されたゲニヤイズム――そうしたものの中にこの「『赤い恋』以上」の、女主人公は、明瞭に新興階級の正当なる性道徳を示すであらう。一切が闘争のなかから――実践こそが理論をつくる。この正しき『性道徳』も其処から生まれ出たのだ(53)」。ここから、女性解放問題が社会運動の「前進」か「後退」に大きく関わるため、当時の左翼インテリがその選択に直面するとき「コロンタイズム」が大きな影響力をもっていたのがわかる。宮本顕治の評価に照らし合わせてみれば、宮本は当時の「コロンタイズム」の影響力を過小評価したのではないかと思う。徳永は、「インテリの滓の中に勝手に歪曲されたゲニヤイズム」を「正しく」認識させるために、「『赤い恋』以上」を創作したとも読み取れる。「『赤い恋』以上」の結末で矢崎の妻が自分と夫との関係を清算したいと告げたとき、鷲尾は「百万への理クツが何にならう。此の人は、此の人の退つぴきならぬ現実が、此の人を飛躍させたのだ――(54)」と考えた。ここから、社会運動に携わる日本女性が置かれた当時の状況は、コロンタイの『赤い恋』のヒロインよりずっと難しいと暗示されていることがわかる。また、当時の左翼女性の「性道徳」が、社会運動を持続すること、つまり実践から出てくるもので、「社会運動」の正しい道によるものだという徳永直の主張が見て取れる。

おわりに

コロンタイの女性解放の言説と恋愛小説が日本に入ってきた当時は、大正・昭和期の「恋愛至上主義」と日本プロレタリア文学思潮が流行していた時期でもある。そして一九二八年創刊以後の「女人芸術」でのコロンタイの恋愛小説をめぐる言説からわかるように、コロンタイの恋愛小説によって誕生した「コロンタイズム」が「通俗化」したことで、「恋愛至上主義」を主張するブルジョア階級に「誤解」、ないし「乱用」されてしまったと言えるだろう。コロンタイの社会主義の「女性解放」言説を評価していた山川菊栄がその恋愛論に批判的だったのは、おそらく通俗化された「コロンタイズム」に起因するのだろう。林房雄と高群逸枝との論争から、両者の

「コロンタイズム」に対する認識には階級とジェンダー問題への認知の差異が存在していることがわかる。日本のプロレタリア文学創作にもコロンタイの思潮のメカニズムがはたらき、高群の「黒い恋」と徳永直の「『赤い恋』以上」のような作品を誕生させた。コロンタイが提出した女性解放問題、あるいは恋愛問題にちなんだ「コロンタイズム」に対する強烈な意識は、両者ともに見て取れる。そのため、二つの作品が描いている社会運動は、日本の伝統的なジェンダー・ロールと階級意識が格闘する地盤になっている。「理想」の恋愛関係と社会運動のなかの「理想」の両性関係とは常に相いれず、矛盾し合うものとして現れている。コロンタイの思潮が日本に紹介されたのちに現れた評価の多様性は、日本の恋愛思潮と社会主義運動に強大なインパクトを与えたと同時に、女性解放運動と社会主義路線との矛盾と衝突の核心問題を照らし出す。つまり、コロンタイの言説の受容が、当時の女性解放運動と社会主義運動が折衷路線を模索する一つのきっかけになった。

注

（1）杉山秀子は、日本でのコロンタイの最初の紹介は一九二四年十月号の「女性」（プラトン社）で掲載された山川菊栄の「アレキサンドラ・コロンタイ女史」だと指摘している（杉山秀子『コロンタイと日本』新樹社、二〇〇一年、一八八ページ）。しかし筆者の調査によると、それ以前、すでに一九二三年一月号の「女性改造」（改造社）に掲載された尾瀬敬止による翻訳「コロンタイ女史の『家庭解放論』」で紹介されている。

（2）同書一八九ページ

（3）同書一四九ページ

（4）斎藤美奈子『モダンガール論――女の子には出世の道が二つある』マカジンハウス、二〇〇〇年、二三―二六ページ

（5）例えば、三面記事に喧伝されていた平塚らいてうと尾竹紅吉の「五色の酒」事件、そして吉原登楼事件は、「青鞜」同人がジェンダー・ロールとセクシュアル・オリエンテーションを模索していた例といえるだろう。またこれ

は、この女性解放運動の特徴とも捉えられる。Peichen Wu "Performing Gender Along the Lesbian Continuum: The Politics of Sexual Identity in the SeitÔ Society," in Saskia E. Wieringa, Evelyn Blackwood, and Abha Bhaiya eds., *Women's Sexualities and masculinities in a Globalizing Asia*, Palgrave Macmillan, 2007, pp.77-99 を参照。

（6）長谷川啓「〈新しい女〉の探求——付録「ノラ」「マグダ」「新らしい女・其他婦人問題に就て」」（日本文学協会新・フェミニズム批評の会編『『青鞜』を読む』所収、学芸書林、一九九八年）を参照。

（7）中国における厨川白村とエレン・ケイ思想の伝播と影響は、張競『近代中国と「恋愛」の発見——西洋の衝撃と日中文学交流』（岩波書店、一九九五年）第六章を参照。中国と日本以外だと、その「恋愛言説」は一九二〇年代以後、「大正デモクラシー」とともに台湾に伝わった。当時、台湾の白話文雑誌「台湾民報」（台湾民報社）と日本語新聞「台湾日日新報」からは、この恋愛言説が台湾の青年男女にもたらした影響を見て取れる。当時の朝鮮では、社会主義フェミニストの許妍淑が「朝鮮コロンタイ」と例えられていたため、コロンタイブームも朝鮮半島に伝わったことがわかる。Lee So-Hee "Hoe Jeong-Sook and the Modern Woman Subject in 1920s and 1930s Korea" presented in the panel "Class, Gender, and Race under Japanese Rule: Writings and Thoughts of /on Women in East Asia from 1920s to 1945"（AAS 2013）を参照。

（8）小田切秀雄／島村輝「第4章 プロレタリア文学」、井上ひさし／小森陽一編著『座談会昭和文学史』第一巻、集英社、二〇〇三年

（9）前掲「コロンタイ女史の『家庭解放論』」三八ページ。「女性改造」（一九二二年十月号—二四年十一月号）は、雑誌「改造」の関係雑誌で、その執筆陣にはこの時期の社会主義陣営の高名なフェミニストである山川菊栄、平林たい子などがいた。

（10）旧姓が青山で、著名な女性社会主義者である。日本労農派の社会主義者・山川均はその夫である。

（11）水田珠枝「世界女性学基礎文献集成〈昭和初期編〉解題」、水田珠枝監修『世界女性学基礎文献集成 昭和初期編』第二巻所収、ゆまに書房、二〇〇一年、七ページ

（12）同論文八ページ

（13）同論文八ページ

(14) 林房雄「新『恋愛の道』――コロンタイ夫人の恋愛観」、中央公論社編「中央公論」一九二八年七月号、中央公論社
(15) 高群逸枝「官僚的恋愛論を排す――コロンタイ夫人の恋愛観について」、中央公論社編「中央公論」一九二八年八月号、中央公論社
(16) 山川菊栄「婦人界見たまま」、改造社編「改造」一九二八年九月号、改造社
(17) 紅野敏郎「女人芸術――その展開と史的意義」、龍渓書舎編『女人芸術解説／総目次／索引』所収、龍渓書舎、一九八一年
(18) 平林たい子「コロンタイズム」、『社会科学講座』第三巻所収、誠文堂、一九三一年、六ページ
(19) 同論文
(20) 無名指子「『恋愛の道』各人各語側聞記――朝日新聞社紙型室にて」「女人芸術」一九二八年七月号、女人芸術社、六五―六六ページ
(21) 同論文六五―六六ページ
(22) 前掲「コロンタイズム」四ページ
(23) 永嶋暢子「恋愛異説」「女人芸術」一九二八年十月号、女人芸術社、八八ページ
(24) 前掲「コロンタイズム」八ページ
(25) 同論文
(26) ゼシカ・スミス「革命と恋愛」神近市子訳、「女人芸術」一九二八年八月号、女人芸術社、一四ページ。文章の最後で神近市子はゼシカ・スミスの『ソヴィエトの婦人』第八章から「今日の私共がロシヤの婦人について最も知りたいと希つてゐることを集録」していると説明した。
(27) 同論文一七ページ
(28) 同論文一九ページ
(29) 「恋愛揚棄」は、節育概念を提唱した山本宣治がその著書で初めて使った言葉である。山本宣治は、厨川白村が提唱した「自由主義『恋愛』」が「愛の無統制に基づく『恋愛の生産過剰』を惹起」していて、「恋愛揚棄」の必要があ

るという。その目的は、「産児制限」にある。芦谷冷子「恋愛揚棄」「女人芸術」一九二九年六月号、女人芸術社、二三―二五ページ
(30) 山本有子「ゲニアイズムのルンペン化と産児制限」「女人芸術」一九三〇年十月号、女人芸術社、七六ページ
(31) 同論文七七ページ
(32) 前掲「恋愛揚棄」二四ページ
(33) 前掲『コロンタイと日本』一二七ページ。秋山洋子「コロンタイの恋愛論の中国への紹介をめぐって」、「駿河台大学論叢」編集委員会編「駿河台大学論叢」第四十号、駿河台大学教養文化研究所、二〇一〇年、七四ページ、前掲「新『恋愛の道』」三三ページ
(34) 同論文三三―三五ページ
(35) 二人の論争は、高群逸枝が最初、「朝日新聞」でコロンタイの恋愛観は伊藤博文の意見に似ていると指摘したことから始まったという。前掲『コロンタイと日本』一七一ページ
(36) 前掲「官僚的恋愛論を排す」六一ページ
(37) 同論文六五ページ
(38) 前掲「コロンタイの恋愛論の中国への紹介をめぐって」七五ページ
(39) 前掲『コロンタイと日本』一四一ページ
(40) 前掲「婦人界見たまま」四四―四五、四七ページ
(41) 秋山清『自由おんな論争――高群逸枝のアナキズム』思想の科学社、一九七三年、六〇ページ
(42) 同書五八ページ
(43) 高群逸枝「黒い恋」「女人芸術」一九二九年三月号、女人芸術社、九六ページ
(44) 同作品九九ページ
(45) 同作品一〇一ページ
(46) 高群逸枝「序」『黒い女』(「解放群書」四十二篇)、解放社、一九三〇年、二ページ
(47) 前掲『コロンタイと日本』二〇五ページ

(48) ここでは、特高（特別高等警察）を指す。
(49) 徳永直「『赤い恋』以上」『赤い恋』以上』内外社、一九三一年、三、四一ページ
(50) 同書四二ページ
(51) 同書五九―六〇ページ
(52) 津田孝「『赤い恋』以上」『徳永直集』第一巻（「日本プロレタリア文学集」第二十四巻）、新日本出版社、一九八七年、四一八―四一九ページ
(53) 徳永直「序」、前掲『赤い恋』以上』
(54) 前掲「『赤い恋』以上」六〇ページ

コラム　一九三〇年前後の台湾の女性雑誌

張文聰

一九三〇年代の台湾で創刊された女性雑誌には唯一、「台湾婦人界」（台湾婦人社）がある。創刊されたのは三四年五月で、終刊号は不明だが、現存する最新号は一九三九年六月号である。発行所は台湾婦人社で、編集兼発行人は「台南新報」の記者・柿沼文明だった。

台湾の日本統治期における最初の女性雑誌は、一九〇八年十月創刊の、愛国婦人会台湾支部機関誌「愛国婦人会台湾支部報」である。翌年一月に「台湾愛国婦人」と改題し、月刊雑誌として一六年三月まで全八十八号を刊行した。一九年十一月には、台湾子供世界社が月刊誌「婦人と家庭」を創刊した。現時点で確認されているのは、国立台湾図書館が所蔵している二〇年十二月までの第二巻第十二号だけである。総督府の植民地統治政策の一翼を担っていたとされる愛国婦人会台湾支部の機関誌として発行された「台湾愛国婦人」には、もちろん植民地統治政策が色濃く反映されている。「婦人と家庭」は民間の出版社が発行したが、十二号しか続かなかったことから、当時の台湾での雑誌経営の難しさを垣間見ることができる。それを踏まえると、三〇年代、民間の商業雑誌として五年ほど継続した「台湾婦人界」の特殊性が際立つだろう。

「発刊の辞」には、当時の台湾で安く大量に流通していた日本本土の女性雑誌と対抗しようとして、「旧慣打破」「内台融和」「国語普及」などの目的を掲げて創刊したと記されている。「台湾婦人界」の定価は四十銭。「台湾愛国婦人」の二十銭（廃刊時）と「婦人と家庭」の三十銭に比べて割高だが、物価の上昇や当時の日本本土の雑誌の定価などをあわせて考えると、決して高価ではない。創刊当初のページ数は二百ページを超えていて、構成も本土の女性雑誌と同様である。主な読者層は女子教育を受けた女学生をはじめとする若い女性で、内容は「恋愛」「結婚」「就職」などのテーマの座談会や記事が中心である。その他、料理、化粧、手芸洋裁などのコラムや、小説、短歌、俳句、俚謡、詩の懸賞や選評などもある。選者には当時台湾文壇を牛耳っていた西川満を迎えた。一九三四年十一月号には「女性身の上相談部の設置」という記事があり、以後は各号に「女性身の上相談」というコラムを掲載している。商業雑誌として、読者と交流するための場を設けたと考えられる。

一九三四年八月から、台湾全島だけでなく大連支局を設置し満州国にも進出した。三五年十月に実業家で台湾総督府評議会会員・古賀三千人の妻である古賀千代子を社長として迎え、資金援助を受けた。しかし三六年一月、柿沼文明は本誌の経営難で自殺した。その後、編集者を代えて雑誌の経営を続け、三七年三月には東京支社を設置して、ページ数を削減しながらも勢いを持続した。ただし、経営者が変わってから雑誌の性格は変質した。例えば一九三六年五月号では、表紙の下に「天長節号」と記し、台湾総督・中川健蔵と総務長官・平塚廣義の文章をはじめとして、天長節を祝う文章を数編掲載している。次の六月号にも、パパイヤの木が描かれている台湾らしい表紙の右下に、「始政記念号」という文字を小さく書いている。社長の古賀千代子をはじめ、中川や平塚も名を連ね、台湾での植民地統治四十一年を記念する文章が寄稿された。そ

図1　「台湾婦人界」創刊号の表紙
(出典：「台湾婦人界」創刊号、台湾婦人社、1934年)

図2　後ろには総督府がある
(出典：「台湾婦人界」1935年1月号、台湾婦人社)

図3　台湾らしい風景と先住民女性の絵
（出典：「台湾婦人界」1935年8月号、台湾婦人社）

の後も、「国防の本義と台湾」（台湾軍参謀長陸軍少将・荻洲立兵、一九三六年七月号）や、「昭憲皇太后水戸行啓御日記」（一九三六年八月号）など、三八年七月の日中戦争勃発以前の皇民化運動も始まっていない段階で、植民地当局に近づく編集方針に転換したことがわかる。一方で、一九三八年五月号に「身の上相談係開設」という記事がある。手紙による読者との交流以外に、毎週金曜日午後一時から台北の台湾婦人社本社で専門の女性係が無料で読者の悩み相談をするサービスを始めるとあり、植民地当局に近づきながらも、読者に離れられないように努力した痕跡が見受けられる。

「台湾婦人界」の発行部数について最初に確認できる記録は『台湾総督府第四十統計書』（台湾総督官房調査課、一九三八年）である。同書によると、一九三五年十二月に「台湾婦人界」は五千三百部を発行した。当時の台湾で最多発行部数を誇る、日刊紙「台湾日日新報」の五万部にははるかに届かないが、月刊誌のなかでは第四位という好成績を収めていた。豊富な内容と当時唯一の女性雑誌という点で、読者を引き付けたのだろう。だが、主幹の柿沼文明が自殺したあと、発行部数は減る一方だった。『台湾総督府第四十二統計書』（台湾総督府企画部、一九四〇年）によると、三八年十二月には九百九十三部まで落ち込んでいる。売り上げが全盛期の五分の一という状態は経営に大きく響いたようで、一九三九年六月号が現在確認できる最後の刊行である。ただし、終刊や休刊などの文字は見当たらない。そのため、その後の資料は戦時中に散逸した可能性が高い。

第3章　社会主義運動とモダンガール
——韓国近代長篇小説の様式のある秘密

李恵鈴［相川拓也訳］

1　韓国文学研究での近代性言説の浮上と社会主義

社会主義圏が没落したあとの一九九〇年代初頭・中頃から、近代性の宝庫として三〇年代の韓国文学に新たな光が当たり始めた。韓国の人文・社会学界での近代性に関する議論は、ともすれば文壇から始まったと言ってもいいだろう。「創作と批評」〔韓国の有力季刊文芸誌〕は、一九九三年夏号にマーシャル・バーマンの *All That Is Solid Melts into Air*[1]に対する批判であるペリー・アンダーソンの「近代性と革命」を掲載した。アンダーソンの議論に依拠して書いた白楽晴《ペクナクチョン》の「文学と芸術における近代性の問題」を含む特集「韓国近代社会の形成と近代性の問題」は一九九三年冬号、崔元植《チェウォンシク》の「韓国文学の近代性を再考する」は特集「東アジア、近代と脱近代の課題」にまとめられ、一九九四年冬号に掲載された。これらの議論は、「近代化論の高度に偽装された形態[2]」と考えられていたポストモダニズムに対する牽制という性格ももっていた。だが、これらすべての議論は、民主化運動直後に最も強力な労働者階級の闘争を目の当たりにしていた韓国の現実を考慮しても、近代性が、現実の社会主義圏の没落をどうすることもできないという状況のなかで提出された学界のアジェンダであるという事実を示すものだった。

特に、崔元植の「韓国文学の近代性を再考する」の中心的な主張の一つは、「プロ文学の主流性を解消しよう」というものだった。プロ文学とはプロレタリア文学の略語で、一九二五年に創立された朝鮮プロレタリア芸術家同盟（KAPF、カップ）の文芸路線のもとで創作された文学を指す。八〇年代のマルクス主義文芸批評の台頭と、八八年の越北作家・作品の解禁〔朝鮮半島分断後、様々な理由で北朝鮮で活動することになった作家・作品に表立って言及することは、一九八八年まで韓国ではタブー視されていた〕とが相まって、三八六世代〔一九六〇年代生まれで八〇年代に大学に通い、学生運動・民主化運動の中心勢力となった世代。この用語が登場した九〇年代に三十代を迎えた世代であることに由来する〕の若手学者らはこぞってプロレタリア文学研究に邁進し、プロ文学の理念と様式を具現したリアリズムを高く価値づける文学史叙述を目指した。[3] 崔元植の「プロ文学の主流性を解消しよう」という主張は、こうした文学史認識に対する批判だった。その根拠は、左翼のヘゲモニーとプロ文学に対する排他的な強調が、植民地時代当時でさえ十分な社会的・歴史的文脈と文学的成果に基づいたものではないという点にある。「近代文学の全体像」を見ようという要求は、三〇年代の文学についての幅広い関心を促すことにつながり、特に広い意味での――近代性についての批判的・美学的省察の追求としての――モダニズム文学に関心を傾けることを主張する。こうした主張は、文壇ではリアリズムとモダニズムの会通という批評的テーゼとしても現れた。またそれによって、マルクス主義の退潮による思想的空白期という意味の「転形期」[4] と称された三〇年代の文学についての注目すべき博士論文が、九〇年代に提出されることになった。そして、プロ文学ではないモダニストや、日帝〔日本帝国主義〕末期の懐古的であり自然志向的で反近代的志向をもつ文学の様々な流派についての研究が蓄積された。もちろん、近代性というイシューはリアリズム文学に代わってモダニズム文学を研究する向きに限られたものではなかった。強力な民族主義的土台のなかで芽生えた韓国文学の理念と制度を批判するだけでなく、「文学」自体を相対化する傾向へと広がっていき、韓国文学研究者らがカルチュラル・スタディーズを主導する様相まで呈した。それは、フェミニズムと脱植民地主義批評が登場し、民族主義に対する批判が加速化する過程でもあった。

すでに二十年あまり前のものになった主張とその流れを喚起するのは、こうした「近代性」研究の雰囲気のなかで韓国近代小説とセクシュアリティに関連する研究を私が始めたためであり、とりわけ本章で私の博士論文「韓国近代小説のセクシュアリティ研究(5)」の問題意識と結論から抜け落ちていたものを補うときがきたためである。私は博士論文で、モダニズム／リアリズム、個人／社会、文学／政治、純粋／参与〔文学の芸術としての純粋性を志向するか、文学を通じて社会現実の変革に参与することを志向するか、の対立〕など、少なくとも一九三〇年代以来の韓国文学史を貫いていた二項対立は、ジェンダーとセクシュアリティという分析的プリズムを介入させるとたちどころに崩れ去ると主張した。要約すれば、三・一独立運動以後に本格的に開花したと語られる二〇年代から三〇年代の韓国近代小説で、自律的で独立した近代的自我の典型は知識人の男性エリートとして提示された。植民地男性エリートは、植民地的条件のなかで政治的主体としての地位を剝奪され、経済的主体としても制限的であるほかない状況のなかで、セクシュアリティの正常な規範に立脚した道徳性を序列化するという方法を通じて優越的な主体を定立しようとした。これはなによりも、女性に対する男性の性的支配を承認し、女性・下層階級のセクシュアリティを無節制なものと見なすことを通じて構築された、と主張したのである。本章と関連する三〇年代の長篇小説は、おおむね主人公の男女が金か愛か、あるいは安逸か民族かという選択を迫られる状況を、愛情の三角関係に起因する葛藤を通じて演じて見せている。セクシュアリティと関連する暴力的で扇情的な事件の展開を通じて、結局は物質的・性的欲望を啓蒙運動やプロレタリア運動へと昇華させるという物語である。短篇小説では、主にルンペン・プロレタリアート化した知識人男性の社会経済的危機が、女性に対する性的支配を貫徹できないという道徳的危機と性的不能の状態として描かれる。あるいは下層民に焦点が当てられる際には、田舎《いなか》や自然を背景として性的人間の物語が展開する。

しかし、私の研究もまた、結果的には社会主義圏の没落という状況で繰り広げられた、韓国文学における近代性言説の一般的傾向が生んだ空白を残した。それは、植民地朝鮮の社会主義運動が及ぼした文化と文学生産への影響に対する意味づけなおしの欠如である。私が数人の研究者と進めた研究「近代知としての社会主義とその文学、文化的表象」は、その欠如を認知して埋めるための試みだった[6]。そうした試みのなかで発見したことの一つは、一九三〇年前後に、社会主義者や社会主義運動の文学的表象を通じて主要な長篇小説が創作されたということである。本章では、その表象がジェンダー的調整を通じて可能になったことを強調したい。ここでのジェンダー的調整とは、大まかに言えば、社会主義運動は男性知識人よりは、家庭を飛び出したモダンガールと呼びうる女性たちによっておこなわれたり、媒介されるものとして描かれたことを意味する。

2　一九三〇年前後の植民地朝鮮の社会主義運動と長篇小説

一九二七年に起こった「己未運動〔三・一独立運動〕以後の朝鮮で初めての秘密結社事件」である朝鮮共産党事件以来、二八年七月から十月初めにかけて百七十人あまりの大々的な検挙がおこなわれた第四次朝鮮共産党事件、また二七年十月から三〇年三月までの四度にわたる間島共産党事件まで、植民地朝鮮での共産主義運動の規模と悲劇を示す事件が相次いで起こった。プロ文学の陣地であり合法組織だったカップまでも、三一年、朝鮮共産党再建を企てたという名目で検挙事件に巻き込まれた。この時期についてロバート・スカラピーノと李庭植《イジョンシク》は、「丸四年に満たない期間で国内の党組織は日帝によって四度も壊滅させられ、党員のほぼすべてが検挙された。世界史上どの共産党にも、当局の密偵が朝共〔朝鮮共産党〕のように深く浸透し、内部機密が完全に探知されていた事例は存在しない。植民地朝鮮の治安は、高度に有能な警察組織が担当していた[7]」と述べている。

朝鮮共産党運動の壊滅は、三・一独立運動以後に採用された朝鮮総督府の文化政治の終息とともに起こったことでもあった。全国的組織網をもった団体や社会主義運動、民族主義運動の力量を結集させるネットワークの役割をしていた「開闢」のようなメディアは、一九二六年に社会主義の記事を掲載したという理由で廃刊になった。植民地の知識階級にさほど後ろめたくない正業の機会を与えた「東亜日報」や「朝鮮日報」のような朝鮮語民間新聞社で、社会主義寄りの記者は粛清された。特に、光州《クァンジュ》学生運動〔一九二九年、光州での日朝学生間のいさかいと警察の差別的な事後処理を発端に、全国へと波及した学生示威運動〕の報道に対する朝鮮総督府の報復的制裁と満州事変をきっかけに、朝鮮語民間新聞は民族の正論というより、商業紙としての性格を強く帯び始めた。開闢社は、雑誌の性格を一新して趣味雑誌を標榜した「別乾坤」を創刊し、新聞社は文学と演劇、映画など趣味と婦人問題を扱う学芸面と、都市の消費文化を促進する広告の紙面を増やした。[8]

しかし、知識階級中心の共産党運動と社会主義文筆活動が打撃を受けていた時期に、小作争議・労働争議などの大衆運動は他のどの時期より活発だった。「東亜日報」一九二九年十二月三十一日付の社説は、次のような事件について述べている。すなわち一九二八年の暮れから始まった元山《ウォンサン》大罷業、三南〔朝鮮半島南部、忠清《チュンチョン》・全羅《チョルラ》・慶尚《キョンサン》の三道〕一帯の大洪水、三百万円の大金を費やした朝鮮統治二十年記念の朝鮮博覧会開催、十一月、朝鮮人学校である光州高等普通学校の学生と日本人学校である光州中学校の学生の衝突事件を発端とした、全国的な学生と社会の大運動がそれである。[9] それだけでなく、二九年は甲山《カプサン》火田民事件〔山林保護を名目とした火田民（焼き畑農民）追放政策に抵抗した火田民集落を、警察が焼き払った事件。全国的な社会問題になり抗議運動を引き起こした〕、龍川《ヨンチョン》不二農場小作争議運動、三〇年の平壌《ピョンヤン》ゴム工場罷業など、朝鮮総督府を驚かせる労働・農民運動が展開した。[10] これらすべての争議を社会主義者らが組織したものとはいえない。しかし大衆運動のなかへ入り込んでおり、「思想の大変動が起こり（略）京郷各処で、口から社会主義を語らなければ時代遅れの青年のように考え」[11] るようになっていた状況は、社会主義が単なる社会運動の領域に限られたものではなく、文化的な現象として波及していたことを物語る。

厳しい監視と弾圧をくぐり抜け、無産大衆のなかへ入っていこうとした地下の社会主義運動家たちから「ブルジョア文学書」がアジト使用時のカムフラージュの道具と見なされていた頃、[12] 社会主義者と社会主義運動は長篇小説の主要な題材として定着する。ほぼ全面的に新聞連載に依存していた韓国の近代長篇小説は、この時期に主だった代表作が発表されている。廉想渉《ヨムサンソプ》は、この時期ほぼ休むことなく小説を連載していたが、『愛と罪』（「東亜日報」一九二七年八月十五日―二八年五月四日付）に始まる長篇小説で、いわゆる「主義者」を主要な人物として描き始める。特に、新聞連載中に発生した光州学生運動を積極的に作中に取り込んで描いた『狂奔』（「朝鮮日報」一九二九年十月三日―三〇年八月二日付）は、光州学生運動と相前後する朝鮮青年の政治的・文化的機運を社会主義的と見なす植民地権力の視線を領有している。彼の代表作として知られている『三代』（「朝鮮日報」一九三一年一月一日―九月十七日付）では、主人公の一人である金炳華《キムビョンファ》の共産党再建事件が警察に発覚することがクライマックスになっている。『三代』の「姉妹篇」として創作された『無花果』（「毎日申報」一九三一年十一月十三日―三二年十一月十二日付）は、金炳華の後身である金東局《キムドングク》が、「×次共産党事件」で服役後、上海に逃避中の状況から物語が始まる。金東局は一度も登場しないが、彼は上海から東京とソウルに残った組織員を指揮していると明かされる。「爆発弾」と関連したある種の事件を企てるが、結局は京城内の秘密アジトである朝日写真館が爆発する事件によって小説は幕を下ろす。彼の小説は、社会主義者の友人でありシンパサイザーとして大土地所有を基盤とするブルジョアの相続人を設定し、その人物を媒介としてほぼすべての登場人物がこうした治安事件に容疑者として関わり合うという事態を通じて、生の植民地性を表現しようとした。

一方で、林和《イムファ》〔詩人でありカップの中心的な理論家・評論家〕から「プロ文学の本来的達成の最高水準」という評価を受けた李箕永《イギヨン》の『故郷』（「朝鮮日報」一九三三年十一月十五日―一九三四年九月二十一日付）は、東京留学生に課された父母と社会の期待に背き、故郷のウォント村へ帰郷した金喜俊《キムヒジュン》が、小作農民たちを動かして、地主の代理をするマルム〔小作管理人〕である安勝学《アンスンハク》に対抗する小作争議を組織し、勝利を得るという内容である。その過程には、持続的な近代化によってもはや農村とばかりいえなくなった村の変化が横たわっていて、村の近くにできた製糸工場の職工になる農民たちの階級的分化と労働運動の組織化が描かれている。姜敬愛《カンギョンエ》の『人間問題』（「東亜日報」一九三四年八月一日―十二月二十二日付）は、農村である怨沼《ウォンソ》村の下層階級女性のソンビと男性のチョッチェが、封建的な抑圧のくびきから抜け出せない故郷を離れ、それぞれ仁川《インチョン》の紡績工場と埠頭の労働者階級として成長する過程を描いている。この二作品は、労農大衆へと波及した社会主義運動が物語の振幅を決定するさまを見せてくれる。この二作品は、転向の時代と相まって、社会主義運動の主体が知識階級から労働者、農民へと変容する過程を背景としているといってもいいだろう。

3　植民地モダニティ、恋愛／結婚、モダンガール

社会主義運動を媒介に植民地朝鮮の現実を全体化しようとしたこれらの長篇小説は、植民地モダニティを階級的生の運命を通じて提示しようとするものだといえる。植民地モダニティは、階級的生の運命との関連では、物質的世界と結び付いた規範的社会性の形式を取ることが、単なる平凡な生ではなく、順応的な生を生きることとして意味づけられるというところに問題性を見いだせる。例えば、転向はこのテーマに関して植民地モダニティの正体が何であるかをまさに示している。『人間問題』に登場する京城帝国大学法学科出身のユ・シンチョルは、社会主義運動に加担して組織からの指示で仁川の労働運動に身を投じる前、京城にいて最も耐えがたかったのは、夏の暑さをしのぐために三越百貨店に寄らずにいられない自分自身と、その百貨店の屋上でかき氷を食べながらおしゃべりを交わす男女からの、自分のみじめないでたちと汗の臭いをあざ笑うかのような視線だったという。彼は、京城の大都会で自分に気がつく者がいるかを意識している。そして、自分のことを誰も知らない仁川埠頭の荷役場の労働者を指示する役を任され、派遣されることを喜ぶが、京城の南村《ナムチョン》〔京城中心部を流れる清渓川《チョンゲチョン》の南側。日本人が多く住んだ〕繁華街で他者の視線を意識するなかで自己侮蔑感を覚えるこの場面は、転向の序曲だといえる。彼は思想転向をしたのち不起訴処分で出所して、「M国」[13]で就職して「金持ちの女」と結婚したという噂が、同僚のチョッチェに伝えられる。シンチョルはチョッチェにとって階級意識の成長を導いた師だったが、

シンチョルにとって最後に残ったのは、人知れず愛していたソンビの死だった。小作農の娘だったソンビは、龍《ヨン》淵《ヨン》村の地主であるトクホに性的蹂躙を受け、逃げるように村を去って仁川の大東紡績工場の女工となり、そこで故郷でトクホから同じ性的蹂躙を受けたカンナニを通じて階級的成長をする。しかし彼女は病気になって解雇され、ついに死ぬことになる。ソンビのむごい死はチョッチェの階級意識の覚醒への飛躍的な契機として提示されるが、この二人のプロレタリアートの男女にとっては、恋愛と結婚のような社会性の形式は望むべくもなかったという点に悲劇性が生成される。

さて、転向した知識人の結婚が順応性の現実的・制度的現れだとするならば、結婚・恋愛の不可能性は、植民地モダニティの不毛性を示すものだといえるだろう。私はかつて、韓国近代小説の嚆矢として知られる『無情』〔李光洙作。一九一七年発表〕に言及しながら、植民地の民族主義が男性中心的な家父長制のメタファーを動員したにもかかわらず、近代的家族、特にロマンティック・ラブに基づいた結婚と夫婦関係を社会的想像のメタファーに含ませることができなかったと指摘した。[14] この作品には、一方に植民地朝鮮の女性たちが植民地化の展開と並行して売春化していくという事情、もう一方に、男性が近代的核家族の生計扶養者として経済的主体として成立しえない状況が横たわっている。ここに社会主義運動とモダンガールを遭遇させることでより劇的に、植民地モダニティの不毛性だけではなく流動性が描き出される。

近代知はそれ自体の性格、そしてその習得と生産・流通の仕方の点で、移動性と流動性を特徴とする。その流動性が、知識の習得を基盤とした個人と集団の社会的地位の移動とアイデンティティの変化という形で表面化することで、社会的波及力をもちうるならば、近代知としての社会主義を受け入れて実践することは、生得的なアイデンティティを無効化させるほどにその移動性を極大化させる。自身を生んだ父母に反逆し、故郷を離れて京城から東京へ、上海からモスクワへと続く「国際」は、社会主義運動に加担した者たちにとって直接的な実践の舞台であり、イデアだったといっても過言ではない。さらに、社会主義運動に加担していた朱鍾建《チュジョンゴン》〔社会主義運動家。朝鮮共産党結成に関与し、ソ連亡命後に消息不明〕が、「環境から精神的に自己を分離して、その自己の存在を鮮明に意識し、そのようにして階級的に自覚した先駆者[15]」と早くに定義した前衛とは、マルクス主義の透徹した理解と実践を通じてプロレタリアートになった者なのである。こうした、資本主義からの解放という国際的ビジョンと意識の極大化を通じた存在転移あるいは変身（transformation）の可能性が、社会主義運動、社会主義者の移動性の基盤だとするならば、モダンガールはそれに比肩しうる移動性と変身をアイデンティティとしていた。この両者の移動性を制限したり中断したりする強力な物理的な力は、社会主義の運動をはじめとする反体制運動への植民地権力による弾圧と、女性たちの移動性を不安定で非正常的で危険なものに作り上げ、そのように見なす認識論的にも物質的にも不平等な社会システムにあった。モダンガールは、日本で〔第二次〕世界大戦以前に現れた特有の存在であり、一九二三年の関東大震災以後十年間の社会・文化的大激変期に、彼女らは誰なのかをめぐってジャーナリストらが論争を繰り広げる過程で作られた高度に商品化された文化的複合概念であった。そのことを認めながらも、ミリアム・シルヴァバーグは、誰がモダンガールだったのか、彼女らが何をし、何がモダンガールをそのように作り上げたのかを問うことで、モダンガールの立体的な文化政治性を明らかにする。モダンガールは、女性たちが労働者、知識人、政治活動家として新たな公的位置を手にすると同時に、それが、家父長的家庭とその理念的土台である国家イデオロギーのなかで、良妻賢母として描かれるしとやかな女性像を脅かしていた状況を明らかにしたのである[16]。これとは違い、「完全に洋装に変身し、相対的な購買力増大と経済的独立性に基づいて挑戦的な言行をして、性的積極性を意のままにする女性集団を一九二〇年代後半の朝鮮の京城で見つけることは簡単ではなかっ」たことを、金《キム》秀珍《スジン》は指摘する。すなわち、植民地朝鮮でのモダンガール言説は、そうした物質的な基盤が現実にあったわけではなかったため、モダンガールは新女性と区別されない――というより悪い新女性の同義語として使われるようになったのだという[17]。

　植民地朝鮮で特定の集団として指し示すことができるほどの社会的実在だったとはいえないにしても、新女性とモダンガールの違いには一瞥しておく必要がある。つまり、前者が家庭を女性の主導的領域として構築することに関心がなくはなかったのに対し、後者は理想的家庭像の構築とは距離があったという点である。それは何よりも「紊乱である」と非難された女性セクシュアリティの自律性という形で、植民地朝鮮のモダンガール言説にも同じように現れている。モダンガールは、一九二〇年代の新女性言説とともに構築された恋愛／結婚論の啓蒙的効果が、これ以上は維持されがたいということを示す現象でもあった。ここで興味深いのは、家庭を出ており性に奔放だと表現されるこうしたモダンガールの特徴は、社会主義者の表象でも同じように見られるということである。社会主義者は、家族のような生得的な社会的関係から離脱した、なによりも父に反逆する者として描かれただけでなく、性的にも乱れた存在として表象された。

4 モダンガールと社会主義者の遭遇

ソビエトの実情を紹介するという美名のもとで社会主義の頽廃的生活様式を推奨しているという内容の反社会主義言説は、すでに一九二〇年代前半期に流布していたが、[18] モダンガールと社会主義者に共通した特徴を付与することは、モダンガールという用語の登場、[19]「女流社会主義者」のスキャンダルも特筆大書された朝鮮共産党事件、[20] アレクサンドラ・コロンタイの小説『赤い恋』「三代の恋」に対する知識界の関心[21]が同時に起こった二七年以後に全面化したものである。植民地朝鮮の読書界も風靡したコロンタイの小説とその恋愛論の俗流化は、社会主義運動家である恋人がとらわれの身となった監獄の外の女性社会主義者に向けて「愛欲のプロフィル」を問うインタビューからその現実の姿を見いだせる。[22] しかし、社会主義者とモダンガールの出会いを通じて植民地の「社会劇」が構成されうることを、この時期の長篇小説は示している。

例えば、廉想渉にとって、モダンガールを媒介に展開する植民地の首都京城の形成的変化とその物質性は、植民地の二元的な政治的・文化的構造と生活の植民化を物語化しうるマトリクスの機能を果たした。[23] また、二元的な植民地都市の境界を乗り越えるモダンガールと、いつでも潜伏しながら成長しつつある社会主義者は、植民地

（都市）の根源的な植民地性の極限を体現するか、そのために深淵を帯びた存在だった。なによりも、その両者の結合は反社会主義言説の材料でありうるが、同時に、社会の支配的規範としての正常性に対する緊張を生み出しもする。廉想渉は、この両者を街頭にいる存在として描くことで、表現的潜在力を付与した。モダンガールと社会主義者は、自身の生と運命をもって自律権を主張する近代的個人の化身であり、それは所与の環境——とりわけ家族・家庭——から離脱する移動性の追求として現れる。彼ら／彼女らの移動と移行は、決してその行為だけには遡及されない「社会劇」（social drama）をあらわにし、そのただなかへ入り込んでいく。ある社会の人々の社会的・文化的生の過程を、ストーリーとナラティブを生成させる社会的過程の単位とする社会劇は、ある規範を打ち破り、公共の場の道徳、法、慣習、礼儀作法がある規則を侵犯するものとして姿を現す[24]。

『狂奔』のなかで、親日ブルジョアの令嬢である璟玉《キョンオク》は声楽を専攻する東京留学生である。帰国して社会主義的傾向をもつと暗示される劇団・赤星団の女優になるために家出し、カルメンを演じて、劇団団長の朱正芳《チュジョンバン》との性的な恋愛に何らの気兼ねもしない。あげくの果てには社会主義者の蠢動と暗示される学生事件に巻き込まれながら、彼らに同情する。『三代』の敬愛《キョンエ》は、往年の三・一独立運動の主導者として不遇の死を遂げた父の友人である趙相勲《チョサンフン》との間に娘をもうけた未婚の母で、日本人の女が主人をしているカフェーの女給として生計を維持している。彼女は、趙相勲の息子・趙徳基《チョドッキ》と友人である社会主義者・金炳華の愛人となり、京城と上海をつなぐとある事業を進んで助ける。『無花果』では一群のモダンガールたちの活躍が繰り広げられる。麻雀と恋愛が趣味の新聞記者パク・チョンヨプ、貧しい家の娘で、シンパサイザーのブルジョア・李源栄《イウォニョン》の助けによって東京の医学専門学校に留学するチョ・ジョンエ、大韓帝国の滅亡によって父について沿海州へ移住して舞踊家になり、また映画の俳優から妓生となったチェリョン、そして自由恋愛を通じてスイートホームをもったと信じたものの結局は自身の相続財産にだけ関心がある夫と離婚したムンギョンは、いずれも社会主義者らの陰謀に進んで関わり、未来は不透明だが疑うことはない街頭の存在となる。社会主義者とモダンガールの遭遇は、植民地朝鮮の女性の社会的生の条件を、独自の仕方で表現する。すなわち、その生の条件は、植民地化による政治的状況の緊張と階級上の転落ないし移動として表現される。そこには同時に、決定的な男性支配の様相と関連して前近代と近代の時間性が重なり合う、社会文化的緊張が作用してもいるのである。

一方、社会主義運動での女性人物たちの積極性は、ただ廉想渉の小説にだけみられる現象ではなかった。『故郷』で、金喜俊の小作争議の成功は、小作民たちが対抗している安勝学の娘でハイカラだったがのちに労働運動に身を投じて女工となった甲淑《カプスク》が、自身のセクシュアリティと関連する恥部を父との対決で重要なカードとして使用することを許可するところで、決定的なものとなる。『人間問題』の場合、女性労働者たちを果たしてモダンガールといいうるかについてはためらわれるところがあるが、自身に加えられる男性たち（支配階級の象徴でもある）の性的蹂躙の過去を呪い、自分の運命を自身が決定するという意志を見せる女工の登場、そして彼女らの間の情緒的連帯を通じた意識化は、あるいは植民地朝鮮で十分に花開くことがなかったモダンガールのイデアだったのかもしれない。(25)

おわりに

韓国では、二〇一六年の江南《カンナム》駅女性殺害事件（ソウル・江南駅近くの建物で男性が女性を刺殺した事件。女性をねらった無差別殺人だったという点が社会に衝撃を与え、韓国での女性嫌悪を社会問題化させた）をきっかけに、フェミニズムが女性大衆運動化する様相を見せている。至るところでなされる女性の身体への盗撮、リベンジポルノ、性暴力に抗議するオンライン上と路上での女性たちの集団的デモとともに、フェミニズムの教養書や歴史書、そして文学作品が刊行されている。そうしたなか、一七年にハンギョレ新聞社の文学賞を受賞し、一八年に刊行された『滞空女・姜周龍《カンジュリョン》』という作品は、本章の主題と関連して興味深いため、短い読後感を述べて結語に代えたいと思う。

姜周龍は平壌の平元《ピョンウォン》ゴム工場の女性労働者で、一九三一年、ストライキと籠城を主導しているところを警察によって解散させられると、平壌市内を見渡せる楼閣の屋根に登って籠城を続け、当時の新聞を大いににぎわせる。しばらくして、検挙が始まった平壌赤色労働組合事件によって姜周龍は拘束される。平壌の赤色労働組合結成を主導したのは鄭達憲《チョンダロン》だった。一九二六年、朝鮮共産党に加入した彼は、延禧《ヨニ》専門学校〔現在の延世《ヨンセ》大学校の前身〕文科在学当時、純宗〔大韓帝国最後の皇帝。植民地統治下では昌徳宮李王として遇された〕の葬儀日に起こった六・一〇万歳事件の主導者と見なされてロシアに逃れる。その後モスクワの東方勤労者共産大学を経て、朝鮮共産党を再建せよというプロフィンテルンからの命令を受け帰国、赤色労働組合結成をおこなったと報道された(26)。姜周龍は神経衰弱などによる病のために三二年六月七日に釈放されるが、二カ月あまりたった八月十三日、病気が悪化して貧民窟で三十歳にして死を迎える(27)。社会主義系列の独立運動家を叙勲の対象に含めた盧武鉉《ノムヒョン》政府は、二〇〇七年、六十二周年を迎えた光復節〔八月十五日〕に、彼女の活動を抗日意識を鼓吹するものとして、その死を殉国として記念して愛族章を叙勲した。にもかかわらず歴史のなかに埋もれた存在だった彼女は、パク・ソリョンの小説によってよみがえる(28)。

私が『滞空女・姜周龍』で注目したいのは、モダンガールと社会主義者を女性労働者として統合した表象を提示したという点である。植民地朝鮮のモダンガール言説が、モダンガールを貧しい植民地朝鮮にそぐわない女性たちの迷妄や性的堕落として切り捨てたのとはまったく違うやり方で、二十一世紀の作家はモダンガール、そして社会主義者の新たな形象を作り出している。作中の周龍はいつもモダンガールのことを考えていて、モダンガールの写真と絵を収集する趣味をもつ人物として登場する。モダンガールのファッションと趣味を追いかけることができない貧しい女工だが、新女性特集が組まれた雑誌を思い切って買ったり、同僚たちが進んで彼女の収集趣味を助けてくれたりする。ある日、同僚のサミは雑誌から切り抜いたモダンガールの写真と一緒に、手ずからペンで描いたモダンガールに「リョンイ」〔周龍の愛称〕と名前をつけた絵を送る。その絵を作業時間に同僚同士で回し見ているところを班長に見つかり、周龍はひどい辱めを受ける。班長は、モダンガールなら断髪をしなければと周龍の髪をつかみ、自由恋愛をしようといってセクシュアル・ハラスメントをする。さらに頬をぶち、頭を床に押し付ける。学生ではない女工たちがモダンガールになりたければ、妓生になるしかないという。「誰でもモダンガールになりたいやつはオレんとこへこい。モダンガールにしてやるよ」[29]という班長の言葉は性的暴力を暗示し、売春の対象にされたセクシュアリティこそ当時のモダンガール言説の核心だったことを示している。周龍は怒りを覚えるが、同僚たちのために口答えはせず、次のように考えて耐え忍んで作業時間を終える。

誰かが私に、モダンガールじゃないといっても、私が本当にモダンガールじゃないわけじゃない。自分がモダンガールではないということ、モダンガールになりたい気持ちは突拍子もないものに見えるだろうという事実は、周龍自身がいちばんよく知っている。いつもそのことについてばかり考えているのだから、とても知らずにいられるはずがない。

だけどそれは班長のせいではない。班長なんか、モダンガールになるのにこれっぽっちも邪魔にはならない。

「旧男性の迫害を受けたのだから、これはむしろモダンガールになる第一歩を踏み出したのだ」と考える。[30]

作家は、モダンガールのアイデンティティを、男性支配の規範に対する違反とそこからの逸脱に置いたのである。モダンガールとは、なろうとする気持ちを捨てないという遂行《パフォーマンス》にほかならないとすれば、その気持ちを守るのは何を通じてだっただろうか。生計を担ったり、自分の食事を減らしたりしなければならなかった下層階級の女性労働者たちには許されていなかった近代的学校教育――これは新女性を生んだ重要な制度基盤だった――を通じてではなく、それに依拠した社会的・文化的な序列をさえ突破する知の実践を通じてだった。無学に等しい姜周龍にとって、工場とストライキは、ここではない向こう側の世界を知らしめた学校だった。赤色労組の一員になることで、姜周龍は常にモダンガールでいようとしたのである。

彼女の葬儀は男女の同志百人あまりの会葬によっておこなわれたと新聞記事は報道した。(31) 彼女の貧民窟での孤独な死が知られるようになったのも、おそらくこの葬儀のためだったのかもしれない。ある貧しい独身女性の死に百人もの弔問がこようとは！『滞空女・姜周龍』の作家は、小説のプロローグで彼女の孤独な死を描く。またクライマックスでは、彼女を赤色労組に引き入れたと設定されている鄭達憲が、獄中で彼女の訃報を聞き、鬱憤と苦痛のなかで時間をさかのぼり、彼女を回想する。乙密台《ウルミルテ》〔平壌・錦繡《クムス》山にある楼閣。姜周龍の籠城場所〕の屋根の上で眠りについた彼女は、明け方の散歩に出た人々に発見される。その状況はこのように提示され、結ばれる。

屋根の上で眠っているその女に向かって誰かが叫ぶ。
あそこに人がいる。(32)

しかし、姜周龍の死は小説のように、当時最高のインテリであり有能な地下組織家だった鄭達憲という一人の男性によってだけたたえられたのではない。小説では省略された彼女の葬式がどのようにとりおこなわれたのか想像してみよう。男女同志百人が集合した葬儀。それは、一九二九年から三一年にピークに至った朝鮮の労働大衆運動のなかで傑出した人物だった姜周龍に送る、当時の人々の尊敬と悲しみと追慕の形式だったのだろう。その形式は、彼女の生を語り尽すものではないが、残された人々が彼女の生から何を学んだのか、そして彼女からどのような遺訓を受け取ったのかを見せてくれる。プロレタリア女性大衆の未来は、この思いがけない小説の登場があってもなお、いまだ大衆の想像力と力のなかに残されている。

注

(1) この本は一九九四年に『현대성의 경험〔現代性の経験〕』（윤호병 역、현대미학사）という書名で翻訳され、〔韓国〕国内の国文学〔韓国文学〕研究者にかなり読まれたと記憶している。マーシャル・バーマンのこの本は八三年に出たものであり、「創作と批評」に載ったペリー・アンダーソンの「近代性と革命」（原題は"Marshall Berman: Modernity and Revolution"）は、当初 *New Left Review*, 1984. に掲載され、そこから修正・補完を経て彼の *A Zone of Engagement*, Verso, 1992. の第二章に収録されたものを翻訳したものである。

(2) 백낙청「문학과 예술에서의 근대성 문제」「창작과비평」八十二、창작과비평사、一九九三年、九ページ

(3) その結果生み出された文学史叙述として、김재용／이상경／하정일／오성호『한국근대민족문학사』（한길사、一九九五年）がある。

(4) 김윤식『한국근대문예비평사 연구』일지사、一九七六年、二〇二—二〇三ページ参照

(5) 이혜령「한국근대소설의 섹슈얼리티 연구」성균관대학교 박사학위논문、二〇〇二年。この論文は〇七年に『한국근대소설과 섹슈얼리티의 서사학〔韓国近代小説とセクシュアリティの叙事学〕』（소명출판）というタイトルで出版された。

(6) この成果の一つが、紅野謙介と高榮蘭が主導した「文学」二〇一〇年三月号（岩波書店）の特集「日韓トランスナショナル——一九二〇—三〇年代の文学」に掲載された、李惠鈴「監獄、あるいは不在の時間——植民地朝鮮における社会主義者の表象とその可能性をめぐって」（酒井裕美訳）である。

(7) 로버트 스칼라피노／이정식『한국공산주의운동사 一』（한홍구 역）、돌베개、一九八六年、一八九ページ

(8) 박용규「일제하 민간지 기자 집단의 사회적 특성의 변화과정에 관한 연구」서울대학교 박사학위논문、一九九四年、参照

(9) 「歳暮」「東亜日報」一九二九年十二月三十一日付。ただし、この記事が掲載された「東亜日報」は発行直後に検閲当局が押収した。

(10) 김성민「광주학생운동연구」국민대학교 박사학위논문、二〇〇六年、参照

（11）「朝鮮之光」第六十七号、朝鮮之光社、一九二七年、七六ページ

（12）ソウル・永登浦《ヨンドゥンポ》の工場地帯を主要な舞台に、いわゆるトロイカ方式の組織を通じて社会主義運動を展開していた李載裕《イジェユ》が一九三三年に作成したパンフレットにあるアジト使用時の注意事項の一つが、「室内では卓の上にブルジョア文学書などを並べておき、本は室外に置くこと。書き込み、特に名前の書き込みは厳禁すること。文字を書いた紙は部屋の隙間に差し込んでおくこと」だった。김경일『이재유 나의 시대、나의 혁명』(푸른역사、二〇〇七年）一二六ページから再引用。

（13）「M国」は、解放後の一九四九年、姜敬愛の夫・張河一《チャンハイル》によって労働新聞社〔平壌〕から刊行された単行本では「満洲国」と表記されている。三一年、日本の関東軍の満州侵略を契機として建国された満州国は、植民地朝鮮人にとって新たななりわいの場と認識され、移住がおこなわれた。

（14）これについては、李恵鈴「『無情』のその多くの妓生──李光洙の民族共同体、または植民地的平等主義」舘野皙訳（金賢珠／朴茂瑛／イ・ヨンスク／許南麟編『朝鮮の女性〈1392-1945〉──身体、言語、心性』〔「クオン人文・社会シリーズ」第二巻〕所収、クオン、二〇一六年）。この論文を最初に発表した名古屋大学でのシンポジウムの討論で、私は、これは文学的表象では子どもが登場したり成長したりしないということに現れていると付け加えた。このことは、父母と子女という近代核家族のモデルの文学的表象に、植民地的な困難が伴ったことを意味する。児童は、特に民族国家的メタファーに関連しているためだろう。興味深いことに、一九四〇年代の皇国臣民化と大東亜共栄圏のイデオロギーに呼応した国民文学〔植民地末期の朝鮮で登場した帝国日本の国策と戦争遂行に協力的な文学〕は、朝鮮の孤児を天皇の赤子として育て上げるというような物語設定を見せる。

（15）朱鍾建「無産階級과物産奨励（十二）」「東亜日報」一九二三年四月十七日付

（16）Miriam Silverberg, "The Modern Girl as Militant," *Erotic Grotesque Nonsense: The Mass Culture of Japanese Modern Times*, University of California Press, 2006, pp. 65-68.

（17）김수진『신여성、근대의 과잉』소명출판、二〇〇九年、二八九─二九〇ページ

（18）これについては、박헌호「一九二〇년대 전반기『매일신보』의 반 - 사회주의 담론 연구」(「한국문학연구」二十九、동국대 한국문학연구소、二〇〇五年）参照。

(19) 金秀珍によれば、モダンガールという用語は一九二七年の新聞紙上で日本のそれを紹介する新聞記事に現れ、同年「別乾坤」十二月号（開闢社）は、「モダンガール、モダンボーイ」特集を組んだ。二七年から二八年にモダンガール論議が活発になる。前掲『신여성、근대의 과잉』二七九―二九〇ページ参照

(20) 一九二七年、解禁され言論で特筆大書された朝鮮共産党事件の記事で、「女流社会主義者」である金瑛禧《キムヨンヒ》は予審免訴となって出獄し、言論の注目を浴びた。「女流社会主義者」という表現は、彼女の写真を他の人物の写真より大きく掲載した「朝鮮日報」一九二七年四月二日付の記事で使われた。「毎日申報」一九二七年五月九日付は、「共産党の巨頭権五卨《クォンオソル》」と恋愛をしていたという風聞と、出獄時に妊娠九カ月だったという事実から、彼女が「断髪女性」の「共産主義者であると同時に女性解放運動者」として貞操観念が普通ではなかったのだろうとしながらも、他の人間との穏やかならぬ関係にまつわる風説はなかったようだという内容の報道をした。

(21) 一九二七年の『赤い恋』などの小説に見られる恋愛論を中心としたコロンタイの植民地朝鮮での受容の時期とあり方については、홍창수「서구 페미니즘 사상의 근대적 수용 연구」（『상허학보』十三、상허학회、二〇〇四年）参照。男性知識人と女性社会主義者・丁七星《チョンチルソン》によるコロンタイ恋愛論の理解方法の違いに焦点を当てた研究としては、배상미「식민지 조선에서의 콜론타이 논의의 수용과 그 의미」（『여성문학연구』三十三、한국여성문학학회、二〇一四年）がある。

(22) 「三千里」一九三一年七月号（三千里社）の「붉은 恋愛의 主人公들〔赤い恋愛の主人公たち〕」は、十人の女性社会主義運動家たちを、「愛欲のプロフィル」を通じて描写している。金秀珍は、コロンタイズム＝赤い恋が恋愛を愛欲へと様変わりさせる記号になったと分析する。前掲『신여성、근대의 과잉』三二五―三二七ページ。しかし、一九三〇年代の社会主義者の女性たちの登場は、文化的テクストでは目立たなかったというだけで、大衆運動のなかに存在していた。これについては、이상경「一九三〇년대 사회주의 여성에 관한 연구――경성 꼼그룹 관련 여성들을 중심으로」（『성평등연구』十、카톨릭대학교 성평등연구소、二〇〇六年）参照。一方、アジト・キーパー／ハウス・キーパーとして社会主義運動に加わった女性たちについての言説が、女性社会主義者の存在を否認したりおとしめる効果を招くという見方を提示した論文としては、장영은「아지트 키퍼와 하우스 키퍼――여성 사회주의자의 연애와 입지」（『대동문화연구』六十四、성균관대학교 대동문화연구원、二〇〇八年）がある。

（23）廉想渉は、『万歳前』〔廉想渉初期の代表作。一九二四年に連載完結・単行本化〕の頃から植民地化が生の場所と文化をどのように再構成するのかに関心をもって描いてきたが、植民地の首都京城を人物たちの語りと植民地的状況の象徴として本格的に用いたのは『愛と罪』からである。この作品と『二心』『狂奔』は、それ以後の『三代』や『無花果』よりも、京城との関連ではさらに生き生きとした社会的リアリティーを提供している。『愛と罪』は朝鮮神宮の建設とともにカフェーが立ち並んだ南村一帯を、『二心』ではホテルと遊廓、旅館業などが栄える京城の売春化された空間を、『狂奔』では景福宮の総督府落成とともにとりおこなわれた博覧会と劇場文化を描き出している。これらの作品がすべて、定住できないまま陰険な都市の片隅で悲惨な死を迎える女性たちを印象深く描いているのは、偶然ではない。これについては이혜령「검열의 미메시스――염상섭의『광분』을 통해서 본 식민지 예술장의 초（超）규칙과 섹슈얼리티」（『민족문학사연구』五十一、민족문학사연구소、二〇一三年）参照。一方イ・ヨンヒは、廉想渉の長篇小説様式の成立でモダンガールが決定的だったことをより精緻に論証している。이용희「염상섭의 장편소설과 식민지 모던 걸의 서사학」『동아어문학』六十二、동아어문학회、二〇一四年、参照

（24）社会劇はヴィクター・ターナーが提案した概念であり、どんな社会であれ危機と不安、分裂の再統合と秩序の樹立という過程を反復する人間の生-文化の転変と、そのパラダイムを指す概念である。빅터 터너『제의에서 연극으로〔*From Ritual to Theatre*〕』（이기우／김익두 역）、현대미학사、一九九六年

（25）루스 배러클러프〔Ruth Barraclough〕『여공문학――섹슈얼리티、폭력、재현〔*Factory Girl Literature: Sexuality, Violence, and Representation in Industrializing Korea*〕』（김원／노지승 옮김）、후마니타스、二〇一七年、一一四―一三五ページ参照。著者のルース・バラクラフは、『人間問題』を植民地朝鮮の産業化の外傷を明るみに出す「女工文学」の抜きん出た秀作として分析している。

（26）「産業別로労組改造 赤色労組를組織」「東亜日報」一九三一年七月二十五日付、「平壌赤色労組関係 八人全部有罪決定」「朝鮮中央日報」一九三三年三月二十五日付。鄭達憲（一八九七―?）はこの事件で一九三八年まで服役し、四〇年に再び検挙され、四五年の解放後に出獄する。彼は長い間、日帝の監獄で暮らさざるをえなかった多くの社会主義者のうちの一人だった。北韓の政府建設に参与するが反ソ分子として追われ、四八年の北朝鮮労働党〔一九四九年に朝鮮労働党へと発展的解消をした共産主義政党。四六年創立〕第二次党大会をきっかけに政治的進出の道が閉ざ

されたという。ウェブ版『한국민족문화대백과사전』(http://encykorea.aks.ac.kr/)「정달헌」の項［二〇一八年十月十八日アクセス］参照。

(27)「乙密台의屋上女 姜周龍遂死亡」『東亜日報』一九三一年八月十七日付

(28) その影響かはわからないが、文在寅《ムンジェイン》大統領は二〇一八年八月十五日の光復節の祝辞で、日帝の一方的賃金削減に抵抗し、「女性解放、労働解放」を叫んだ志士として姜周龍に言及した。姜周龍に対する言及は、最近の朝鮮半島で醸成されている脱冷戦・平和ムードとフェミニズム・リブートの時代にあって、文在寅政府の叙勲政策の方向を象徴的に示すものだと言える。同年六月、李洛淵《イナギョン》国務総理は女性、学生や義兵とともに、北韓政府樹立に寄与した者でなければ、社会主義系列の独立運動家を積極的に独立有功者として報奨するという政府の叙勲政策基調を明らかにしている。「여성・사회주의 활동가、「독립유공자 서훈」확대」「한겨레신문」二〇一八年六月八日付

(29) 박서련『체공녀 강주룡』한겨레출판、二〇一八年、一三九ページ

(30) 前掲『체공녀 강주룡』一四〇ページ

(31) 前掲「乙密台의屋上女 姜周龍遂死亡」

(32) 前掲『체공녀 강주룡』二四二ページ

［訳者付記］日本語圏の読者にとってなじみが薄いと思われる事項については、〔 〕内に訳註を付した。また、韓国語原文中での「韓国」「朝鮮」「京城」「ソウル」「北韓」「北朝鮮」「日本」、また「日帝」（日本帝国あるいは日本帝国主義を指す）にあたる語はすべて原文で用いられたとおりに訳した。

コラム　一九三〇年前後の韓国の女性雑誌

孫知延

韓国の近代雑誌に「女性」に関する言説が見えるのは、一九〇八年に創刊された「家庭雑誌」が初めてだといわれている。この雑誌は、同時代には珍しく純粋なハングルで書かれていて、韓国初の月刊教養誌として位置づけられる。以後、「女子界」（一九一七年六月）、「女子之男」（一九〇八年四月）、「女子時論」（一九二〇年一月）といった、主に（日本へ留学していた）男性知識人が打ち立てた愛国啓蒙運動や女性啓蒙運動の性格を前面に打ち出した雑誌が続々と創刊される。「青鞜」（青鞜社、一九一一—一六年）のようにもっぱら女性たちの手になる雑誌が登場するのは、「新女子」（一九二〇年三月）が創刊された二〇年代に入ってからである。この雑誌に携わった女性たちは「新しい女」として韓国社会に広く知られていて、日本の「青鞜」同人からの影響が色濃くうかがえる。

「女人芸術」（女人芸術社）が刊行されていた一九三〇年前後の時期には、雑誌発行機関が多様になり、それによって雑誌の性格も扱っている記事も豊富になった。それらの雑誌は大きく、①女性教養誌・総合雑誌、②女性団体の機関誌、③社会主義系列の雑誌と三種類に分けることができる。

①として、「婦女世界」（一九二七年四月—三二年三月）、「活婦女」（一九二六年七月?—二七年十一月）、「女性時代」（一九三〇年八月—三〇年末?）、「女性朝鮮」（一九三〇年八月—?）、「現代女性」（一九三一年六月?—三八年十月?）、「万国婦人」（一九三二年十月、創刊号だけ刊行）などが挙げられる。女性が主幹だったものもあり、女性筆者も多い。これらの雑誌は、風俗、制度、文芸、芸術、映画、ファッション、美容、衛生、育

児など、近代的な言説を網羅した女性教養誌・総合雑誌を標榜している。全国の女性を読者とし、家庭や職場、学校生活に必要な実用的な情報もあれば、西欧女性解放の事例や、同時代の韓国女性知識人（小説家、記者、社会運動家）の紹介もあり、依然として啓蒙的な言説もうかがえる。詩や創作小説など、文芸欄に紙幅を多く割くのも共通する。日本帝国の植民地下という時代的な特殊性のため、三・一独立運動を率いた女性独立運動家が主幹だった雑誌や、検閲にひっかかり、伏せ字にして出版した雑誌もあった。

図1 「女性時代」1930年8月号（第1巻第1号）の表紙

図2 「女性朝鮮」1933年1月号（第28号）の表紙

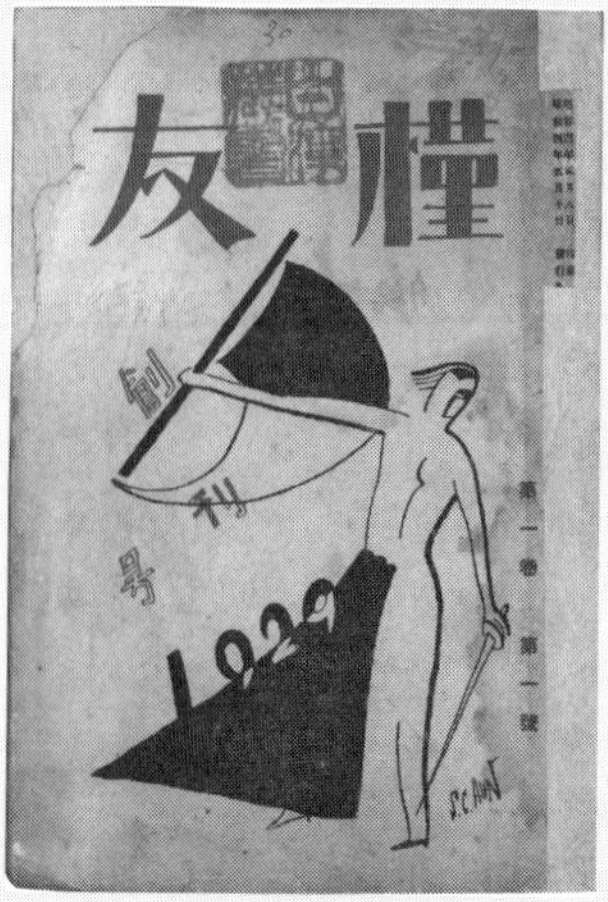

図3 「槿友」1929年5月号（第1巻第1号）の表紙

図4 「女人」1932年6月 号（第1巻第1号）の表紙

②としては、槿友会の機関誌『槿友』（一九二九年五月の創刊号だけ刊行）がある。槿友会は、民族主義系列の女性団体と社会主義系列の女性団体が協力して、全朝鮮女性の団結と地位向上を掲げて組織された韓国最大の女性団体である。女性労働者から農民、家庭婦人に至るまで、全朝鮮女性が参加できるような公的な言説の場を確保し、男女差別、家父長制、母性イデオロギー、性別ヒエラルキーを打破することを訴えた。旗と刀を持った幾何学的な身体や、女性か男性か見分けがつかない中性的な横顔の表紙からもこの雑誌の急進的な方向性が見て取れる。また、『長恨』（一九二七年一―二月？）は妓生《キセン》の同人誌である。妓生制度の廃止を主張し、差別的な社会制度の矛盾を告発する記事を多く掲載した。

③としては、『現代婦人』（一九二八年四―七月）、『女人』（一九三二年六月―？）が挙げられる。これらの雑誌は、一九二〇年代半ばから韓国社会を風靡した社会主義思想の影響のもとにあったため、検閲からも自由ではなかった。『現代婦人』は、当時としては珍しく女性の無産階級運動家が主幹で、思想関係出版物として押収されたり、アナキスト（無政府主義者）として広く知られていた朴烈の文章が問題になって出版否許と削除判定を受けたりした。『女人』は、社会主義系列の雑誌『批判』（一九三一年五月―四〇年三月）を刊行していた批判社から創刊された。工場や女工の姿を描いた創刊号の表紙から、社会主義的な色彩が濃く見える。女性解放問題から女性社会主義者の獄中手紙や手記、随筆、詩、小説、職工（女工）訪問記、世界動向（「日中停戦協定」「比律賓独立問題」）の紹介、性に関する講座に至るまで多様な情報を収めている。

これらの雑誌は、一九四〇年代に入ると「親日」の傾向に傾いたり、総督府機関誌『日本婦人』（一九四四年四月―？）のように「銃後」の女性の役割を強調したりしていった。なお、解放後には、『婦人』（一九四六年四月―五〇年六月）に代表されるように「新国家建設」のために働く女性を掲げ、「愛国主義」「国家主義」的性格を鮮明にしていった。（女性）知識人たちの「親日」の論理もまた、矛盾なく「愛国主義」「国家主義」へとすり替えられていくのである。

第4章　闘争の発熱
――「女人芸術」のアナボル論争

飯田祐子

はじめに

一九二〇年代から三〇年代の「女性」を論じる際に言及されてきたカテゴリーには、「新しい女」「モダンガール」「主婦」「良妻賢母」などがあるが、[1]本章では、この時期に熱を帯びて語られたもう一つのカテゴリーに目を向けたい。「無産婦人」である。

ブルジョアと対立的に立ち上げられた「無産婦人」という存在は、従来の「女性」のバリエーションに、新規のカテゴリーがただ追加されたというものではない。「無産婦人」をめぐる議論の最も重要な点は、「女性」というカテゴリーの内部を明確に多数化したことにある。「階級」は、「女性」のなかの差異を前景化する。

一九二八年に創刊された「女人芸術」(女人芸術社)は、この女性の多数化という事態から出発した。創刊号の冒頭に、三本の論考を置いている。一本目は、マルクス主義陣営の代表的論者である山川菊栄の「フェミニズムの検討」である。山川は「女性文化」を提唱するフェミニズムを批判した。「女性文化」は「資本主義の内部における、少数特権階級の婦人しか、均霑し、参与することを許されない（略）一見進歩的に似てその実反動的な実質を内蔵するもの」[2]だからだ。それは、「浅薄皮相なフエミニズムの一表現」[3]にすぎないと厳しい言葉で批判した。先行する一〇年代、平塚らいてうなどの「新しい女」たちが女性問題のパイオニアとしてまず唱えなければならなかったのは女性の存在性だった。彼女たちは「新しい女」としてカテゴライズされたが、「旧い女」との差異に主張の主眼を置いたわけではない[4]。「原始女性は、太陽であった」というフレーズに象徴されるように、「女性」を一つのまとまりとして捉え、「女性」として語ったのだった。しかしながら、そのような議論がリテラシーを獲得した一部の女性に限られたものであることを、山川は批判する。階級という観点は、「特権階級」の女性と無産階級の女性たちを、はっきりと分節する。

二番手はアナキスト（無政府主義者）の望月百合子の「婦人解放の道」である。望月もまた婦人参政権運動を批判の対象に挙げながら、「同情同感の同性的共同戦線に立つて来た婦人同志の間に、新らたに階級的差別が生じ[5]」ていると論じている。三本目は神近市子「婦人と無産政党」であり、やはり既存の婦人団体を「資本の一令の下に何時でも反動化す団体」と位置づけ「無産階級の婦人達の組織」の必要を説く[6]。三つの論考は、階級という要素を導入することで、女性のなかの多数性を明示したのだった。本章では、こうした闘争する女性たちに目を向けたい。

ただし、ここで論じるのは「無産婦人」と「ブルジョア専業主婦」という多数性ではなく、「無産婦人」のなかの多数性である。「無産婦人」もまた、一種類ではないからだ。「無産階級」を論じること、あるいは無産階級の一人として語るという行為は、分節化、細分化、差異化への欲求としか言えないような欲動と結び付いている。無産階級の運動がどれほど多くの分裂を繰り返してきたか、あらためて言うまでもない。そこで検討の対象として、アナキストとマルクス主義者の論争（以下、アナボル論争と略記。「ボル」はボルシェヴィズムの略）に注目する。「無産婦人」のなかの多数性が、端的にわかりやすく示される場であるからだ。「女人芸術」のアナボル論争を中心に、その多数性と、両者が連動しながら生み出された闘争する女たちの場について考えてみよう。

1 「女人芸術」のアナボル論争

「女人芸術」での論争（表1参照）は、アナキストの八木秋子「曇り日の独白〈公開状　藤森成吉氏へ〉」[7]をきっかけにして生じた。八木が掲げた論点は二点ある。一つ目は、プロレタリア文学と「無産大衆」との乖離である。「第一に無産大衆の生活はもはや今日の作家の描く内容よりははるかに先へ進みその悲惨の度は深化してゐて、概念化された常識的作品などには興味を持ち得ない」として、藤森に「現実の上に跳びあがつた観念の遊戯を合理づけて行くのかしら？」[8]と問うた。二つ目は、マルクス主義とアナキズムの差異についてである。藤森が「マルクル《（ママ）》主義とアナキズムの理想とする社会は窮極において少しも違ひませんよ。全く同じですよ」[9]として両者を一括りにしたことに反論したのだった。「真の幸福な社会生活は人間の自発的創造的意思によつてのみ生まれる」とアナキズムの理念をまとめ、「マルキシズムの社会は国家の独裁支配に第一歩を始めるに反し、自由聯合の社会は不完全な個人の自由に発生し、爛漫と花咲く自由へと限りなく伸張して行く聯合社会で、国家では最初からあり得ない」[10]と論じた。

これに対して藤森成吉の短く高飛車な返答が掲載された。「今更「人間の自由」（あなたは決してプロレタリアートの自由とは云れ《（ママ）》ない）だの、「権力」（あなたは決してブルジョア政権とプロレタリア政権とを区別しない）だのと云ふ問題で、「アナ」のあなたと論争する気はありません。ただ、あなたがもつと勉強され、小ブル的意識を抛棄される事を望みます」と述べ、あらためて「マルクス主義とアナアキズムとは、究極に於いて国家と権力を否定する一点では、全く同じだ」と「明瞭」化した[11]。

その態度に対して、高群逸枝がアナキストの立場から怒りを帯びた批判を表明し、論争が本格的に展開することになる。アナキストからはさらに松本正枝が、マルクス主義者からは中島幸子と隅田龍子が加わって、一九三

表1　「女人芸術」での論争

アナ	八木秋子	曇り日の独白〈公開状　藤森成吉氏へ〉	1929年7月号
ボル	藤森成吉	応接室　八木秋子氏へ、公開状について一言	1929年8月号
アナ	高群逸枝	小ブル藤森成吉に与ふ	1929年9月号
アナ	八木秋子	簡単な質問（藤森成吉氏へ）	1929年9月号
ボル	中島幸子	婦人インテリゲンチヤの問題	1929年10月号
アナ	八木秋子	凡人の抗議	1929年10月号
ボル	隅田龍子	八木、高群両氏のアナーキズムに対する駁論	1929年11月号
ボル	中島幸子	アナーキズムへの一抗弁	1929年11月号
アナ	高群逸枝	お出でなさった――一アナーキストの宣言	1929年12月号
アナ	八木秋子	隅田氏の妄論を駁す	1929年12月号
アナ	松本正枝	ブルジョワ・イデオロギーとプロレタリアの自由	1929年12月号
	社告	アナアキズムとコンミニズムのこの度の論争は次号にて打切る	1929年12月号
ボル	中島幸子	アナーキズムの顚落	1930年1月号
ボル	隅田龍子	再びアナーキズムを駁す	1930年1月号
ボル	平林たい子	文芸時評	1930年1月号

〇年一月号に至るまで半年にわたって激しい応酬がなされた。論争を終結させたのは、「アナアキズムとコンミニズムのこの度の論争は次号にて打切る」(12)という編集の判断である。

一九三〇年一月号では平林たい子が以下のような概括をしている。「この論争は一体、当事者以外の誰かを少しでも益したらうか。日本の無産階級運動の歴史では、既に十年近く前に、その組織方針の上の決裂から、アナーキズムとコンミニズムとの対立を生じ、論争がたゝかはされた。その後、徐々にその論争がプロレタリアートの視点から遠ざかつたのは、単に興味が失せたためでも忘却したゝめでもなく、既に実践的に両者の相違点が明になり、原理論の論争などが全く必要なくなつたゝめである」(13)。平林による論争の評価は、決して高いとはいえない。この論争は、「無性格を標榜していた『女人芸術』にひとつの方向をもたらせた」(14)と尾形明子が指摘するように、雑誌に大きな影響を及ぼしたが、論争の内容は実りがないと論じられてきた(15)。

しかしながら、まず確認しなければならないのは、この論争が「十年」遅れているという平林の指摘は妥当ではないということだ。八木の第一の論点は「概念化」した作品と「大衆」との乖離だが、この時期は芸術大衆化論争[16]のまっただなかである。どのようにして「大衆」との距離を埋めるかという問題は、決して古びた問題とはいえない。

第二の論点に関してはどうだろう。マルクス主義者とアナキストの差異そのものに関する問題提起である。藤森も「今更」と皮肉めいた口調で揶揄していたが、先行するアナボル論争はいつどのようになされたのか、振り返ってみたい。

アナボル論争といえば、「一九二二（大正一一）年から翌年にかけて山川均と大杉栄の間で展開された論争[17]」が思い起こされる。一九二〇年十二月の日本社会主義同盟の成立に象徴されるように、共同戦線を進めていたアナ派とボル派が、ロシア革命の評価と労働組合運動の展開のなかで、労使協調的な立場（おおむねボル）とそれを拒否して組合不要論を掲げる立場（おおむねアナ）とでぶつかり、袂を分かった。大窪一志は、両立場の代表的な論者である大杉と山川の思想的差異を以下の四つにまとめている。①労働者の自己陶冶／労働者への外部注入、②自然成長／目的意識、③生き方運動／高次政治運動、④感情／理論、である。自己・自然を重んじ、自主・自治・自由を掲げて感情の水準で思考し行動するアナと、労働者に階級的勝利という目的意識を注入し、組織化のための理論に情熱を注ぐボルとの溝は深かった。

文学領域でのアナボル論争は、その四年後、一九二六年末から二七年にかけて起こっている。論争の前にはやはりまず共同戦線の時期があり、日本プロレタリア文芸連盟が、二五年十二月に発足している[18]。第五回コミンテルンの方針に応じ、マルクス主義者の声かけで「来れ、集れ！而してこの事のために団結せよ[19]」と両派が参集した。しかしながら翌年十一月に開催された第二回大会では、日本プロレタリア芸術連盟へと改称され、アナ派が脱退する。同時期に「文芸戦線」からも秋田雨雀、小川未明らアナキストが脱退している。

分裂の動きのなかで、アナボル論争が生じる。当時の言説では、「社会運動の分野においては、六七年前に既に問題となつたボルとアナの問題が、今やうやく同じやうなかたちで、烈しく論争されてゐる[20]」と記されている。

ただし、「最近所謂プロレタリヤ文学の領域内に於ける論争が盛んになつて来た。その中で最も重要なのはアナーキズムとマルキシズムに関する論争であると思ふ」[21]というように、かつての議論の再燃というより、新しい動向として歓迎されている。

表2に示したのは、藤森成吉が提示した「超個人主義」を軸として展開した論争である。この論争では、ブルジョア対プロレタリアの対立からアナとボルの対立への移行が見て取れる。[22]藤森が提示したのはブルジョア的「個人主義」を超える「超個人主義」である。アナ派も「超個人主義」を支持したが、アナの「自由」とボルの「組織」という差異で論争になり、対立点が移った。主たる戦場となった「都新聞」では、さらにボルの側から蔵原惟人と田口憲一が、アナの側から望月百合子が議論に加わり、ミハイル・バクーニンやネストル・マフノの評価、ボルシェビキとプロレタリアートの関係などへと論争が展開した。最後は新聞社側が論争打ち切りを告げて閉じられた。

その後、ボル派では、周知のように労農芸術家連盟や前衛芸術家同盟の分化、一九二八年三月の大弾圧後のナップ結成へと組織の分裂と再編が激しく進行する。ボル派内部での分裂が主要な論点になり、アナボルの対立は後景化した。一方、アナ派では、二九年に「黒色戦線」が結成され、足場固めがなされた。[23]八木秋子や高群逸枝は「黒色戦線」に執筆しており、アナキスト文芸運動の動きのなかで、八木による藤森批判がなされたのだった。

さて、駆け足になったが、先行するアナボル論争を振り返れば、「女人芸術」での議論は、埋まらない溝が再浮上したものとまずは言うことができる。自由／階級、連合社会／組織、自主性／目的意識の注入という対立が論じられたが、いずれもすでに提示されてきた原理的な論点である。しかしながら、「十年」遅れではないことを確認しておかなければならない。アナボル両者が集合したあと、差異が浮上して決定的な決裂に至るという過程が、社会運動の領域から四年後に文学領域へ、その二年後に女性の領域へと場を変え発生したのだった。先行する男性知識人の議論に女性たちが取り込まれたという評価もあるが、[24]論争が波及していく様相を踏まえれば、女性たちが彼らと同様の言葉を得たということができる。アナとボルをめぐるヘゲモニー闘争が「女人芸術」と

表2 「超個人主義」を軸として展開した論争

ボル	藤森成吉	超個人主義文学	都新聞	1926年9月1－4日付
ボル	藤森成吉	秋風の言葉　超個人主義文学余言	読売新聞	1926年11月3日付
アナ	新居格	超個人主義文学	新潮	1926年12月号
アナ	新居格	共産主義等派文芸を評す	新潮	1927年1月号
ボル	藤森成吉	超個人主義文学について――新居格君に答ふ	都新聞	1927年1月5－8日付
アナ	新居格	アナキストの観点から――藤森、田口の両君に寄す	都新聞	1927年1月9－11日付
アナ	大宅壮一	文壇における「左翼進出」	読売新聞	1927年1月16日付
ボル	藤森成吉	プロレ文学理論の建設	朝日新聞	1927年1月26－28日付
ボル	蔵原惟人	文芸論上のアナーキズムとマルキシズム	都新聞	1927年1月12－16日付
ボル	藤森成吉	「組織」論――再び新居君に　上・下	都新聞	1927年1月17－18日付
ボル	田口憲一	「アナキストの観点から」を読んで――新居格氏に答ふ	都新聞	1927年1月19－21日付
アナ	望月百合子	組織と自由――蔵原さんの蒙を啓く1～3	都新聞	1927年1月22－24日付
ボル	藤森成吉	プロレ文学理論の建設　超個人主義主張1～3	朝日新聞	1927年1月26－28日付
ボル	蔵原惟人	強権の否定かブルジョアへの降服か――望月百合子氏の「啓蒙」に答ふ	都新聞	1927年1月28－29日付
アナ	望月百合子	真実と自由の為に――再び蔵原さんの蒙を啓く　1・2	都新聞	1927年1月31日付、2月2日付
ボル	田口運蔵	所謂「マフノ運動」とは――盲目蛇におじず　上・下	都新聞	1927年2月3－4日付
ボル	藤森成吉	新文学理論の確立　共産主義的主張	改造	1927年2月号
アナ	新居格	無産派文芸の深化と分化	改造	1927年2月号

いう場に及んだのだった。それは、言葉が「移動」した証しでもある。

2　女たちのアナボル論争

さて、先行するアナボル論争を振り返ってきたが、「女人芸術」の論争で考えてみたいことの中心は、アナボルの差異と「女性」というカテゴリーとの交わりにある。そこで、もう一つの先行するアナボル論争を参照しておこう。「女性」の分裂という事態そのものを論題として、一九二七年から二八年にかけて「婦人運動」（職業婦人社）でなされた論争である。「無産婦人」を語る複数の立場が、階級にジェンダーを組み合わせたときに発生する複雑さのなかで示されている。

議論の背景を手短に振り返っておく。一九二四年に普通選挙法が成立して無産政党が結成されるが、最初の農民労働党は即日結社禁止になって、その後、立場の相違で労働農民党、日本労農党、社会民衆党に分裂する。婦人運動では、この間の二四年十二月に婦人参政権獲得期成同盟が発足し（翌年に婦選獲得同盟に改称）、政党については中立という立場で運動がなされたが、無産婦人の運動体は政党分裂に伴って、労働農民党系の無産婦人同盟と日本労農党系の全国婦人同盟、社会民衆党系の労働婦人同盟へと三つに割れた。

「婦人運動」の奥むめおは、この分裂を問題化した。階級とジェンダーという二つの力学が重なるとき、どのように分裂と集合をめぐる議論がなされたのか。「女性」か「階級」かということであれば二分類となるが[25]、「女性」という「一」つのカテゴリーのあり方と、「女性」の「多」数性が、どのように考えられているかという観点を加えると、四つに分類することができる（表３）。

まず、奥むめおの問題提起は、以下のように語られている。「われ〳〵として問題なのは、たゞたゞ無産婦人としてのわれ〳〵の解放である。（略）婦人運動は今や、もう一度最初の出発点に戻つて、出直す必要がある！

／傀儡としての婦人に何の婦人意識があらう」[26]。奥の主張は、「無産婦人」という一つのカテゴリーでまとまることを目指したものである。分裂を憂い、政党による階級闘争から切り離して「無産婦人」を一つに集合化することを訴えている。

　奥と同じく「婦人」というカテゴリーを重視するのは、高群逸枝である。高群は、「主張、綱領を比較して見るならば、そこにどれほどの違ひがあるだらうか。児童及び母性保護の問題、不平等法律の問題、参政権の問題、深夜業の問題等々。（略）すべてが「婦人」の問題である[27]」と述べる。さらに「今日のやうに、無産階級の政治的進出とやらで、それに所属の、盲目的婦人が、まるきり同じ主張や綱領を揚げて、分裂してゐる姿は悲惨である」と重ね、「「婦人」といふ名のつく一般の婦人は、今日における政治的対策上、別に「婦人非政党同盟」によつて、団結せよ！[28]」と集合化を訴える。高群は、この時期、新女性主義という持論を展開している[29]。婦人運動の第一期が「与へられてゐる社会での性的無差別の権利」を求めて制度の改革に貢献しない英米中心の「女権主義」、第二期がエレン・ケイなど、結婚制度の改革を掲げたスカンジナビアやドイツを中心とする「女性主義」、第三期がソビエトを中心とするマルクス主義による「新女権主義」で、このとき婦人運動は滅びたとする。そして、第四期として高群が提唱するのが「新女性主義」である。「結婚制度と強権強化の廃絶を期する」とし、「恋愛」「母親」の「本能」や「自然律」を価値化する。本質主義的な印象を与えるが、非常に独特な論理を展開していて[30]、既存の社会制度を破壊する強烈な意志が示されている。

表3　4分類

	一元的	多を前提
女性	奥むめお	高群逸枝
階級	神近市子	山川菊栄

　奥の議論と異なるのは、「性別的特殊意識」がなければ「単に、無産者であり、ブルジョアジーであり、百姓であり、町人であるのみだ[31]」として、決定的に「多」である者を「一」に集合化する抽象的なカテゴリーとして「婦人」を論じている点である。そのため、多数性を含み込んだ戦略が提案される。「党派に属しない同盟を結び合はねばならぬ」のは、「各党派を監視すると共に利用することができるといふ意味をもつ」からで、「もし党派以外に、厳然とした勢力を保つてゐるならば、その勢力で、どんな党派をも自由にすることができる[32]」という。

党の多数性を前提としながら、「婦人」のゲリラ的な戦法を説いている。高群が提案する「婦人」は、多を前提にしたうえで集合したものであり、奥が提示する「無産婦人」というカテゴリーが均質性を帯びている点で、両者の質は異なっている。

さて、高群が批判した山川菊栄は、奥に請われて、「現在の私として仔細に批評するだけの興味を感じえない」[33]と述べながら、不承不承、高群の提案に応答している。山川の立場は、「たとへ婦人団体をつくるにしても、その性質は、結社加入権獲得までの、一時的なものにすぎない」[34]というものだ。山川は一九二五年に「無産政党婦人綱領」[35]を掲げ、階級闘争に「婦人」というカテゴリーを組み込む困難と格闘しているが、その「綱領」についても「無産婦人運動にとつては基礎的に重要なものでなく、それは婦人の特殊的地位とその特殊的な心理に訴へるための特殊的な方法の一つ」[36]だという。「婦人」を論じるのは階級的団結のための一手段とし、あくまでも「階級」を上位に位置づけている。ただし、見逃せないのは「どの団体を支持するかは自由」というように、「階級」問題の内部にある「多」に配慮した議論になっている点である。「階級」を上位に置きながら、「多」を前提としたうえで「一」を指向する議論だということができる。

それに比して神近市子の議論は、「婦人の本質的な解放とその自立とを望む者は、階級自覚をもつ無産政党のみを援助すべし。階級矛盾の解決によつてのみ、婦人の完全な解放はできるのだから」[37]という典型的な階級一元論である。神近は高群をアナキストとして敵視しており、「高群逸枝氏の「婦人」主義の主張は結局洗つて見れば階級闘争の前に性闘争を持つて来やうとする過てる態度である」とまとめたうえで、「時代錯誤的過失」[38]と断じている。山川の議論とは異なり、階級のなかの多数性に対する配慮はない。アナキストとマルクス主義者との対立が、「婦人」と「階級」という二項対立に収められており、党派間の差異も問題化されていない。奥が「無産婦人」を掲げたように、神近は「階級」を掲げていて、同様に均質的な一つのカテゴリーを立ち上げる議論となっている。

以上、階級とジェンダーの配置を四つに分類した。一九三〇年前後、女性のカテゴリーのなかの亀裂が、まずブルジョア女性と無産婦人の間で、そしてさらに無産婦人の内部で発生するが、そのような事態に対して階級とジェンダーをどう組み合わせるかという問いの答えは一つではなくバリエーションがあったことが確認できる。奥と神近の議論は階級かジェンダーかという二者択一のそれぞれに振り分けうるものだが、それだけではなく、高群や山川など多数性を消去しない議論が同時になされていたことに注目しておきたい。分裂を見つめる議論があったということである。

アナボルの差異という観点からは、高群と山川の立場が興味深い。高群には新女性主義という主張があり、山川には婦人綱領や婦人部を設けるという問題がある。ここでは両者の差異を、水平性と垂直性の対立として整理したい。

まずマルクス主義者である山川だが、前述した婦人綱領の議論は、無産政党の方針という政治の領域、換言すれば公領域に婦人問題を組み込もうとするものといえる。

> 婦人は一つの経済的階級として存在するものではないが、政治的、社会的に平等の権利を剝奪されている点では、各階級の婦人が共通の特殊利害をもっているのである。（略）実に全無産階級の協同戦線の充実拡大のために、いっさいの反封建的、反資本主義的勢力を結成して大衆的闘争へ導くために、必要にして欠くべからざる諸問題をも包含している意味において支持されねばならないのである。[39]

山川は、階級問題を上位に婦人問題を下位に配置しており、論理の枠組みに垂直性がある。また山川は、「女性」が共通にもつ「特殊利害」について検討しながらも、階級という上位の水準へ普遍化していく。このような普遍化に基づく垂直性を山川の議論に見いだすことができる。

一方、高群の新女性主義はどうか。特に注目されるのは、「女性」が配された「私事」の領域の価値化を図ろうとしている点である。

強権社会が婦人に対して為す第一の悪は、婦人の特殊的事実（月経、妊娠、出産、育児）に対する無価値視である。強権社会にあつては、これらの特殊的事実は私事と見做され、いはゆる公事によつてのみ各人の地位が評価される。故に強権社会にあつては、産院とか、育児所とかの設備の社会化されることによつて、婦人の特殊的負担の幾分かゞ軽減せらるにしても、なほ月経があり、妊娠があり、出産があることは、婦人の公事的生活を、それだけマイナスするものであり、従つて公事によつてのみ各人の地位の評価されることを原則とする強権社会にあつては、遂に、永久に、婦人の地位は、男子に比して劣るべきが、当然なのである。[40]

女性の「特殊的事実」の「無価値視」、つまり「公事」を上位に置き「私事」を下位に繰り込む力学を、女性差別の構造として取り出している。出産や育児の社会化はソビエトロシアで積極的に実践されたが、それは女性の「私事」分担を減らすことにはなっても、「公事」によって評価する構造そのものを変えるものではないという。生産に関わる労働が公的な価値を得て評価される一方で、再生産に関わる営みが私化され非価値化されるという指摘は、現在のケアの議論を想起させるものでもある。[41]女性の「特殊的事実」を注視し、公と私の力学を水平に並列化することを積極的に指向していて、高群の議論には、特殊を見据えたうえでの水平性を見いだすことができる。

次節では、アナボルの間の水平性と垂直性という差異を確認して、「女人芸術」のアナボル論争に戻り、それが女性の問題にどのように接続しているかを検討する。

3 アナとボル、水平性と垂直性

「女人芸術」の論争で興味深いのは、水平性／垂直性の対立が、女性の言葉の評価に関わって見いだされることである。

高群は、「藤森氏の「何を小癪な、もつと勉強せよ」といつた態度」は、「権力階級の意識から発してゐる態度」だと非難し、「「貴女と自分との考へには多くの相違点がある。」とだけ云へばいいではないか」と、水平的に差異を配置する姿勢をぶつけている。[42] これが「女性」の言葉の評価にも関わってくる。

私にいはせるならば、有名な人々をも恐れずに、多くの無学な婦人達――彼女達は、だから大抵無産者である――が、議論をしかけるといふ風が、少しでも認められるやうになつてきたといふならば、それは非常に喜んでいゝことだ。（略）今や生活が哲学を支配し、街路が書斎を動揺せしめる時代である。此の際、街路人の叫びは、たとひ整はぬ字句、もしくは片言まじりの演説であつても、そこには多くの真理と強い力が感じられねばならぬ。[43]

高群は、私事を価値化したように、婦人たちの言葉を「整はぬ字句」や「片言まじりの演説」としながらも価値化していく。

さらに高群は、「読者諸君。彼等の「特権」意識こそは我々の自治意識の前に、何と脆いものだらう」[44]と語りかけ、積極的に自身を読み手のなかにおく。読者とのこの水平的な関係は、ボル派とは対照的である。なぜならボル派は、次のように語るからだ。

婦人インテリゲンチヤ層は、男子のインテリゲンチヤに比較して、十年も廿年も遅延してゐる。（略）プロレタリア婦人層は、まだ自然成長的な時代におかれて、何等団結もなく、一定の闘争目標もない。だが、彼女達は各々何等かの型に階級意識をもつてゐる。それ故に、斯る意識への目的意識性の注入は、最も進歩せる婦人インテリゲンチヤの主要任務としなければならぬ。(45)

「十年も廿年も」という遅延が指摘されるとともに、「婦人インテリゲンチヤ」と「プロレタリア婦人」が差異化されている。女の言葉の遅延を指摘しながらも、この論争そのものの遅れや、論者自身の遅れは、「プロレタリア婦人」の遅れが前景化されるなかで棚上げされる。知識人と大衆という図式はマルクス主義者の議論のフォーマットだが、垂直的な構造化が女の言葉を階層の最下位に位置づける。

論争の遅れを指摘した平林も、女の言葉について次のように語る。

現在の諸雑誌に載つてゐる論文のうちで、およそ、「女人芸術」の論文程難解な活字と学問的術語とを使つた論文はあるまい。かつては平仮名さへ自由に使駆し得なかつた日本の女性が、これ程に豊な語彙を持ち、専門的述語に通じたといふことは、たしかにその地位の進歩を如実に物語るものとして、喜ぶべき現象であるに違ない。

が、これらの諸女史を我等被圧迫階級の前衛として認識する時に、私は諸女史に対して、ある一つの不満を持たざるを得ない。（略）諸女史は難しい術語と、内容に大して影響のない文献との披露のために入乱れてたゝかつてゐる。

最近のアナーキズムとマルキシズムとの論争はその最もよい例であらう。(46)

平林は、女性の「進歩」を喜ぶといいながらも、その言葉を「難しい術語」や「内容に大して影響のない文献との披露」として否定する。しかし、固有名詞と文献の散乱が「女人芸術」に限ったものではないことは、あらためて例を出すまでもない。にもかかわらず、女性が同様に振る舞うと揶揄されるのであり、残念なことにここでは議論の女性化が劣等化に直結してしまっている。垂直性は、このようにして女性の言葉の否定へと滑り込んでいく。ボル派の思想における垂直性は、ヘゲモニーを獲得する際に有効にはたらいただろう。共産思想のヘゲモニー実践を分析したエルネスト・ラクラウとシャンタル・ムフは、大衆に対する政治的指導にみられる権威主義的傾向を指摘している。[47] 指導は代表性と結び付くものであり、実体としてのプロレタリアートとの亀裂を伴いながら階級的アイデンティティが普遍化される。

アナキストの水平的な思考は、ボル派の理論がもつこの高踏性そのものを批判する。八木は次のように論じていた。

社会を根底から改造する道理は、精神的不具者でない限り、単純な、単純すぎる平凡な頭で立派に理解できるものであつて欲しいし、それは断じて直訳的な高踏的独断であつてはならない。（略）アナキズムは人類をゆり動かす深さをもつてゐるが、それは民衆の生活のうちから生起した体系の集積であるが故に、すでにのべたやうに単純で素朴で通俗的である。[48]

「単純で素朴で通俗的」だという自認は、読み手との水平的な関係のなかで確信的に選ばれたものだ。論争の始発点での「大衆」の悲惨な生活と芸術の概念性との乖離の指摘にもつながっている。同時期のマルクス主義者は「大衆」における面白さへの傾倒と芸術との乖離を問題化したが、「前衛」を「大衆」の上に置く指導的立場からの発想は八木のなかにはない。ボル派での知識人はプロレタリアに対する代表性に苦しんだが、アナキストたちは自らを当事者のなかに置いている。アナキズムの思想的特徴を論じたデヴィッド・グレーバーは、マルクス主義者の論理が「高踏理論」（ハイセオリー）であるのに対し、アナキストが求めているのは「「低理論」（ローセオリー）とでも呼びたいもの[49]」としている。「女人芸術」での衝突は、そうしたマルクス主義者とアナキストの姿勢の差異をくっきりと浮かび上がらせる。

4　発熱する女の言葉

高群は、「女がマハラヌ筆で、文を書く時代こそ、最もタノモシイ時代。筆のマハラヌことは、その生活のフクザツと、ジウジツを意味する[50]」と女の言葉を価値化する。社会運動に出合った女と言葉の関係はどのようなものか。それがうかがえる高群の小説に目を向けたい。

高群は「女人芸術」の「自伝的恋愛特集号」（一九二九年三月号）に、「黒い恋」という作品を寄せている。アナキストの卵のような少女を語るこの小説には、学ぶこと、考えることの喜びが熱を帯びて語られている。小説の舞台は、第一次世界大戦の頃の熊本の農村で、父母の家を離れて叔母宅に身を寄せ、農業を手伝っている「私」が語り手である。「自伝的恋愛」という特集だが、高群自身は一九一四年から一七年の間、小学校教員を務めている[51]ので、物語の内容は虚構として読むべきだろう。注目したいのは、「これは小さな谷間での一千九百十年代の出来事でした。私は此のさゝやかな恋よりも、今もなほ、その村での集会――それがいかに原始的なものではあつても、それを重く見てゐます。恋を話せといはれた時、寧ろ話が酷くわきの事にそれてゐるのはその為です[52]」とあることである。「恋」を語るべきこの小説で、より大切な記憶として、少女が胸に抱いた「燃ゆるやうなあるもの」という「知識欲」や「理想主義」、ヨーロッパの思想や革命的組合主義を学んだ村の若者たちの「集会」こそが語られるのである。集会のリーダー的存在は駐在所の娘のお仙さんである。その恋人に好意を寄せられ断るというのが、「恋」として語られている淡い物語である。一方で、より鮮明に語られているのは、「世の中を知りたい、また人類の不幸な状態をなくしたいと小さな理想主義者は、毎日不仕合わせな窓にもたれ乍ら考へ」続け、「尊敬すべき人といつしよに、休日とか、閑な晩にはきつと例の倶楽部に集まつて、色々なお話を」したことである。少女は「組合本位の運動と農民との関係」とか「実行」とは何かとか、「非常に多く何か知ら考へることがあるといふ気がしました」という具合に、社会を批評的に見るための言葉を得ていく。[53]「恋」と「知」は対立するのではなく、近似している。知を得るときの熱情が、あたかも恋のように熱いものとして、恋に並び恋を超える発熱の体験として語られているのである。若者の好意を断るときに発せられたのは「わたくし、たゞ不自然ですの」という一言で、「私にはその不自然の意味は分らなかつたが（略）はつきりと感じられた」という。[54]アナキズム的な「自然」という語彙を、論理的に理解するのではなく感じるままに口にする少女のなかで、恋の体験と知的な言葉を口にする体験は分別されることなく交じり合っている。「恋」が出会いと発熱の経験だとしたら、この言葉との出会いと発熱は「恋」のメタファーで語られうるものだ。二つの体験は連動し、少女の未熟さが、言葉を口にする体験における身体性を浮かび上がらせる。

　一方で、言葉を得る経験の情動的側面を否定的に語った高群の小説も書かれている。「インテリゲンチャ」と題された小説では、主人公は若い男性になり、「夜が更けても睡ることができないで、彼が携はつてきました多くの集会や雑誌のことなどを思ひ泛べるのでした」と、やはり新しい言葉に触れ始めたときの興奮が描かれるのだが、若者が文章を書き演説し、「一部知識階級の喝采を博」すようになると「彼のどんなに強い頭も弱くなります」[55]という。なぜなら「彼の言論は知識階級に媚びて」おり、「彼が申してゐますやうには、無産階級のことを思つてはゐない」[56]からである。「書く。俺達は書く。そして俺達が読む」と言葉が自閉的に空転する時間のなかで、彼はふと「この書くといふことは何だ。この書くといふことが、即ち実行の欠けた僧院生活の第一歩ではないか？」[57]と気づく。そして最後に言うのである。「はて、彼等農民について、俺は何と書いたつけな。火のやうになつて論じたてもしたつけ」「科学の入門の時ほど、人の心を圧倒するものは外にはないね」[58]。言葉を振り回すことが「インテリゲンチャ」の火遊びに堕する。知に触れたときの興奮が、「知識階級」に承認されたいという語り手の欲望に回収されるとき、言葉はひたすら空虚なものになるのである。

高群の視線の方向性は水平的なもので、手にした言葉の先は垂直的な自己承認に向かうものではなく、無産階級のなかの関係を横へ向かって枝や根のように伸張していくものとしてある。高群のアナキズムにおいては、「婦人階級と一般被支配階級とは、もとより同一の利害関係を有してをり、そして質的にも全く同一である[59]」というように「農民」と「女性」が重ね合わされるのだが、そこにもまた同様の方向性を見いだすことができる。「婦人が、社会学者の注意をひかなかつたやうに、農民も社会学者の無視に出あつたのである[60]」というように、両者のつながりを、ともに理論の視野外に排された存在である点に見いだしている。高踏な理論が発生させる力学と視界の限界に対する感性と洞察は、言葉を理論へと接近させるのではない。理論から得た言葉を水平に伸張させるのだ。高群が力を見いだす「女のハワラヌ筆」は権威ある者の承認を得るためのものではない。

論争に戻れば、「読者」に語りかけるだけではなく、高群は、論争の相手に対しても水平な関係を作り出そうとしていた。高群の論に興味がないという山川菊栄に対して「あなたは何と無情なお方でせう[61]」と語りかけ、「何故かうした一般婦人大衆の婦人意識にまで下りてきて、それを仔細に、一つ一つ克服しないか」と問い、神近市子に対して「一つ一つ私の挙げた例証や説明を反駁し、克撃してもらひたいと願つてゐた。（略）かうした根本問題に対する批評をこそ期待すれ「無産階級と婦人の関係について。」とでも題していいやうなお説教は、まことに恐縮の至りだつた[62]」と述べる。山川の「下りて」こない態度、神近の「お説教」という態度にある垂直性を批判すると同時に、高群は「一つ一つ」に反論をという水平的な向かい合いを求めている。女と女の間での論争は、このとき、言葉を介した親密な関係性を欲望する場となる。

筆者は、以前から、女性作家の作品にしばしば「語りにくさ」を見いだせることを指摘してきた[63]。マイノリティとしてのポジショニングが、複数の立場の読み手に「読まれること」に対する配慮や怯えを発生させ、それが語りを散乱させるからだ。しかしだからこそ、「読まれること」が恐れではなくて熱情に結び付くとき、語る行為は活性化して言葉には力が宿る。女と女の論争の場には、言葉を受け取る別の女がいる。論争は、女の言葉を

饒舌にし、女同士のホモエロティックな熱を発生させる。(64)

女の言葉が浴びる常套的な批判に、男の言葉の模倣にすぎないという言い方がある。高群も、「今日の女性文学の実際を見るにそこには男性文学への模はうと追随があるのみで、ブルジョア女流文学者は、ブルジョア男流文学者を模はうし、プロレタリア女流文学者は、それの男流によつてをる。／どこに女性の社会的立場が意味する複雑性が見られるか？(65)」という。しかし、女の言葉がもつ「複雑性」を、模倣という行為のなかに見いだすこともできるのではないだろうか。誰かの言葉を語る行為には、語る言葉と自らのずれが発生する。言葉を覚えることは誰かの言葉を語ることでもあり、誰かの言葉であるために「語りにくさ」を超えて口からこぼれ出すということがある。また誰かの言葉であるから、ともにそれを借りて語り合うことが可能になる。誰かの言葉の語りであることが、熱に浮かされているような饒舌を生むのである。そのとき、自分の口から発せられながらも言葉と自分との間に亀裂があること自体が新鮮な経験となる。「黒い恋」の語る少女は、そのような複合的で多重化した声が作る主体といえる。そのときなされているのは、自己承認ではなく、自己発見でもない。自己からの「移動」である。

おわりに

高群のアナキスト的な視線に寄り添って女の言葉について考えてきたが、見落とすべきでないのは、「黒い恋」の少女がそうだったように、こうした「移動」に女性たちをはじめに誘導したのは、ボル派が垂直的におこなおうとした言葉の「注入」だということだ。「女人芸術」のなかには、女たちが言葉に誘われるさまを記述した文章があふれているが、その最も小さな例を一つだけ引用しよう。

女人芸術の読者層が少数女学生、インテリゲンチヤ女性群の手から漸次拡大されて下へ、底へ、大衆へと掘り下げられていつたらどんなに愉快だらうとそんなことを夢見てをります。最早私どもも書斎から街頭に、パンのために働らいて働らいて、残つた時間で更に仕事を、更に仕事をと叫び或は求めてをります、ビラ捲き、宣伝、勧誘、何でも女人聯盟のためによろこんで参加したく存じます。[66]

アナボル論争の頃、ページの片隅に埋め草のように組み込まれた文章だが、論争の熱に呼応している。「街頭」という用語は、高群の「街路人の叫び」[67]という言葉を思い起こさせる。同時に「下へ、底へ、大衆へ」という運動は垂直的でありボル派との近さも感じさせる。いずれにせよ投書者は、「書斎から街頭」へと移動しようとしている。ここでは、アナとボルが交ざり合う言葉が、譫言のように語られている。そして、「何でも（略）よろこんで参加したく存じます」と語られはしていても、それは「無産婦人」としてでも「無産婦人」のためでもなく、「女人聯盟」のためにという。ここには、なつかしい女性雑誌の「読者共同体」の文化、ブルジョアの匂いも漂っている。「女人芸術」での多数性は、こうして一人の投書者のなかに重なって現れている。ブルの文化にアナとボルの熱が交じり合っているのである。運動の言葉としては、あまりにも未熟である。しかし、未熟であろうとも存在している。彼女は移動に引かれ、そして語りだしている。運動の熱は、こうして不定型にじわじわと広がっていくのである。未熟な少女から、拷問にも屈さない筋金入りの闘士まで、両者を同一視することはできないが、線引きすることもできない。闘争する女たちは、グラデーションをなすように連続している。

本章では、アナボル論争について考えてきた。こうしてその受け取り手までを見つめてみれば、アナかボルかという対立はむしろ重要ではなくなる。高群がアナ的態度で描き出した、運動し闘争する女性たちの熱い時間は、アナだけのものではない。ボルの女性たちもまた、同じように発熱し語っているからだ。運動にジェンダーを掛け合わせ、周縁での出来事を見つめるとき、アナとボルという運動の分裂が一つの図・動画のなかで連動するさまが浮かび上がる。

ヴァルター・ベンヤミンは、ベルトルト・ブレヒト論のなかで「作家」を「生産者」とみなし、作品が「組織化の機能」と同時に「生産モデルとしての性格」をもつことの重要性を指摘している。[68] それは「消費者をますます多く生産の側にひきよせる」ための装置であり、「読者あるいは観客から共同制作者をつくりだすこと――ができるようになれば、それだけその装置はヨリ有効なものとなる」[69] という。読み手に知を「注入」することと、読み手と書き手が同じ「側」の存在となっていくこと、闘争の場ではその二つが連動していく。本章ではその二つの方向性をまずはアナボルの差異として抽出したが、その衝突が生む熱は「運動」の周縁に配置された女たちに及び、「恋」のように彼女たちを捉え、いまある場を離れる力を発生させるのである。知識人や表現者が語る言葉は、「共同制作者」を確かに生む。知識人や表現者たち自身もまた、同じ熱に触れて生まれてきたはずだ。発熱する「文化生産」の場を、闘う女たちはともに生きた。

「女性」を多数化する視線は、「女性」というカテゴリーの語られ方をも多数化する。一つにはならない女性たちの衝突は熱を帯び、その熱が女性たちを包む。闘争という事態は、女と女が関わり交じり合う熱く濃密な場を作り出すのである。

注

（1）それぞれのカテゴリーは個別に検討されてきた。ただし、重なりを検討した論として牟田和恵「新しい女・モガ・良妻賢母――近代日本の女性像のコンフィギュレーション」（伊藤るり／坂元ひろ子／タニ・E・バーロウ編『モダンガールと植民地的近代――東アジアにおける帝国・資本・ジェンダー』所収、岩波書店、二〇一〇年）がある。

（2）山川菊栄「フェミニズムの検討」「女人芸術」一九二八年七月号、女人芸術社、四ページ

（3）同論文四ページ

（4）新旧の差異化をはかった議論がなかったわけではない。例えば一葉論などは、積極的に新旧を差異化した（中山清美「明治40年代 一葉受容と「新しい女」――「円窓より 女としての樋口一葉」を中心にして」、名古屋近代文学研

究会編「名古屋近代文学研究」第十五号、名古屋近代文学研究会、一九九七年）。

（5）望月百合子「婦人解放の道」、前掲「女人芸術」一九二八年七月号、九ページ

（6）神近市子「婦人と無産政党」、同誌一六―一七ページ

（7）八木秋子「曇り日の独白〈公開状　藤森成吉氏へ〉」「女人芸術」一九二九年七月号、女人芸術社

（8）同論文九四ページ

（9）同論文九五ページ

（10）同論文九五ページ

（11）藤森成吉「応接室　八木秋子氏へ、公開状について一言」「女人芸術」一九二九年八月号、女人芸術社、四八ページ

（12）「社告」「女人芸術」一九二九年十二月号、女人芸術社、三九ページ

（13）平林たい子「文芸時評」「女人芸術」一九三〇年一月号、女人芸術社、一七四ページ

（14）尾形明子『女人芸術の世界――長谷川時雨とその周辺』ドメス出版、一九八〇年、五九ページ

（15）秋山清『自由おんな論争――高群逸枝のアナキズム』（思想の科学社、一九七三年）は論争を詳細に整理したうえで、文学論から離れてしまったことに「遺憾な思い」を表した。現在も、志村明子「戦前の女性雑誌から探る女性アナーキストたちの言論世界（3）」（現代社会学部紀要編集委員会編「中京大学現代社会学部紀要」第一巻第二号、中京大学現代社会学部、二〇〇七年）、Angela Coutts, "How do we write a revolution? Debating the masses and the vanguard in the literary reviews of Nyonin geijutsu," *Japan Forum*, 25（3）, 2013, pp. 362-378 などで、同様の評価がなされている。

（16）並行して展開した「芸術的価値論争」も同様に「大衆」を問題化したものだった。

（17）大杉栄／山川均、大窪一志編集・解説『アナ・ボル論争』同時代社、二〇〇五年、二七七ページ

（18）山田清三郎は、その契機をコミンテルン第五回大会に続いて開催されたソビエトの無産階級著述家会議による呼びかけ（「万国の革命的プロレタリア著作者に檄す」、文芸戦線社編「文芸戦線」一九二五年一月号、文芸戦線社、四七―四八ページ）と、それに応じた山田の「文芸家と社会生活」（文芸戦線社編「文芸戦線」一九二五年八月号、文芸

戦線社、一二ページ）としている（『戦旗』復刻版に寄せて　個人的な感懐をふくめた解説」『戦旗　別巻（資料編）』戦旗復刻版刊行会、一九七七年、八―九ページ）。

（19）「日本プロレタリヤ文芸連盟宣言」、文芸戦線社編「文芸戦線」一九二五年九月号、文芸戦線社、一六―一七ページ。「長い間相反目してゐたアナもボルも、過去の行き懸りに拘泥することなく、一せいに賛同の意を示して」（松村善寿郎「プロレタリア文芸連盟は如何なる性能を持つ可きか」、解放社編「解放」一九二五年十一月号、解放社、九四ページ）参加した。

（20）鈴木厚「無産階級文学の概評」一―三、「朝日新聞」一九二七年二月十七・十九・二十日付。引用は十七日記事から。

（21）蔵原惟人「文芸論上のアナーキズムとマルキシズム」一―五、「都新聞」一九二七年一月十二―十六日付。引用は十二日記事から。

（22）対立軸の変化は自覚されている。藤森成吉は「実はもう所謂ブルジョア文学派との論戦には余り興味がない。第二期或は第三期に入つてゐると云はれるだけ、問題の中心は更に進展してゐる。それは、プロレタリア文学論内部に於けるコムミユニズムとアナアキズムの論争だ。恐らくこれこそ、今年の文学論の最大題目だらう」（「新文学理論の確立――共産主義的主張」、改造社編「改造」一九二七年二月号、改造社、九五ページ）と述べている。

（23）「黒色文芸」「黒蜂」「廿世紀」から同志が結集し、さらに「黒旗」も加わった。

（24）前掲『女人芸術の世界』、Coutts, op.cit. など。

（25）志村明子「戦前の女性雑誌から探る女性アナーキストたちの言論世界（1）」（社会学部紀要編集委員会編「中京大学社会学部紀要」第十七巻第一号、中京大学社会学部、二〇〇二年）は、論争の詳細を整理して、女性運動の必要性を認める高群と認めない山川の対立と総括している。

（26）奥むめお「無産婦人運動の進出について」「婦人運動」一九二七年十一月号、職業婦人社、七ページ

（27）高群逸枝「婦人運動の単一体系の新提唱」「婦人運動」一九二八年一月号、職業婦人社、六ページ

（28）同論文一三ページ

（29）高群逸枝「新女性主義の提唱――結婚制度と強権強化」、解放社編「解放」一九二六年六月号、解放社

（30）高群の議論の特異性を抽出した例の一つとして、「無性化」や「両性具有化」を指摘した山下悦子の読解がある（『高群逸枝論――「母」のアルケオロジー』河出書房新社、一九八八年）。
（31）前掲「婦人運動の単一体系の新提唱」九ページ
（32）同論文一四ページ
（33）山川菊栄「無産婦人運動について立場を明らかにする」「婦人運動」一九二八年二月号、職業婦人社、八ページ
（34）同論文一二ページ
（35）山川菊栄は、無産政党組織準備会の行動綱領作成に際し、八項目からなる「婦人の特殊要求」（「報知新聞」一九二五年十月五―十六日付）を掲げたが採択されることはなく、また草稿を執筆した「婦人部テーゼ」（日本労働組合評議会全国婦人部協議会、一九二五年十二月二十五日）は、婦人部論争を引き起こした（田中寿美子「解題１」、田中寿美子／山川振作編『山川菊栄集４　巻無産階級の婦人運動――1925～1927』所収、岩波書店、一九八二年）。
（36）前掲「無産婦人運動について立場を明らかにする」一〇ページ
（37）神近市子「高群逸枝氏の普選論」「婦人運動」一九二八年三月号、職業婦人社、一七ページ
（38）同論文一六ページ
（39）山川菊栄「「婦人の特殊要求」について」「報知新聞」一九二五年十月五―十六日付。加筆・修正して、山川均／山川菊栄『無産者運動と婦人の問題』（白揚社、一九二八年）に所収。引用は前掲『山川菊栄集４　巻無産階級の婦人運動』七七、八〇ページによる。
（40）高群逸枝「婦人戦線に立つ」「婦人戦線」一九三〇年三月号、無産婦人芸術聯盟婦人戦線社、九ページ
（41）岡野八代は、公私二元論の力学を批判的に検証し、公領域が「政治的主体」を中心に構想されていること自体を問題化するとともに、「脆弱で不安定な存在を中心にした社会」を構想するものとして「ケアの倫理」の可能性を論じている（『フェミニズムの政治学――ケアの倫理をグローバル社会へ』みすず書房、二〇一二年）。
（42）高群逸枝「小ブル藤森成吉に与ふ」「女人芸術」一九二九年九月号、女人芸術社、五ページ
（43）同論文五ページ
（44）高群逸枝「お出でなさつた――アナーキストの宣言」、前掲「女人芸術」一九二九年十二月号、三二ページ

(45) 中島幸子「婦人インテリゲンチヤの問題」「女人芸術」一九二九年十月号、女人芸術社、一三七ページ
(46) 平林たい子「文芸時評」、前掲「女人芸術」一九三〇年一月号、一七四ページ
(47) エルネスト・ラクラウ/シャンタル・ムフ『民主主義の革命――ヘゲモニーとポスト・マルクス主義』西永亮/千葉眞訳(ちくま学芸文庫)、筑摩書房、二〇一二年
(48) 八木秋子「隅田氏の妄論を駁す」、前掲「女人芸術」一九二九年十二月号、四八―四九ページ
(49) デヴィッド・グレーバー『アナーキスト人類学のための断章』高祖岩三郎訳、以文社、二〇〇六年、四二―四四ページ
(50)「万人響」「婦人戦線」一九三〇年四月号、無産婦人芸術聯盟婦人戦線社、四〇ページ。投書欄の形式だが、文体が一貫しているので、高群の執筆と推測した。
(51) 西砥用尋常高等小学校から、佐俣尋常小学校、払川尋常小学校へと、校長を務めた父の転任に応じて転任した。
(52) 高群逸枝「黒い恋」「女人芸術」一九二九年三月号、女人芸術社、一〇一ページ
(53) 同作品九八―九九ページ
(54) 同作品一〇一ページ
(55) 高群逸枝「インテリゲンチャ」「高群逸枝創作集 黒い女」、解放社編「解放」一九三〇年十二月号、解放社
(56) 同作品一〇六ページ
(57) 同作品一〇七ページ
(58) 同作品一一五ページ
(59) 高群逸枝「新興婦人の道――政治と自治」「女人芸術」一九二八年九月号、女人芸術社、四〇ページ
(60) 高群逸枝「新女性主義の提唱――結婚制度と強権強化」、前掲「解放」一九二六年六月号、三二ページ
(61) 高群逸枝「無産階級と婦人――つつしんで山川菊栄女史にたてまつる」、前掲「婦人運動」一九二八年三月号、三三ページ
(62) 高群逸枝「「婦人」の問題」「読売新聞」一九二八年二月二十五・二十六・二十八日付。引用は二十六日記事から。
(63) 飯田祐子『彼女たちの文学――語りにくさと読まれること』名古屋大学出版会、二〇一六年

（64）男性同士の同志愛についての分析として、Heather Bowenstruyk, "Between Men: Comrade Love in Japanese Proletarian Literature," in Ruth Barraclough, Heather Bowen-Struyk and Paula Rabinowitz eds., *Red Love Across the Pacific: Political and Sexual Revolutions of the Twentieth Century,* Palgrave Macmillan, 2015. がある。

（65）高群逸枝「女性文学の現実相」「朝日新聞」一九二九年六月二十六日付

（66）「読者通信――千駄ヶ谷前田夏江」、前掲「女人芸術」一九二九年十月号、一四八ページ

（67）前掲「小ブル藤森成吉に与ふ」五ページ

（68）ヴァルター・ベンヤミン「生産者としての作家」石黒英男訳、石黒英男編集解説『ヴァルター・ベンヤミン著作集９　ブレヒト』所収、晶文社、一九七一年

（69）同論文一八二ページ

［付記］本研究は、ＪＳＰＳ科学研究費15K02245、18K00316の助成を受けた。

コラム　「女人芸術」の同時代評

加島正浩

創刊から一九三一年頃まで

創刊から一九三一年頃までの「女人芸術」（女人芸術社）に対する評価には、雑誌の編集方針が統一されていないという指摘が多い。それを千葉亀雄のように、「下手に収まつて了はぬだけ、生長の見込みがある」[1]と肯定的に評価するものもあった。しかし、「概してわい雑で練習中のオーケストラの感じだ」[2]などと単に雑多なものとして捉える勝承夫の評や、入交総一郎のように「「女人芸術」の執る道は封建的思想の女人王国」だと断じ、「そんな缶詰の中から、三女史の論説は、例へば空へ向つて唾を吐くの類がある」[3]と、「女人芸術」は男性を遮断した閉鎖性のなかで主張を乗り合いさせているだけだと評価を下しているものもある。創刊から数年は評価を得にくい状況にあったことがうかがえる。しかし「女人芸術」の側からも、山川菊栄が「婦人の言論機関とその特殊的使命」を論じ、入交の論に「男子との間における実質的な、機会不均等の事実を打破せんがための婦人特殊の言論機関の意義を、かへつてその不平等を永続せんとするところの、封建主義的、反動的な目的をもつかの如くに歪曲して批難してゐる」[4]と応戦している。また、大木耳子が「「女人芸術」は私共により多く機会を与へこそするが、私共から機会を奪つたことはない」[5]と反論するなど、男性による一方的な評価に抗議する姿勢をみせている。

一方、初期の「女人芸術」はプロレタリア雑誌と見なされることは少ない。例としては、「女人芸術」を商業主義的だとして批判した阿部知二[6]や、モガを代表する雑誌として捉えた上田進の評[7]、掲載作を「マルクスガールの作文」と述べる島影盟[8]など、「女人芸術」をプロレタリア文学雑誌として正当に評価するものはない。広津和郎のように掲載作に対して肯定的な評価をおこなっているものも[9]それは同様で、中野重治による個別の作品評などもあった[10]が、総じて辛口に評されたといえる。

一九三一年から三二年まで

しかし、一九三一年に入ると「女人芸術」はプロレタリア雑誌として見なされるようになり、その変化には大宅壮一が驚きを示している[11]。そして「ナップ」で橋本英吉が平林英子をプロレタリア作家として評価し[12]、飛田角一郎が「働く婦人」の雑誌として「女人芸術」を捉えるなど[13]、「女人芸術」をプロレタリア雑誌として捉える見方が共有されていったことがうかがえる。他にも小林多喜二がプロレタリア系の女性作家が少ない現状にあって、優れた女性作家の出現を期待すると評する[14]など、プロレタリア芸術の文脈で「女人芸術」の左傾化は歓迎されていたということができる。

「女人芸術」内外の橋渡しをおこなう神近市子

「女人芸術」の同時代評には女性によるものもあった。特に神近市子の存在は大きく、彼女は「女人芸術」以外の媒体で、「女人芸術」を積極的に宣伝する役割を担った。例えば、「国民新聞」では佐野京子の論文を取り上げてその意義を丁寧に説明し[15]、「新愛知」では、「女人芸術」の作家を、プロレタリア作家から尾崎翠「第七官界彷徨」などまで、広く紹介・評価している[16]。神近は評価を受けづらい作家にも目を配り、その意義を積極的に喧伝していたといえる。

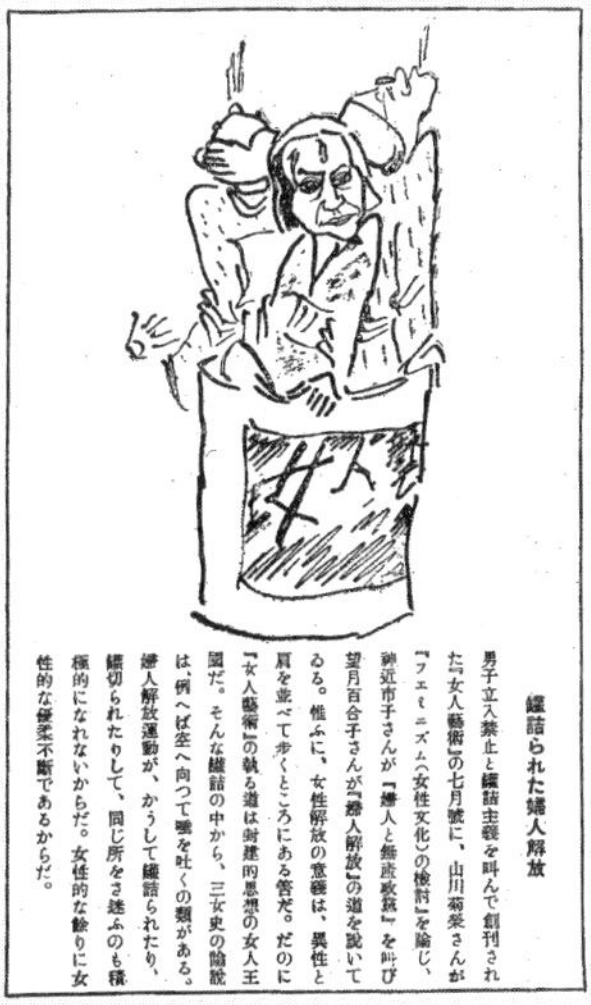
罐詰られた婦人解放

男子立入禁止と罐詰主義を叫んで創刊された『女人藝術』の七月號に、山川菊榮さんが『フェミニズム(女性文化)の檢討』を論じ、神近市子さんが『婦人と無產政黨』を叫び望月百合子さんが『婦人解放』の道を說いてゐる。惟ふに、女性解放の意義は、異性と肩を並べて步くところにある筈だ。だのに『女人藝術』の執る道は封建的思想の女人王國だ。そんな罐詰の中から、三女史の論說は、例へば空へ向つて唾を吐くの類がある。婦人解放運動が、かうして罐詰られたり、罐切られたりして、同じ所をさ迷ふのも積極的になれないからだ。女性的な餘りに女性的な優柔不斷であるからだ。

図1　入交総一郎による記事
（出典：入交総一郎「罐詰られた婦人解放」「婦人運動」1928年8月号、職業婦人社、27ページ）

また「国民新聞」では佐野の論文の意義だけでなく欠点や今後の課題をも示し、「新愛知」でも紹介にとどまらず今後の「女人芸術」の方針を提言している。神近は「女人芸術」の外側に向けて雑誌の意義を喧伝するだけでなく、内側への提言もおこなっていたことがわかる。他にも「東京朝日新聞」で、「女人芸術」の今後の経営方針について提言をおこなう一方で、長谷川時雨に対する同時代の評価から長谷川をかばい立てする姿勢をみせていて、(17) 外部から受ける評価の誤解を修正しようとも試みている。神近は「女人芸術」の内外に顔がきく人物として、雑誌のスポークスマン的役割を果たしていたといえるだろう。

注

(1) 千葉亀雄「九月の雑誌（二）」「東京日日新聞」一九三〇年八月三十一日付
(2) 勝承夫「蒸し暑い月評（三）」「報知新聞」一九二九年八月七日付
(3) 入交総一郎「罐詰られた婦人解放」「婦人運動」一九二八年八月号、職業婦人社
(4) 山川菊栄「婦人の言論機関とその特殊的使命」「女人芸術」一九二八年九月号、女人芸術社
(5) 大木耳子「社会時評」「女人芸術」一九二八年十一月号、女人芸術社
(6) 阿部知二「四月号雑誌の創作及評論について」、新人倶楽部編「文芸都市」一九二九年五月号、新人倶楽部
(7) 上田進「不健康な傾向」「信濃毎日新聞」一九二九年六月二十二日付
(8) 島影盟「戯曲散見（二）」「やまと新聞」一九二九年十二月八日付
(9) 広津和郎「最近の女流作家（一）」「東京朝日新聞」一九二九年三月二十七日付
(10) 中野重治「十月の月評」「新潮」一九二九年十一月号、新潮社
(11) 大宅壮一「女流の一群（三）」「東京朝日新聞」一九三一年二月三日付
(12) 橋本英吉「二月の諸成果」「ナップ」一九三一年三月号、全日本無産者芸術連盟
(13) 飛田角一郎「生活層への浸透」「都新聞」一九三一年八月九日付

(14) 小林多喜二「婦人作家の一般的傾向」「東京朝日新聞」一九三一年九月二十七日付
(15) 神近市子「三〇年第二月の作品（三）」「国民新聞」一九三〇年一月二十九日付
(16) 神近市子「女流文芸界」「新愛知」一九三一年四月六日付
(17) 神近市子「女流作家の近況（一）」「東京朝日新聞」一九三〇年八月十日付

第2部　交渉する表現主体とジェンダー

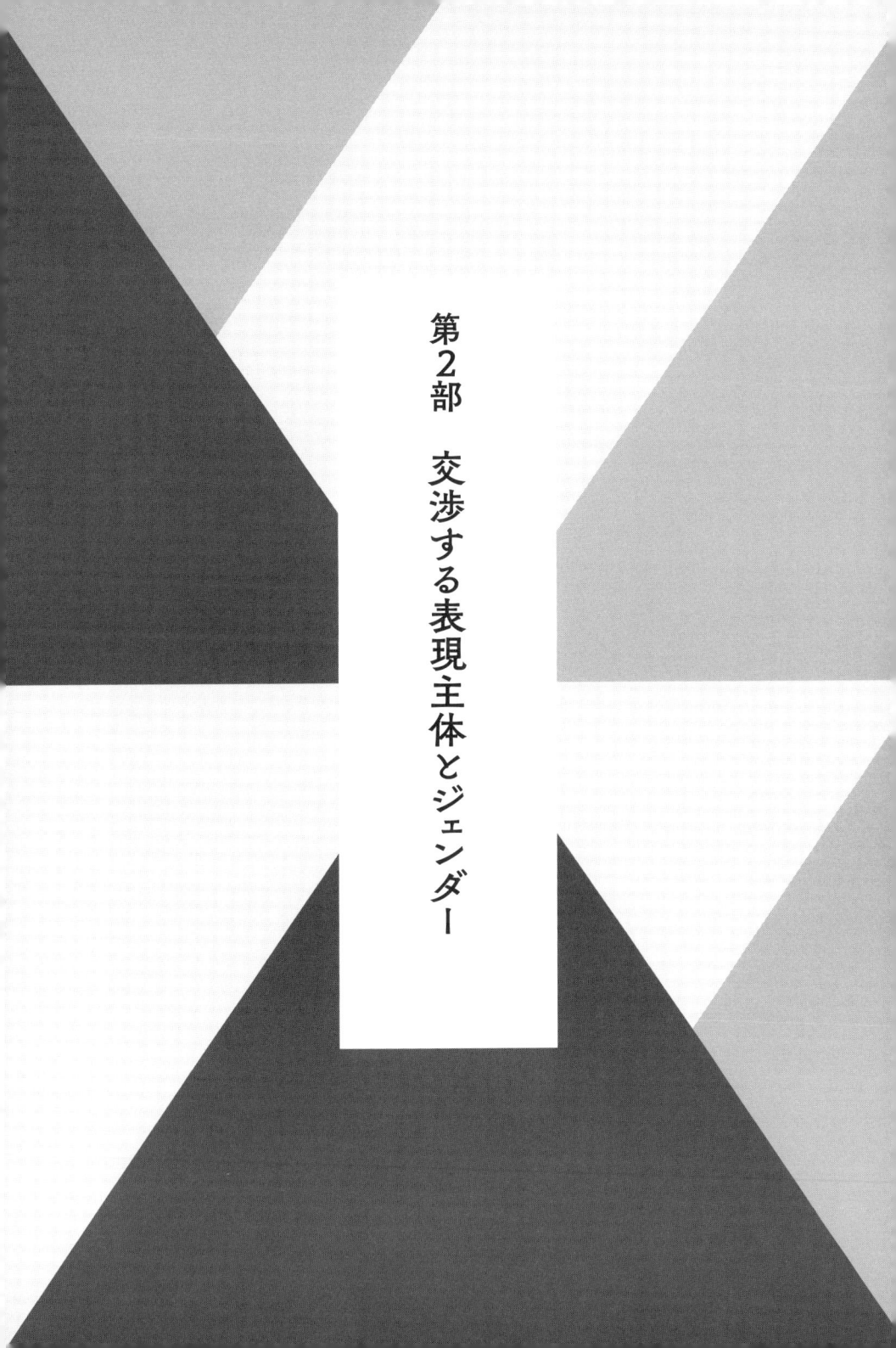

第5章　目覚めの途上にあること
――「女人芸術」の文学作品にみる闘争の周縁

笹尾佳代

はじめに

一九二八年七月、長谷川時雨によって創刊された「女人芸術」（女人芸術社）は、「時代の思想感情に先んずる」ことを通して、「全女性の文化のために貢献」する「公器」になることを目的に掲げた。[1]尾形明子が指摘するように、「プロレタリア路線に進むべきことを自明のこととして論じている」評論、「女性版「文藝春秋」」ともいうべき「ジャーナリスティックな娯楽性」が強い記事、そして「それらの中間」にあった文学作品群など、[2]多彩な誌面をもって誕生したのである。巻が進むにつれてマルクス主義的傾向を強めていくが、すでに日本プロレタリア文芸連盟も思想的対立からの分裂を重ねたあとのこの頃に[3]多様な声を集成したことは「女人芸術」の大きな特徴といっていい。

創刊一年が過ぎた頃から巻き起こったアナボル論争によって、高群逸枝らアナキスト（無政府主義者）が誌上を去るなど袂を分かつ側面もあったが、例えば後述する「女人芸術」から「女人大衆」への改題をめぐる論争や、一九三〇年十一月号から創設された「相互検討」欄での掲載記事・作品をめぐる批評などからうかがえるように、内部に複数の立場を抱えもったままに展開した。むしろ多様性の共在が、書き手たちにそれぞれの位置を縁取ることを促していたようでもある。

本章で注目したいのは、内部からの批判の声がありながらも、「芸術」を誌名に掲げ、文芸誌という側面を持ち続けたことである。尾形が「女人芸術」の功績の一つとして、「枚挙にいとまない程に多くの新人を文壇に送り出した[4]」ことを指摘しているように、無産者解放運動との結び付きを強め、評論や労働者自身の声に誌面が割かれるようになってもなお多様な文学作品を掲載し続けたことは、多数の女性作家を生み出すことにつながった。

では、「女人芸術」からはどのような文学作品が誕生していたのだろうか。本章では特に、この場から執筆活動をスタートさせた新人作家の作品に着目し、その特徴を考察してみたい。左傾化するメディアは、多様な立場の書き手に様々な距離感からの闘争との関わりを描かせていた。いわば闘争の周縁ともいうべき諸相にも目を向けることを通して、そこにあがっていた声や、浮上していた問題を捉えてみよう。

1　知識人女性のプロレタリア文芸雑誌であること

「女人芸術」には、その創刊当初から、〈私たち〉が何者であるかを省みる発言が多数表れている。例えば、一九二八年十一月号に掲載された、武羽よみ子「「女人芸術」の有つ実践的意義への一つの考察」に次のようにある。

「女人芸術」の有つ背景は主としてインテリゲンチヤ婦人層である。巨大なるプロレタリア婦人――それこそ世紀が許す唯一の歴史の原動力である。然しそれだからといつて、私達インテリゲンチヤは打ち棄てをかるべきものでもなければ寧ろ、此の人類解放の闘争史に占めるインテリゲンチヤの役目も可成り重要と言ひ得よう。[5]

マルクス主義の潮流を受けた自らの省察は、階級的位置を確認するものとして表れている。そのなかにあって、「インテリゲンチヤ婦人層」の階級闘争での役割の重要性が確認されているのだが、知識人女性のいまが定義づけられようとするとき、「青鞜」（青鞜社、一九一一―一六年）が引き合いに出されていることは興味深い。

武羽は、「青鞜一派」の「反抗運動」が「封建的屈従」に対して「婦人一般の男性との平等権、社会的自由を求める」ものだったとし、「現在」に「肝要」なのは、それらが「反資本主義的な婦人運動」と「密着不離」になることと意味づけている。

平塚らいてうもまた、一九二八年八月号に掲載された「知識婦人についての考察」で、「明治末期から大正初期」に婦人運動を起こした「知的独立婦人」、つまり「青鞜」時代の人々を「封建的家族制度を向ふに廻し、個人主義のために闘つた大小のノラ」と位置づけたうえで、家を出たノラのその後は「社会的には被支配階級に属する一個の雇用者であつた」と階級の問題へと展開する。そして、現代の「知識婦人」がなすべきことを、「無産婦人大衆と共に同一戦線に立ち、全無産階級解放の運動に合すること」[6]と意味づけた。

誌上で交わされたアナボル論争[7]後に、らいてうらアナキスト派が誌上を去ったあとには、例えば三周年記念号である一九三〇年七月号の中島幸子「何を為すべきか」で、「青鞜」の活動は次のように総括される。

「青鞜運動」は、資本主義的建設時代の所産である。政治思想的に見れば、個人としての婦人の独立の主張である。彼女等の把握してゐる主張は、封建的な桎梏と奴隷化に対する抗議であり得ても、やうやく自然発生的に増大し来つたプロレタリアートの社会的勢力を認識できなかつたし、更に資本主義下における賃金奴隷制度の本質を究明し、歴史発展の法則の発見などは全く出来なかつたのである。（略）「青鞜」に属する婦人達が、階級闘争に盲目であつて、唯ブルジヨワ的秩序の味方であるかぎり、その存在理由は当然喪失しなければならなかつたのである。(8)

「青鞜」運動が感知できなかったものとして「プロレタリアート」の存在を挙げ、「歴史発展の法則」への無知を批判している。そして、「青鞜」を乗り越えようという論調のなかで確認された「女人芸術」に集う知識人女性の進むべき道はやはり、無産者解放運動への合流だった。

〈私たち〉の位置の確認は、「女人芸術」の文学の位相をめぐる議論のなかにもうかがうことができる。前述のように一九三〇年十一月号から掲載され始めた「相互検討」欄は読者からの投稿と思われる記事からなるが、そこでは「女人芸術」に掲載された文学作品がしばしば話題にされるとともに、創作そのものについても議論されている。なかでも、「相互討論」欄に繰り返し登場していた木下寛子の「今後プロレタリア文学の進むべき道」に端を発した「プロレタリア文学」をめぐる議論からは、読者との応答を考慮した「女人芸術」の特異な文学の位置が見えてくる。

木下は、「プロ文学の着眼点が、ストライキ、被圧迫的不満を主としてゐる」ため、「素材の狭隘と類型性」が生じていること、そのために「一般読者から余り重要視されぬ様になつた」ことを指摘したうえで、次のように述べている。

如何なる階級にも、相応な美的観念と心の動きがあらねばならぬ。従来の作品が、感情の動きとしても主にブルジヨワへの憎悪にのみ走りすぎてゐる。終始一貫した観念のみである。しかしその観念の外に、人間として色んな感情の動きがある筈だ。これ等を皆抜きにして憎悪のみ拾ひ集めた様なのが従来の作品の大部分であつた。（略）プロ作家の覚醒は是である。
かならずしも闘争、バクロが眼点でない、（略）ジヤナリストの様に、事件の報告のみが主眼ではない。(9)

「プロレタリア文学」の描く「感情の動き」が「ブルジヨワへの憎悪」に限定的であることを問題視し、運動をめぐる様々な側面と「感情の動き」を描くよう提唱している。

だが、この木下の発言は、翌号に掲載された逢坂喜代「明日のプロレタリア文学」で厳しく批判される。その内容は、「プロレタリア文学の読者対照《ママ》は飽く迄工場労働者(無論交通、通信等の経営労働者をも含む)貧農大衆でなければならない」というものであり、「プロレタリア文学はあだかも階級性を超越した読者を持つべきかの如きプチブル的見解」と糾弾している。[10] この論調が日本プロレタリア作家同盟中央委員会の「芸術大衆化に関する決議」(「戦旗」一九三〇年七月号、戦旗社)をなぞっていることは明らかである。それは、「芸術大衆化の唯一の目的は、広汎な労働者及び農民大衆の中に、この革命的イデオロギーを浸透せしめることに外ならない」という宣言であり、「芸術の対象」を「その組織に全勢力」を注いでいる「重要産業の大工場労働者及び貧農」とすべきという決議だった。

しかし、同号にともに掲載された河合朝子「女人芸術に対する要望」は、「本誌がプロ、アヂ誌となつたとき、現在の女人芸術の読者はどうなる」「編集者は本誌を工場婦人を目標に編集しては居ないと思はれる」と、「女人芸術」の読者について言及し、編者に「目標とせる人達の持つ解放運動上の地位」に考慮することを求めるものだった。[11]

「大衆的アジプロ化か、専門化か」と雑誌の方向性を問い直した河合の文章は、「女人芸術」から「女人大衆」への改題をめぐる議論を呼び起こすものとなった。一九二九年七月号から付録されていた「女人大衆」を主タイトルに据えようという動きだが、中谷いずみが指摘するように、「戦旗」が一九三〇年十月号をもって婦人欄を終え、翌年五月から「婦人戦旗」を刊行するという時期に起きたこの改題の議論もまた、「読者を誰にするか」という「芸術の大衆化をめぐる議論に重なり合うもの」であった。[12] 結局、賛意が多く寄せられるが改題はおこなわれず、プチ・ブル的だと批判された「芸術」を主タイトルに残すことになる。

長谷川啓はプロレタリア文学の展開を「自然成長的にリアルに労働の現実・現場を描出するという段階から、貧困状況や被抑圧構造を明確にするという目的意識を持った表現へ、さらに階級闘争の現場を描き大衆の覚醒につなげるといった、三段階にわたって展開」し、「女性表現もその影響下にあ」ったと整理する。[13] その展開は大衆読者への意識の高まりと比例するものであり、アジテーションへと向かう動きだったといっていい。左傾化を強めていく「女人芸術」もまた、こうした論調の展開と併走する側面をもっていたが、一方で、その読者は煽動すべき大衆ではない、[14] すなわち、無産者解放運動との関わりの推進やプロレタリア文芸誌としての特色化は、啓蒙対象が労働者階級ではない、という意識とともにあったと考えていい。そしてこうした視座は、「女人芸術」から誕生した文学作品の特徴を捉えるうえで重要だと思われる。

2　覚醒の物語

「女人芸術」に特徴的な物語を捉えるために、まず話題になった二つの戯曲に注目してみよう。一九二八年十月号に発表された上田文子の「晩春騒夜」と、一九三〇年十二月号掲載の辻山春子「にしき木」である。小山内薫のもとで劇作を始めてまだ間もない頃だった上田文子――のちの円地文子が、本格的な創作を始めたのは「女人芸術」からであり、それは劇作家としてのスタートだった。また、辻山春子は、「女人芸術」愛読者の集まりである女人聯盟の最初の支部を福岡で創設し、その後、時雨ら本部会員を頼って上京していた。ともに「女人芸術」が実質的に世に送り出した新人作家だった二人のこの二作品は、「女人芸術」誌上から評価の一端をうかがうことができるとともに、物語の構造がよく似ている。

「晩春騒夜」は、「女人芸術」に掲載された二カ月後の一九二八年十二月に、築地小劇場で上演された。同月に刊行された一九二八年十二月号には「築地小劇場観劇デー　十二月十日　午後六時ヨリ」という記事が掲載され、

「掲載脚本が公に認められたといふ事を欣び」ともに祝うことが呼びかけられるなど、「女人芸術」を挙げてのイベントになっていることがわかる。(15)

主な登場人物は、香代子と光子という、ともに日本画家として研鑽を積んできた二人と、香代子の兄で病身の譲である。「芸術」のために生きてきたという彼女たちだったが、光子はしだいに変化していく。

先生にはすまないと思ふけれど、私、もう、斯ういふ絵に（画枠を指す）――といふより近代の科学に接触を持たない殆どすべての既成芸術に興味を失つてしまつたのよ（略）自分の絵なんか、自分自身の虚栄とブルジヨワ階級の精神的虚栄の対照《ママ》以外、何の役にもたゝない無駄なものだといふ事がしみ〴〵解つて来たの。それと一緒に、もう何時までこんな筆の先の遊戯にふけつてゐてはならないと思ふ様になつたのよ。芸術なんて名に隠れて生きた人間の社会の不正を等閑視して置くエゴイズムがあさましくなつたの。（略）私、九州へ行つたら出来る丈自分の身体と頭を働かせて清水の手助けをするわ。そして、まづプロレタリアの生活に適応する様に自分といふものを根本的に改造したいと思つてゐるのよ。(16)

「左傾派の経済学者」の恋人・清水との結婚を決め、絵を描くのをやめて九州にいくことを決意した光子は、それまでの生活を否定して、プロレタリア運動に加わる熱意を語る。香代子もまた、その姿に揺り動かされる。「にしき木」は、すさなと千種という資産家の娘姉妹を描き出している。「工場の女工さん達の組合」を作ることにも奔走しているという妹の千種は、「労働農民」という雑誌の編集の仕事を得て家を出る準備に入る。「ブルジヨワ臭い生活」を捨てて「新興階級に飛び込んでけわしい道を同志と共に歩く」という千種を前に、すさなもまた揺さぶられる。(17)

先にみたように、誌上で「女人芸術」の進むべき道が繰り返し確認されるなかで、無産者解放運動へ向かって目覚めていく主体を描いた物語が多数登場していることは自然だろう。例えば一九二九年六月号に掲載された猪川美都子「貨物列車」もまた、東京の伯母夫婦を頼って上京し、「プチ・ブル的な生活の中に自分を溶けこましてゐた」清子の覚醒の物語である。運動家の大学生Yと出会うことで階級問題を知った清子は、自己の「不純物」が取り除かれていないことに「自己呵責」の念を覚える。運動へと向かうYとも別れ、伯母の家も出て一人働きながら生活を送り、自己を「高い所へ引き上げる」ことを目指す。そしてある日、貨物列車にメーデーの示威運動の行列を重ね合わせ、その威力に突き動かされて、Yとともに運動に加わることを決意する。[18]このように、とりわけプチ・ブル的生活を送ってきた娘が目覚めていく物語は多数認められる。[19]

もちろん、目覚めの主体が女性労働者である物語も散見できる。しかし、過酷な労働の現実を描くプロレタリア文学は、「女人芸術」では多くは労働体験を有しない読者に届く。その経験上の距離を埋め、問題の共感とともに、無産者解放運動へと誘っていく目的のうえに選ばれたと考えられるのが、身体感覚に強く根ざした覚醒のレトリックである。

横光利一に傾倒して、文藝春秋社で編集の手伝いをしていた頃に「女人芸術」と出合った中本たか子が、第一作として発表した「赤」は、その特徴をはっきりともつ物語である。主人公は、貧しいなかで五人の子どもをもつしげである。一家は困窮しているが、さらに夫の謙作が製材工場の監督と争って拘束されてしまい、妊娠中のしげは、「新道の開さく工事」に出る。そのしげの目覚めは次のように描かれている。


　しげが寝床へ這入ると、腹部で胎児が跳躍を始めた。（略）暁の脚が窓にほの白む頃、しげの月経は五ヶ月目に開放された。

　紅潮の中に咲いた一片の肉塊が、慎ましく縮まつて、運命に流目を送つてゐる。此の世に一つ悲劇の種が滅つたのだ。誕生と墓場…開幕と幕切れ…。

　赤の歌が始まつた――太陽の歌が始まつた。赤だ…。

赤だ…

赤……

赤……

……[20]

工事現場であえて重労働をおこなったしげは流産する。それは「期待」どおりの出来事だったとされるが、流産の血と、労働運動の「赤」が重ね合わされ、物語は右のように閉じる。

同質の女性的身体感覚を経由した問題の覚醒を描いたものとしては、一九二九年八月号に掲載された、松田解子「乳を売る」が挙げられる。[21] 困窮した光枝が母乳を売る物語だが、次第に出にくくなる母乳を無理に搾ろうとする描写はまさしく搾取の象徴といっていい。「女にとつて乳を搾られる程大きな疲労を呼ぶものはないと思はれる」という光枝は、「此の敵国で自分の子を殺してはならない」と「はつきりと決意」し、「ブルジヨアの息子が私の子を食ひ始めてゐる。これは誇張じやないんです。プロレタリアの子は皆、此の儘の状態では生れ乍らに彼等の牙の餌食です[22]」と階級の問題に目覚めていく。

ここに、流産や搾乳が選ばれているのは、階級を超えた共通体験や、想像的な共感が期待されてのものだろう。[23] それは、女性の間の複数性が自覚されながらもなお、広範な女性読者への訴えを期待する「女人芸術」だからこそ強められたレトリックだと考えられる。

3 「女人芸術」における「芸術」の位相

ここまで見てきたように、階級問題に目覚めて無産者解放運動へ合流することが、前衛知識人女性への教化のストーリーだった。事実、中本たか子は「単なる調査見学的なる態度──おゝ、それこそは最も憎むべきプチ・ブルの態度でありその根性ではないか[24]」という言葉とともに、亀戸のモスリン工場のそばに移り住み、闘争の現場へと向かうことになる。検挙されたのちには、獄中からの手記が読書通信欄に掲載されるなど、その振る舞いによって「女人芸術」の実践的意味を示し続けた作家だった。

しかし一方で、「女人芸術」の書き手たちの多くは、闘争の現場へと身を投じたわけではない。上田文子は「女人芸術」との出合いを、「温室育ちの私にとって」「いわば嵐のよう」だったと評し、「労働者出身の人」の前で「自分の出身へのコンプレックスでいっぱい」だったこと、「実践への魅力に引かれながらも飛び込めないもどかしさ」をもっていたことを回想している[25]。こうした揺れは、「晩春騒夜」と「にしき木」に共通する特徴として表れているといっていい。

「晩春騒夜」と「にしき木」に特徴的なのは、似た境遇で過ごしてきた二人のいずれかが目覚めていくという対比の構図があることだ。他者の変化を前に、残された者は動揺する。しかし、「晩春騒夜」の香代子が、真摯に「芸術」に向かってきた自己のこれまでを振り返って、「芸術」に生きるという「信条」を新たにし、「にしき木」のすさなが、いまは「革命に身を投じる」のではなく「立派な芸術を生み出した方がいいつて気もする」と再考するように、変革への思いに揺さぶられながらも、「芸術」にとどまることの意志が認められるものだった。

さらに、二つの物語に共通するのは、現状にとどまる女性に、いわば「結婚」か「芸術」かという選択肢を提示していることである。「晩春騒夜」では、病身の兄から「結婚したほうがいい」と投げかけられるが、香代子は「自分の一身上の二つの大切な信条」は「芸術」に生きること、そしてそのために結婚しないことだと語る。「にしき木」では、「主婦」と表記される姉妹の母がすさなに縁談をもちかけるが、母の強い説得に対してすさなは、一度も会ったことがないような相手との因習的な結婚のあり方を批判し、「芸術」に生きる意志を示す。一定の留保はあるものの、こうした構図は、実践運動へと向かうことに対して「芸術」に打ち込むこともまた、目覚めた女性の姿として評価するものだといっていいだろう。

「にしき木」は新人作家の小品だが、「相互検討」欄で繰り返し言及されていた。左傾化を強めるなかで、作品に現れたプチ・ブル的性質を糾弾することがこの欄の常套的な論調になっていたため、資産家の娘姉妹の変化を描いた「にしき木」もまた、当然ながら同様の批判を受けた。しかし、「無理のない、日常生活の或る一挿話を摘出したと云つた様な好篇」[26]「作者のねらひ処も可成り効果的に表現されて居る」[27]などと、一定の評価を得ていることは興味深い。結婚を勧める母に対して、「芸術」に生きたいと思う姉、社会運動へと向かう妹という、世代間の生き方の差異が示されたことに、この物語の「ねらひ」が認められたと想像される。そしてそれは、階級闘争を意識しながら、「芸術」に生きる女性たちに支えられていた「女人芸術」の位置と響き合うものではなかっただろうか。メディアそのものの論調が変化していたにもかかわらず、類似した構図をもった物語が現れていることそのものに、「女人芸術」における「芸術」の位置をうかがうことができる。

4　自己変革の物語

「女人芸術」に特徴的な文学作品は、闘争の空気を強く感じながらも現場ではなく、いわばその周縁で誕生していた。[28]そこでその特質をさらに捉えていきたいのだが、結論を先取りするならは、特徴的なものとして見いだせるのは自己変革の物語である。先に確認した物語にもあったように、目覚めていく女性たちは、ブルジョア的自己を「根本的に改造したい」(「晩春騒夜」)、自己の「不純物」を取り除きたい(「貨物列車」)と、自己変革への思いを語る。「にしき木」で「芸術」に残ることを選んだすさなは、「もし生え抜きのプロレタリアだつたら」「いい闘士になつて」いただろうという思いをもっていたが、それは自らに浸透した階級的特質に行き当たっていたからだろう。小説群には自己を変革しようという描写があふれているが、それはまさに「女人芸術」に集った作家たち自身の模索の痕跡でもあった。[29]

ここで変革の内実を捉えるために目を向けてみたいのは、商業的にも大成功だったとされている一九二九年三月号の「自伝的恋愛小説号」である。「自伝的」と銘打ったこの特集には、恋愛の周辺での内省的な自己を描いた物語を多数見いだすことができる。例えば戸田豊子「若きインテリゲンチヤ」は、インテリ層の男女がコミュニストとして活動を始める過程を描き出している。

誕生日なのに二人で二三杯のんだ後、彼は私からブドー酒の瓶を取り上げてしまつた。
「コンミユニストは酔つちや不可ないんだ。さあ今夜から、規律的な意識的な生活をはじめよう」（略）
「あなたの様な人にさへ、非合法主義者として立つにはまだ色んな夾雑物があるから」
「うむ。どんな点」
「お坊ちやんらしい所や、若干のセンチメンタリズム。こないだもお父さんのことで参つてらしつたでせう。あんなことで里心を出す様ぢや、もうおさらばよ(30)」

共産主義の活動家となるために、何が「夾雑物」であり、取り除くべきなのか。思想的に先鋭化するための、内面淘汰のレッスンともいうべき描写が、ここでの小説群には認められる。同号に掲載された窪川いね子「自己紹介」は、「共闘」のために集まった人々が自己紹介を兼ねてそれぞれの「闘争経歴」を述べ合う物語だが、闘争主体として形作られた自意識の描写は、それとしてふさわしいあり方を浮き彫りにしている。

主人公のみね子は、恋人となった下田に出会って以来、「社会問題など」の本を読み始めて階級意識に目覚め、「小市民的」だった自身のこれまでの「根性」を克服するよう心がけてきたという。ここでは自己紹介の場面における、次のみね子の内省に着目したい。

見ると、Eさんは下向きのまゝ重々しげにしやべつてゐる。「その海千山千のみね子氏を、如何にして、下田君が獲得せられたか、その点を少しききたいと思ひます。」

（略）海千山千といふ言葉は売笑婦的に聞える。Eさんは本当にさうとつたのであらうか。私は少し憂鬱になり出した。これもやはりプチブル根性の一つだな。そして私はその気持ちを払ひのけようとした。(31)

同席したEさんの「海千山千といふ言葉」が「売笑婦的に聞える」と感じて「憂鬱」になるという心の動きそのものを、みね子は「払ひのけ」るべきものと考えている。この感情の動きは、性道徳に照らしたものだが、同質の問題は、同号掲載の中本たか子「鈴虫の雌」にも見いだすことができる。ブルジョアの恋人・秋田に捨てられたあとの知子は、自分を気遣う詩人の三木のもとに寄食し、「今に鈴虫の雌のやうにこの雄を食ひ殺してしまはうと構へた」という残酷な思いから、三木の金のすべてを自分の食べ物に換えていく。病み細っていく三木に対して知子の身体は「膨れて充実」していくのだが、ついに三木の金が尽きたとき、知子は身体を金に換える。その売春を知子は「数時間の運動」と見なし、「形而上的なものを蚤のやうに駆逐して来た」と認識する。語り手は次のように語る。

形而上的なものへまだ幾らか後足をつけてゐた数時間前と、断然その後足を抜いて形而下の方へ踏入れた現在とを照応して見て、彼女は後者の方へ悲哀も悔恨も持たなかつた。其処は煩しい感情も思索もなくて、何と安住し易い地であらう。

この岸辺を見出した知子は、秋田への執着も、彼を呑込んだ都会への反感も、朱線を引いて見事に抹殺することが出来た。そして、側にゐる男の温良で小胆でロマンチックな理想に憤怒をさへ呼起した。もし、三木が彼女の行為を責め、愛の旗を翳したなら、荒熊のやうに、この若者を鋭い爪で摑み、顫へる喉首を咬み切つて、緩い熱い血潮を味つたかもしれなかつた。(32)

「形而上的なもの」を捨て去った現在を「安住し易い地」と呼び、過去は「朱線を引いて見事に抹殺することが出来た」と意味づけるここでの知子の振る舞いは、性道徳を手放すことを意味しているだろう。三木が売春を責め、「愛の旗を翳したなら」「荒態」のように反抗しただろうという思いには、「愛」という名での性規範の動きを否定する意識が認められる。その後、夜の町をさまよう知子の姿は次のように描き出される。

知子は瞼に重る滴を瞬き乍ら進む（夜は常に神秘と迷信を奉じたがる古典主義者だ）懐手をして、霧を深く呼吸しつゝ郊外の道を歩いて帰ると、無言の儘彼女は床へ就いた。(33)

知子の涙は、「古典主義者」である「夜」によって呼び起こされたものとされるが、こうした描写からわかるのもまた、性規範が乗り越えるべき古さと捉えられていることだろう。知子は歩くことで、その思いを抑え込もうとする。

これらの自己変革の物語は、マルクス主義的進化の物語をたどるものだ。それは、窪川いね子「自己紹介」のなかで元牧師が、「上海に派遣され」る途中だったが、「宗教はあくまでも民衆を眠らす阿片である」から退いて東京に舞い戻ったと語ることからも明らかである。ここに紡がれているのは、「法律、道徳、宗教」は「ブルジョワ的偏見であり、その背後に、それだけの数のブルジョワ的利益をかくしている」という『共産党宣言』の記述に基づき、(34)既成道徳・宗教的観念を手放そうとする、自己変革の物語なのである。

橋本直樹は、『共産党宣言』の翻訳出版点数が一九二五年から三三年までの九年間に十五点あり、検閲下にありながら非常に多かったことを指摘している。特に二三年のモスクワのマルクス・エンゲルス研究所から出版された「リャザーノフ評註版」の日本語訳は発禁処分を受けながらも出版社を変えて第四版まで刊行されるなど、かなりの部数が流通していたという。(35)自己変革の物語は、生活上で共産主義を内面化するための、いわば評釈ともいうべき側面をもっていた。

5 運動の周縁／共闘の困難

以上たどってきたように、「女人芸術」には、階級問題に目覚めて自己変革をおこない、闘争に備えるという前衛知識人女性への教化のストーリーが存在していた。先に述べた中本たか子の他、松田解子や戸田豊子のように、実践運動へと向かった書き手たちを多数輩出したが、闘争の現場に出た彼女たちの創作は、誌上には現れなくなってしまう。[36]その意味ではやはり、創作は闘争の周縁でなされていたといっていいが、そのなかに登場し始めるのは、争議の現場にいないことを意識する女性たちの姿である。

中谷いずみは、この頃の「女人芸術」のなかに、闘う主体として「女工」が意識されていたことを指摘しているが、[37]それは他の労働に従事している女性たちの「女工」になりたい、という声を通して浮上していた。例えば「女人芸術」から創作をスタートした大田洋子の作品には、その声が繰り返し表れている。のちに被爆体験を小説に描くことになる広島出身作家の大田は、大阪在住時に支部会員になって創作を始め、その後、長谷川時雨を頼って上京する。大田を文壇へと向かわせたのもまた、「女人芸術」だった。

一九三〇年十月号に発表された大田の作品である「火群」は、一九三〇年十二月号の「相互討論」欄に掲載された後藤かつ子「暴露実話号寸評」で次のように批評されている。

どの階級からも軽蔑されるボヘミアン的白色ドレイ群の中の一女性の、伸び上らうとするイデオロギーを大変尊重した作品だ。

その生活は単に「父や弟等を食はせるため」であつて、自分は常に女工になり度く思つてゐるその女の、あまりに詳細過ぎるイン従の生活記だ。その中からプロレタリアートの「団結した火群の中へ」とにもかく

にも一度は「頭を突込んで見なくては気が済まない」と云ふ他愛の無い彼女の反抗だ。（略）

好奇的な、さう、本当に好奇的な要求なのだ。だから他愛もないと笑つては了へない。たしかにそれは関心を持たないよりはいゝ事に違ひないのだから。(38)

女給の目覚めを描いたこの作品は、「他愛もない」ものと批判され、「好奇的」だが「関心を持たないよりはいゝ」と揶揄的に消費されている。この頃の大田が描いた物語は、酒場やダンスホールを舞台に、無産者運動の要素を描き込んだものだった。大田自身の経験を踏まえたものと捉えられるが、それらは近年でも、マルクス主義への「認識の薄弱さ」や理解不足があるものとして批判されている。(39) しかし、ここに表された女工になりたいという声に注目するとき、不徹底な態度として批判を受けるにとどまらない側面を見いだすことができる。

そこでまず、同じく女給が描かれた平林英子「最後の奴隷」を見ておきたい。この頃の創作について平林は「上から〔プロレタリア作家同盟：引用者注〕の指令に沿って書いたものばかり(40)」と回想しているが、ルンペン・プロレタリアートとしての女給を描くこの物語の結末は、その姿を「最後の日まで、遂に救はれ難い彼女たちの「宿命」であろうか」と批判的に意味づけ、彼女たちに変革を求めるものになっている。しかし、物語は女給の目覚めを次のようにも描き出している。

女達はともかくも、自分達が虐げられ、躙られた「階級」に属してゐる事を理解した。何が自分達を自棄と乱倫の生活に追込んだかをも会得した。だが、理屈の上では、自分達が新しい生活への出発をしなければならない事を承知しながらも、進路を見出す手がかりを得ることが出来なかつた。彼女達は、店へ来る「主義者」達に、客の少ない時を選んで、真面目に正面から突き当つて行つた。彼等こそ、自分達の味方として、必ず手を曳いて呉れるであらう。だが、それ等の希望は、片端から裏切られた。

「お前達になど解るものか」

ひどく高圧的に出る学生主義者がゐる。自動車の女車掌と、工場の女工以外には全く希望を持たない「主義者」[41]もゐる。場所柄も考へずに、運動の話などを質問する女給に、キッスを持つて応答する若いプロ作家もゐた。

資本家に依存するルンペンである彼女たちの目覚めは、「主義者」にさえ理解されない。こうした描写は、「冷酷に生活の脅威に悩まされてゐる」という彼女たちの苦悩が労働運動の問題系のなかで捉えられていないことを浮上させているだろう。先の批評にあったように「白色ドレイ」と表現される彼女たちは、「どの階級からも軽蔑される」取り残された存在だった。

大田は、一九三一年八月二十六日付の「読売新聞」紙上に発表されたインタビュー記事「処女航海を行く女流作家（2）付き纏う悪霊」で、「女人芸術」の「相互討論」で批判されたことを話題にしながら、「センセイショナルな争議闘争ばかりを書くのが、プロレタリア小説のよき書き手とは云へまい[42]」と語っている。ここからは、争議闘争の渦中ではなく、その周縁に目を向けようという意識をうかがうことができる。そのなかで選ばれたのが女給や酒場の女たちを描くことであり、そして「女工になりたい」という声は彼女たちのものであった。例えば「火群」では、主人公である女給の波の、パトロンになろうという工場主の言葉に対する返答のなかに、次のように表れている。


「御冗談でせう。私は、あなたのお妾には、向きませんわ。それよりも、工場で使つて下さらないかなあ」

「え？　工場で何をするのさ。女事務員かね」

「あら、女工にですよう。そしたら少し位、可愛がらせるわよ」

「君見たいな女に、女工になられて、たまるものかね」

「私、あなたの会社へ入り度いわ。そしたら私、屹度偉くなるわ。強い、偉い、女闘士になれ…[43]」

女工になりたいという波の思いは「女闘士」になりたいことと重なり合うものである。「相互討論」で批判されたように、こうした描写は確かに浮薄なものに見える。だが、波のこの声は、共闘の場を求める声として響く。大田作品には共闘の論理になじまない人々の姿を捉えようという意識を認めることができる。波は、工場の事故によって母親を亡くし、それをきっかけに闘争の現場へと向かいたいという思いをもつのだが、その母は朝鮮にいった父が事業に失敗して引き揚げる際に「驚くべき安い金で買つて内地へ持つて帰つた」という「鮮人」だった。母の無残な死を知って、工場の職工に共闘を申し出るが、何も知らされることなく、闘争資金のために働いて連絡を待つよう伝えられるだけだった。波は女給となるが、支配人に売り上げをかすめ取られるなかで、次のような思いをもつ。

彼等〔「石炭舟」で働く夫婦：引用者注〕は、夜になると、サロンのバルコニーを見上げて、白い眼をむいた。歯ぐきを表して、苦つぽく、顔を歪めた。

そこに、棲息する、悲しき白色奴隷をさへ、彼等は、羨み嫉妬するのだ。――どこに変りがあらう。結局同じ、プロレタリアだ！　たゞ手を振り合ふことだけが残されてゐる許りだ。いつ、この、生活形式の違ふ、プロレタリア同志は団結するのか――(44)

困難を前にしても誰とも共闘することができない。問題を共有する「プロレタリア同志」であるはずなのに、団結することはない。川村湊は「日本のプロレタリア文学」が「その問題系列のなかに、「民族問題」に対する確乎たる定見を持ち得ていなかった(45)」と指摘しているが、ここにあえて民族間の問題を描き込むことや、「団結」の困難を記すことには、労働者階級内の差異を確認しようという意識がうかがえるだろう。

一九三〇年八月号に掲載された大田の「女を連れに行つたルミ」もまた労働者階級のなかの差異を浮上させる

物語だった。ある日、「淫売屋」の前で「とても蒼い顔をしたやせた女」を目にしたダンサーのルミは、兄とその仲間の工場労働者から、工場「監督」である尾川がその女を「月賦」で買ったという話を聞く。数日後、ルミは「自分よりも、もつと貧しく不幸な女を、自分のところまで引きあげることは出来る筈」という思いに駆られてその女のもとを訪れるのだが、女はすでに死んでおり、女の死を悼む様子も見せない女主人に弔いの金を渡して去る。(46)

工場長をだまして私腹を肥やしていた尾川は、争議には協力的だったが、この女には「月賦」の支払いさえしない。ルミは踊り場で稼いだ金を「一つの闘争組織に向つてゐる兄や、労働者達にみついでゐ」るのだが、この兄たちもまた、「女」のことは意に介さず、ルミの苦悩をいたわることもない。そのルミの、「いよいよとなれば、あたいもう一度女工になつて、実際運動に役立つやうになりたいの」という声は、「実際運動に役立」っている実感がないままに金を渡していることを伝えるものである。一方で、やせた女を迎えにいくという行為は、ルミ自身の問題意識と実感を伴った運動だったと捉えられるだろう。ここに描かれているのもまた、無産者解放運動の論理のはずれにいる女たちの姿なのである。

おわりに

本章で捉えてきた「女人芸術」の文学作品の特徴は、いわばマルクス主義の求心的力と、その反照のなかに生じたものといっていいだろう。階級性の問題に目覚め、闘争の現場に引き付けられていく過程と、一方でその渦中には向かえない、いられない場所が、作中に描き出された人々の位置であった。

こうしたいわば闘争の周縁の姿を捉えた物語は、「プロレタリア文学」が置き残していた問題を照らし出している。労働の現場を描き、争議を描くことで、大衆を煽動する方向に傾いた「プロレタリア文学」の展開は、均質化された労働内容とその対価という、類似した環境のもとにあったマジョリティーとしての労働者に焦点化するものだった。その過酷さを知りながらも、「女工になりたい」や「女工さんが羨ましくなつた」[47]という「女人芸術」がたたえている声は、とりわけ身体の固有性そのものが資本に換算される性労働者には、共闘の扉までもが閉ざされていたことを伝えている。

「女人芸術」というメディアは、ここに集った女性たちにとって、それぞれの位置で労働問題に対峙する場になっていた。その思考の痕跡としての物語は、当時から批判されていたように、理論的には先鋭化されたものとは言いがたい側面も多い。しかし、「女人芸術」が保ち続けた「全女性」のための「公器」としてのあり方は、いわば周縁のプロレタリア文学ともいうべき物語が紡がれる場を開き、労働運動の論理のなかにはいられない、行き場のない声をも汲み取ることに成功していたのである。

注

(1)「女人聯盟へ御加入下さい」「女人芸術」一九二九年四月号、女人芸術社、七三ページ。読者との連携を企図して創設された女人聯盟の広報、加盟を呼びかける同内容の記事は、繰り返し掲載されている。

(2)尾形明子『女人芸術の世界――長谷川時雨とその周辺』ドメス出版、一九八〇年、四二ページ。尾形によると、長谷川時雨の妹・春子と、夫・三上於菟吉は、「女性版『文藝春秋』」を企図していたという。

(3)日本プロレタリア文芸連盟から、秋田雨雀、小川未明、壺井繁治らのアナキストと非マルクス主義者らが脱退したのは一九二六年十一月、さらに青野季吉、林房雄、蔵原惟人らの脱退が二七年六月だった。二八年の三・一五事件のあとは統一が促され、全日本無産者芸術連盟（ナップ）が結成された。栗原幸夫「全体的主体　中野重治」『プロレタリア文学とその時代 増補新版』インパクト出版会、二〇〇四年、参照

(4)前掲『女人芸術の世界』一四ページ

(5)武羽よみ子「「女人芸術」の有つ実践的意義への一つの考察」「女人芸術」一九二八年十一月号、女人芸術社、三一

ページ
（6）平塚らいてう「知識婦人についての考察」「女人芸術」一九二八年八月号、女人芸術社
（7）八木秋子の「「曇り日の独白」〈公開状　藤森成吉氏へ〉」（「女人芸術」一九二九年七月号、女人芸術社）を契機として、アナキストとマルクス主義者の論争が起きた。詳細は本書第4章「闘争の発熱――「女人芸術」のアナボル論争」（飯田祐子）を参照されたい。
（8）中島幸子「何を為すべきか――女人芸術三周年に際して」「女人芸術」一九三〇年七月号、女人芸術社、四三ページ
（9）木下寛子「今後プロレタリア文学の進むべき道」「女人芸術」一九三一年一月号、女人芸術社、七一ページ
（10）逢坂喜代「明日のプロレタリア文学――前号木下寛子氏の所論を駁す」「女人芸術」一九三一年二月号、女人芸術社、六四―六五ページ
（11）河合朝子「女人芸術に対する要望」、同誌六七―六八ページ
（12）中谷いずみ「空白の「文学史」を読む――プロレタリア運動にみる性と階級のポリティクス」、日本近代文学会編集委員会編「日本近代文学」第九十八集、日本近代文学会、二〇一八年、一三八ページ
（13）長谷川啓「プロレタリア文学とジェンダー――女性表現における〈労働〉の発見」、至文堂編「国文学――解釈と鑑賞」二〇一〇年四月号、ぎょうせい、八一ページ。ここでは特に、佐多稲子の女工もの五部作をもとに、その経緯をたどっている。
（14）宮本百合子「婦人雑誌の問題」（「プロレタリア文化」一九三二年三月号、日本プロレタリア文化連盟印刷所）で「女人芸術」の紹介は、「ブルジョワ婦人雑誌について」という節内に置かれ、ブルジョワ婦人、女学生、インテリゲンチャが目立った読者だったとされている。
（15）尾形明子「円地文子」（『女人芸術の人びと』ドメス出版、一九八一年）四一ページには、公演時に「女人芸術総出」で「メリンスの風呂敷と舞台写真を全員に配って下さった」という円地の回想が記録されている。
（16）上田文子「晩春騒夜」「女人芸術」一九二八年十月号、女人芸術社、一〇六ページ
（17）辻山春子「にしき木」「女人芸術」一九三〇年十二月号、女人芸術社

(18) 猪川美都子「貨物列車」「女人芸術」一九二九年六月号、女人芸術社
(19) 池田啓悟『宮本百合子における女性労働と政治――一九三〇年代プロレタリア文学運動の一断面』(〔「立命館大学文学部人文学研究叢書」第四巻〕、風間書房、二〇一五年)は、「一九三〇年十一月にソビエト社会主義共和国連邦より帰国した後」に「プロレタリア作家として活動を開始した」宮本百合子が「「社会主義への目覚め」というモチーフを繰り返し作品の中に取り上げてきた」ことを指摘している。
(20) 中本たか子「赤」「女人芸術」一九二九年一月号、女人芸術社、四七ページ
(21) 「婦人彙報」(同誌一五三ページ)は「一日五百グラムの母乳を一円」で十日間提供したという松田の経験を伝えており、実体験がもとになった物語だとわかる。
(22) 松田解子「乳を売る」「女人芸術」一九二九年八月号、女人芸術社、二三ページ
(23) 谷口絹枝「無産階級者というアイデンティティと女性身体――佐多稲子「煙草工女」「別れ」をめぐって」(前掲「国文学」二〇一〇年四月号)は、佐多のプロレタリア小説で「婦人独特の実感」である妊娠、出産、授乳などの「身体的ありよう」が「無産階級労働者というアイデンティティの形成」に関わっていることを指摘している。出産にまつわる女性身体を描いた小説として、松田解子「乳を売る」も挙げられているが、本章では目覚めと明確に結ばれていることに注目し、その啓蒙性を認めたい。
(24) 中本たか子「調査見学的?」「女人芸術」一九三〇年一月号、女人芸術社、一五五ページ
(25) 前掲「円地文子」四六ページ
(26) 後藤かつ子「相互討論/十二月号の創作」「女人芸術」一九三一年一月号、女人芸術社、七六ページ
(27) 南洋子「「霧が降る」と「にしき木」について」、前掲「女人芸術」一九三一年二月号、六六ページ
(28) 前掲「空白の「文学史」を読む」では、「女人芸術」掲載作品にハウス・キーパーとしての「闘争の現場」が描かれたものもあることが明らかにされている。
(29) 前掲『女人芸術の世界』四二ページ
(30) 戸田豊子「若きインテリゲンチヤ」「女人芸術」一九二九年三月号、女人芸術社、四四―四五ページ
(31) 窪川いね子「自己紹介」、同誌一〇五ページ

(32)中本たか子「鈴虫の雌」、同誌一〇ページ
(33)同誌一一ページ
(34)引用はカール・マルクス／フリードリヒ・エンゲルス『共産党宣言・共産主義の諸原理』(水田洋訳〔講談社学術文庫〕、講談社、二〇〇八年)二八ページ。
(35)橋本直樹『『共産党宣言』普及史序説』八朔社、二〇一六年、三八九―三九四ページ
(36)中本たか子は、東洋モスリン亀戸工場の争議体験をもとに描いた「東モス第二工場」の連載(「女人芸術」一九三二年一―六月号、女人芸術社)によって誌上に復帰した。
(37)前掲「空白の「文学史」を読む」
(38)後藤かつ子「暴露実話号寸評――「女人芸術」に対する要望」、前掲「女人芸術」一九三〇年十二月号、七七ページ
(39)江刺昭子『草饐――評伝大田洋子』濤書房、一九七一年、八二ページ
(40)尾形明子「平林英子」、前掲『女人芸術の人びと』一九六ページ
(41)平林英子「最後の奴隷」「女人芸術」一九三〇年五月号、女人芸術社、五一―五二ページ
(42)大田のこの発言は、「私の文学的な素質は、純文学の血と骨とででつち上げられ、個人主義的な文学のキズナが悪霊のやうにからみついてゐる」と内省し、他の多くの書き手もそうであったように、自己変革の必要性を語ったうえでのものだった。
(43)大田洋子「火群」「女人芸術」一九三〇年十月号、女人芸術社、一三七ページ
(44)同作品一三六ページ
(45)川村湊「プロレタリア文学のなかの民族問題」、前掲「国文学」二〇一〇年四月号、六一ページ。川村によると一九二五年八月の朝鮮プロレタリア芸術家同盟(カップ)の結成によって、朝鮮人によるプロレタリア文学運動は始まったという。同様の問題意識からの論考に、同誌掲載の岡野幸江「平林たい子の労働小説――階級・性・民族の視点から」がある。岡野は、平林たい子「朝鮮人」(「文学時代」一九二九年十月号、新潮社)などに、階級、性、民族の問題を包括的に捉えようとするまなざしを認めている。

(46) 大田洋子「女を連れに行ったルミ」「女人芸術」一九三〇年八月号、女人芸術社

(47) 松村清子「廓日記」、前掲「女人芸術」一九三一年二月号

[付記] 本研究は、ＪＳＰＳ科学研究費15K02245、18K00316の助成を受けた。

コラム　「女人芸術」の読者共同体

笹尾佳代

「女人芸術」（女人芸術社）では、読者との交流を企図した様々な方策がとられた。読者獲得の戦略だったそれは、やがて新人作家の輩出や、読者相互の連帯へと結び付いていく。

女人聯盟と読者参加

読者との親睦をはかるという目的で設けられたのが女人聯盟だった。加入を呼びかける広告（図1）は、一九二九年四月号以降繰り返し掲載され、付録の「愛読者券」によって「女人芸術」への投書を求めた。それまでにも「愛読者券」は数度発行されていたが、特集記事への意見を求めるにとどまっていたのに対して、このあとの誌面には「読者通信欄」や「女人芸術に対する要望」欄が組まれ、雑誌の性質や方向性についての多様な意見が交わされることになる。その顕著な例が、「女人芸術」か「女人大衆」かという改題をめぐる議論だった。

女人聯盟支部と聯盟員の規模

女人聯盟の交流は、誌上にとどまるものではなかった。五人以上の読者の集まるところには女人聯盟支部の結成を可とした。支部は、準備会をもったことを本部に連絡し、その後、発足会を催すという流れで設立された。

誌上から確認できる支部所在地は、福岡・宮崎・関門・広島・神戸・京都・大阪・徳島・名古屋・飯田

（南信）である。秋田、北海道には準備会が結成されていたようだが、その後の展開に関する記述は見られない。

また聯盟員の氏名は、「女人芸術」付録のリーフレットである「女人大衆」に一部掲載されているが、その総数は定かではない。だが、一九三〇年二月号の編集後記で熱田優子が、編者で「二千何百枚」という年賀状を書き、その大部分が聯盟員に宛てられたものだと述べていることなどから二千人程度いたことが想像できる。

連帯を体感する

読者参加は、創作面でも促されていた。目立ったものには一九二九年四月号から数度にわたって掲載された、「全女性進出行進曲」寄稿の呼びかけがある。一周年を記念して募集されたが該当者なしの再募集となり、その後、松田解子の作品が当選した。その後、山田耕筰の作曲によって完成し、一九三〇年一月号誌上に発表された（図2）。「女性を鼓舞する」ことが期待された行進曲は、その後おこなわれた講演会で合唱されるなど、一体感を高めるものとして享受されていく。

また、各地支部の発足会には、女人聯盟と同時に設置された本社の講演部が出向いていた。福岡、大阪、名古屋などの各地、および定期的に東京でおこなわれた講演会は、「愛読者」との直接的な交流が図られたものであり、記録記事はその活気に満ちた様子を詳細に伝えている（図3・図4）。

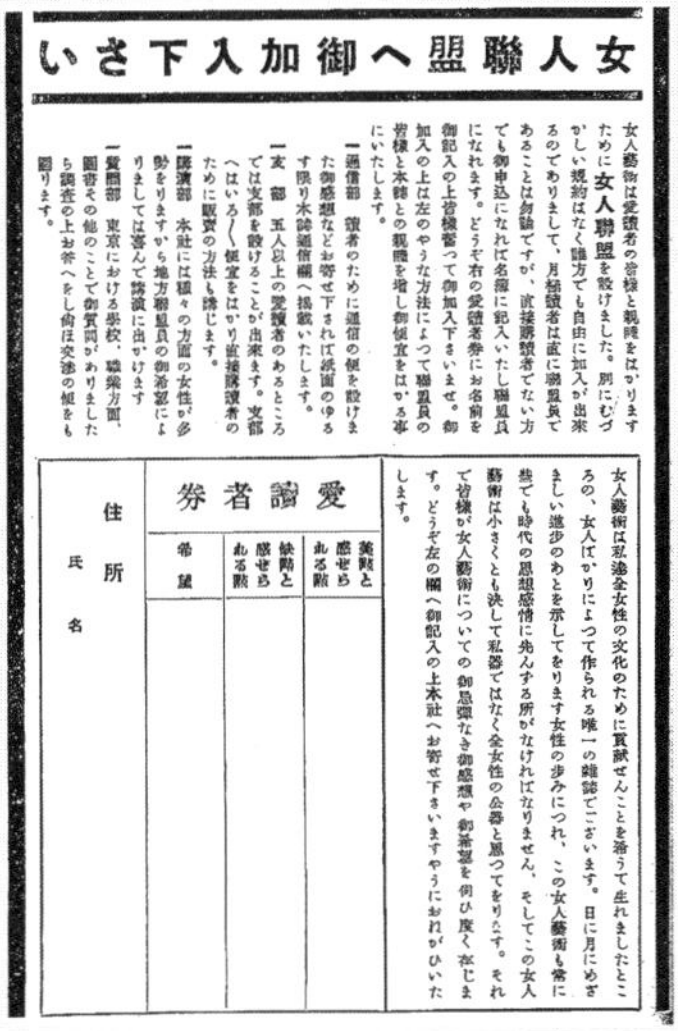

女人聯盟へ御加入下さい

女人藝術は愛讀者の皆様と親睦をはかりますために女人聯盟を設けました。別にむづかしい規約はなく誰方でも自由に加入が出来るのでありまして、月極讀者は直に聯盟員であることは勿論ですが、直接購讀者でない方でも御申込になれば名簿に記入いたし聯盟員になれます。どうぞ右の愛讀者券にお名前を御記入の上皆様誓つて御加入下さいませ。御加入の上は左のやうな方法によつて聯盟員の皆様と本誌との親睦を増し御便宜をはかる事にいたします。

一通信部　讀者のために通信の欄を設けまた御感想などお寄せ下されば紙面のゆるす限り本誌通信欄へ掲載いたします。

一支部　五人以上の愛讀者のあるところでは支部を設けることが出来ます。支部へはいろ〱便宜をはかり直接購讀者のために販賣の方法も講じます。

一講演部　本社には種々の方面の女性が多勢をりますから地方聯盟員の御希望によりましては喜んで講演に出かけます

一質問部　東京における學校、職業方面、圖書その他のことで御質問がありましたら調査の上お答へをし尚ほ交渉の便をも圖ります。

女人藝術は私達全女性の文化のために貢献せんことを希うて生れましたところの、女人ばかりによつて作られる唯一の雜誌でございます。日に月にめざましい進歩のあとを示してをります女性の歩みにつれ、この女人藝術も常に些でも時代の思想感情に先んずる所がなければなりません。そしてこの女人藝術は小さくとも決して私器ではなく全女性の公器と思つてをります。それで皆様が女人藝術についての御忌憚なき御感想や御希望を伺ひ度く存じます。どうぞ左の欄へ御記入の上本社へお寄せ下さいますやうにおねがひいたします。

愛讀者券

美點と感ぜられる點	缺點と感ぜられる點	希望

住所

氏名

図1　加入を呼びかける広告
（出典：「女人芸術」1929年4月号、女人芸術社、73ページ）

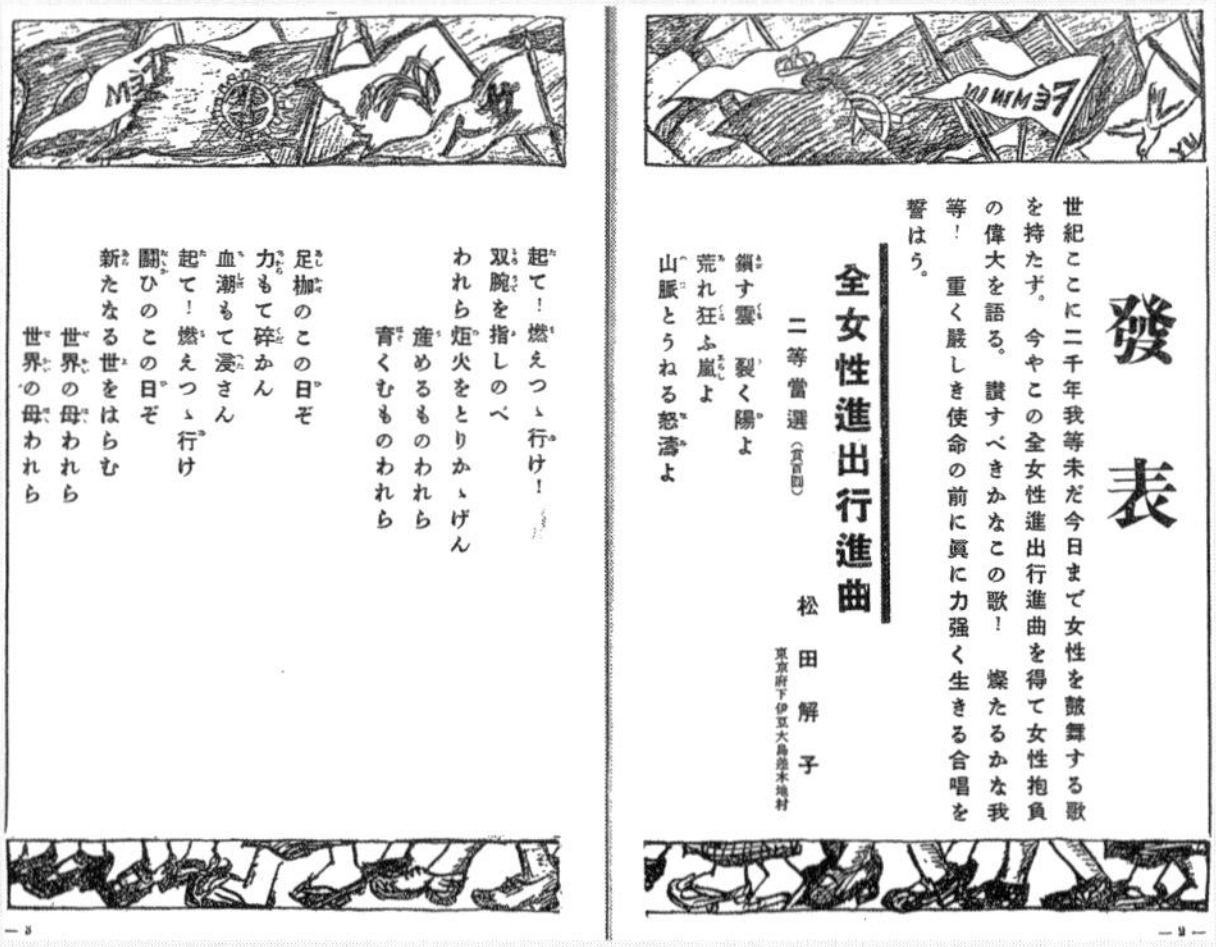

發表

世紀ここに二千年我等未だ今日まで女性を皷舞する歌を持たず。今やこの全女性進出行進曲を得て女性抱負の偉大を語る。讃すべきかなこの歌！ 燦たるかな我等！ 重く厳しき使命の前に眞に力強く生きる合唱を響はう。

全女性進出行進曲

二等當選（賞百圓） 松田解子

東京府下伊豆大島差木地村

鎖《とざ》す雲《くも》 裂《さ》く陽《ひ》よ
荒《あ》れ狂《くる》ふ嵐《あらし》よ
山脈とうねる怒濤よ

起《た》て！燃《も》えつゝ行《ゆ》け！
双腕を指しのべ
われら炬火をとりかゝげん
　産めるものわれら
　育くむものわれら

足枷《あしかせ》のこの日《ひ》ぞ
力《ちから》もて碎《くだ》かん
血潮《ちしほ》もて浸《ひた》さん
起《た》て！燃えつゝ行《ゆ》け
闘《たゝか》ひのこの日《ひ》ぞ
新《あら》たなる世《よ》をはらむ
　世界《せかい》の母《はゝ》われら
　世界の母われら

図2　「全女性進出行進曲」発表の記事
（出典：「女人芸術」1930年1月号、女人芸術社、2－33ページ）

図3　名古屋講演会の様子
（出典：「女人芸術」1930年3月号、女人芸術社）

読者から作者へ

多数の新人作家誕生もまた、聯盟会員間の直接的な交流に支えられていたようである。聯盟には「質問部」が置かれ、東京の「学校、職業方面」などの質問に答えるとともに、「交渉の便をも図る」などという直接的な互助もなされていた。最初に誕生した福岡支部の発足に奔走したのは辻山春子だったが、辻山は発足会として開催された八木秋子、林芙美子の講演を通して本部会員と知り合い、上京時には長谷川時雨と八木が駅で出迎えてくれたと回想している。[1]

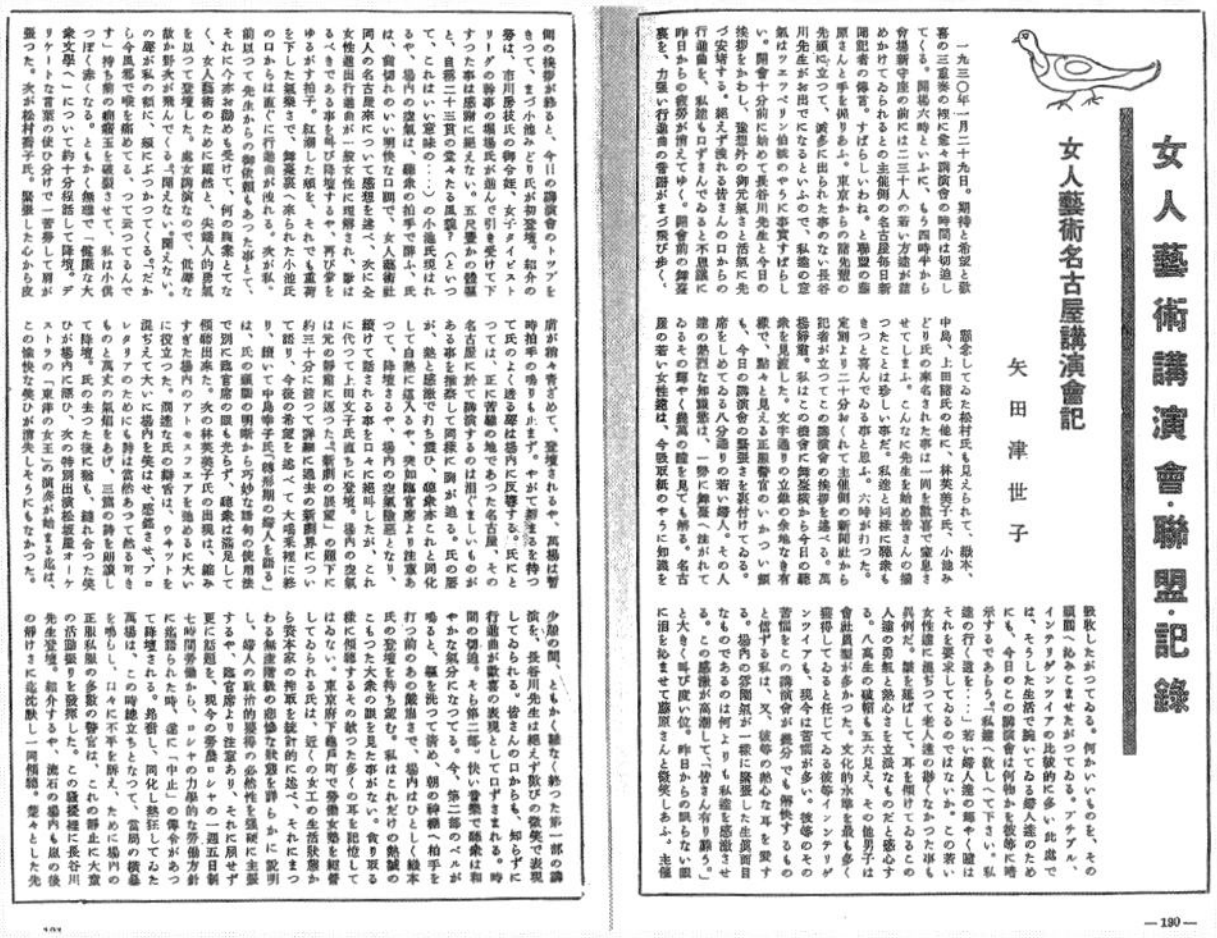

図4　「女人芸術講演会・聯盟・記録」
（出典：同誌190－191ページ）

「女人芸術」から本格的な執筆活動をスタートさせた大田洋子もまた、大阪支部会員であった。一九二九年十二月号には、大阪でのビラ配りの様子が報じられているが、支部発足講演会を通して生まれた本部会員との関わりを頼りに上京し[2]、作家への道を歩むことになった。その他、名古屋支部の矢田津世子、神戸支部の高橋鈴子、飯田（南信）支部の横田文子など、各支部発足に関わった聯盟員が、新たな書き手になっている。

さらに、左傾化のなかでは、「実話」や「職場からの真実の叫び」などの投稿が積極的に呼びかけられるなど、読者から書き手となることへの垣根は低くなる。しかしなお、広く女性のための教養読み物を求める投書などもみられ、多様な読者の声をたたえている。「女人芸術」

は、様々な階級や地域を超えて、女性たちを広くつなぐ回路になっていた。

注

(1) 尾形明子「辻山春子」『女人芸術の人びと』ドメス出版、一九八一年、一〇四、一〇七ページ

(2) 江刺昭子『草饐――評伝大田洋子』濤書房、一九七一年、八九ページ

第6章　「女人芸術」のインターセクショナリティ
――階級・エスニシティ・性意識と「女人芸術」のフェミニズム

サラ・フレデリック

はじめに

筆者が以前に発表した「女人芸術」（女人芸術社）に関する論考では、主にその専属作家や彼女たちの文脈の問題に焦点化した。[1] 彼女たちが新しい雑誌を始めた理由はどのようなものだったか、あるいは「婦人公論」（中央公論社）のような商業誌に彼女たちが求めて得られなかったものは何だったのかという点を考察し、彼女たちが芸術と政治の間に根本的な対立／緊張関係をみていたことを指摘した。同時に、セクシュアリティと政治的行動の間の関係についても考察した。女性としての立場とマルクス主義やアナキズム（無政府主義）的活動家の立場との関係に目を向け、フェミニズムの枠組みのなかで、他のアナボル論争などとは異なる洞察が示されたのではないかと論じた。また同じく注目したのは、出版工程という観点である。特に検閲や出版の物質的条件、財政的可能性といった制約がどのように女性たちの活動に影響を与えたかという点に着目した。その関心は、主に政治と文学が、定期刊行物の物質的制約とどのように相互作用するかということにあった。そうした問題は、今日も重要であり続けているからである。「女人芸術」は、限られた空間でありながらも、「オール女性」で大型出版社の領域から離れることでそれらの政治的・芸術的な矛盾を深く考える独特な場になりえ、雑誌の「雑」性の理想をかなえたと結論づけた。

「女人芸術」には、現在の問題にも示唆を与え続ける豊かさが存在している。現代の政治問題の議論や理論的問題に関しても、有意義な論点が見いだしうるだろうと感じる。本章では特に、「交差性(intersectionality)」という概念を用いて、「女人芸術」について考察を再び試みたい。

1 交差性

交差性という用語は、一九八九年、コロンビア大学のキンバーレ・ウィリアムズ・クレンショーの論文で用いられたのが最初だといわれている。クレンショーの主眼は、アメリカでの公判事例がどのように人種的アイデンティティとジェンダー・アイデンティティを分離したか、さらにそれらのカテゴリー間で抑圧されていた人々を守ることにどのように失敗したのか、を問うことに置かれていた。(2)

一例を挙げれば、一九七〇年代のある裁判で、ゼネラルモーターズは黒人女性の雇用に関して差別をしていないという判決が出た。理由は、同社が白人女性を雇用し、黒人男性をもまた雇用しているからだというものである。つまり雇用で「女性」差別はなく「黒人」差別もないから、「黒人」の「女性」もまた差別されていないという理屈である。(3)

要するに、黒人女性はいかようにも差別を経験できるのであって、したがって彼女たちの排除の主張は方向性も一つだろうという我々の思い込みには矛盾が生じてくる。四方向から行ったり来たり流れている十字交差点を考えてみよう。差別は、交差点を通行する車両のように一方から流れてくるかもしれないし、違う方向からやってくるかもしれない。しかしある交差点で事故が起きるとすれば、その原因となる車はどんな方向からでもまた何台でもいいのだ。ときには四方向すべてからやってきた車による事故もある。(4)

交差性をめぐる理論的潮流は、一九九〇年代に入って、初期のクイア・セオリーやクイア・ポリティクス、またキャシー・コーエンやフィリップ・ブレイン・ハーパーなどの性的マイノリティの立場から論じる学者による人種や階級、地方といったアイデンティティの交差性に関する重要なエッセーを軸として展開した。その後もLGBTQ(性的少数者)やジェンダーの理論家たちが議論してきた。(5)それらの議論は、「女人芸術」の政治的問題と重なり合う。

2 「女人芸術」の交差性

「女人芸術」にはもちろん同性間の交際が描かれているが、ここで私が考えたいのはより大きな意味の交差性である。「女人芸術」には、「クイア」と呼ばれるかもしれない非規範的なセクシュアリティ群を見いだしうるが、それより大きなカテゴリーでの階級的・経済的抑圧やジェンダーの抑圧、日本の帝国主義の文脈における民族性の問題との交差のことである。

本章では、いくつかのケースに注目して、交差性が、「女人芸術」の女性たちが行き当たった障害を効果的に抽出する一つの概念ツールとなることを示したい。以前の論考でも指摘したが、同誌が掲げた「オール女性」という理想はしばしば、執筆者たちの他の政治的理想とぶつかり合い、その多様性と相いれない困難を発生させた。しかしながら、いまなら「交差性」と呼ばれるかもしれない問題への「女人芸術」の女性たちの関心は、そもそもそこに見いだされる議論の豊かさと、またそれらの議論と私たちが向き合っている現代政治における状況との関連性を示すものでもある。「女人芸術」に立ち戻ってそれを見つめることには、今日的な価値があるはずである。

近年の交差性についての議論の重要なポイントは、公民権運動（例えばマーティン・ルーサー・キングJr.の運動のような）や主流白人フェミニズムによるリベラルで人権ベースの主張は、しばしば社会秩序に異議を唱えることに失敗するという点だ。例えば、研究者で活動家のアーバシー・ベイドは次のように書く。

公民権の戦略は同性愛嫌悪《ホモフォビア》の道徳的かつ反・性的（anti-sexual）な土台を突かない。なぜなら、ホモフォビアは公民権上の完全なる平等がわれらに欠落しているから始まったわけではないからだ。それよりむしろ、ホモフォビアは私たちの生きる政治的・法的・経済的・性的・人種的、そして家族的な制度の本質と構成から生じるものだからである。(6)

「女人芸術」にあるセクシュアリティの表現には、現行の制度内で権利を求めるものが少ない。一方で、日本の家族制度に対する批判がしばしば見いだされる。それらがたとえ、ときに「有閑」階級の特権的な表現、つまり「エロティシズム」と見なされていたとしても、「女人芸術」の作家の一部が語ったマルクス主義や無政府主義は、明らかに現行の社会制度との緊張関係を生み出す原因になった。さらに重要なのは、多くの「女人芸術」の作家たちが、自身のフェミニズムの表現と、社会主義かつ／あるいは無政府主義の一部としてのセクシュアリティの表現をつなぎ合わせようと模索したことである。この接合は「女人芸術」の強みでもあり、同時に性的内容がこの雑誌のフェミニズム的政治性にふさわしいかどうかで反目し合う原因にもなった。交差性理論でも指摘されているように、セクシュアリティは、個人的な快楽の問題であってマルクス主義的唯物論の一部やプロレタリアートの関心事ではないと思われる傾向がある。(7)しかしながら、「女人芸術」の女性たちは多くの場合、労働者運動や政治的な小説のなかで、性による肯定的な見方をも構築しようとしていた。そして、性的搾取が労働搾取と交差する場により多く関心を注いだのである。

次節から、この交差性の観点から分析する価値があるいくつかの例について考えてみたいと思う。「女人芸術」全体について論じることはできないが、特に顕著なケースを取り上げ、より詳細に述べる。

3　「自伝的恋愛小説号」──「女人芸術」一九二九年三月号

一九二九年六月号に載った「『女人芸術』一年間批判会」の座談会では、同年三月号の「自伝的恋愛小説号」に関する批判が示された。平林たい子は「真面目な方向に進む所が見えなかつた」と述べ、「有名な女性のゴシップ」になっているのもあるという。[8]「真面目」というのは芸術的な意味だけでなく、政治的な意味も含んでいると解釈できる。エロティシズムを販売戦略として利用しているという説も出た。また一方では、その必要性を認めながらも、プロレタリア運動に参加あるいは共感する女性読者が増えていることに対して、イデオロギー的立場をはっきりさせたほうがいいという意見も出ている。雑誌の「オール女性」の理想と「自伝的恋愛小説号」のエロティシズムが対立した座談会といえるだろう。

「交差性」に関する議論でしばしば引用されるロビン・ポドルスキーの論文[9]は、単純化されるプロレタリア・フェミニズムに関して批判している。ポドルスキーは、「ブルジョワのデカダンス（頽廃）」とエロティシズムは結び付いているという仮定を問題視した。この結合は特に同性間のエロティシズムの形に対して見いだされる。「再生産」が欠落していると見られることが、ブルジョアのデカダンスだといわれるゆえんになってきたからである。また、アメリカの労働者階級に関する左派の語りでは、「家族のため」の「犠牲」という考え方が強調されてきた。しかし、それにかわって彼女が重要だと指摘するのは、労働者階級の日常生活のなかの「犠牲」という視点だけではなく、「喜び」を「その階級自体の報酬や当然の根拠として」考える視点である。「女人芸術」の「自伝的恋愛小説号」にある小説の多くは、規範的でヘテロセクシュアルな交際関係とは別のセクシュアリティに焦点を当てている。そして、そうした物語は、生殖と結び付いた理想的なヘテロセクシュアルの家族のなかには間違いなく居場所がない物質的欲求――女性の性的快楽に関係している。

例えば、松井締子の「ドルメンの謎」には、マスターベーションの描写がある。また、尾崎翠の「木犀」では、主人公は田舎《いなか》に引っ込むのを拒んで求婚者の申し出を断り、かわりに都会生活と非現実的な映画という快楽を選ぶ。中本たか子の「鈴虫の雌」は、性的快楽と、二人の低収入の結果生じる力関係の差に対する不快感とを絡めた物語である。この号ではっきりとうかがえるのは、セクシュアリティと性的表現が、(マルクス主義的)唯物論の分析と反する、あるいは異なるものとして提示されているわけではないということである。むしろ「ノーマル」な異性間結婚の制度外にあるセクシュアリティへの抑圧は、女性たち(そしてすべての人々)が経済的な、またはその他の理由で被った抑圧のありようの一つなのだ。山川菊栄のようなマルクス主義思想家も高群逸枝のようなアナキストも、ともにいくつかのやり方でこのことに同調していて、交差性を見いだすことができる。

4 中本たか子「赤」――「女人芸術」一九二九年一月号

次に、「自伝的恋愛小説号」の数カ月前に発表された、中本たか子の非常に興味深い作品「赤」[10]に注目したい。この物語が描くのは、アルコール依存症の肉体労働者である夫から繰り返し家庭内暴力を受けている妻である。夫婦には子どもがたくさんいるが、いつもおなかをすかせていて、友達が犬に与えたパンを奪って食べようとさえする。にもかかわらず、主人公である妻の「しげ」は、またしても妊娠している。非常に凄惨な末部のシーンでは、「しげ」は穴掘りの仕事に加わり、せっせと赤土を掘っている。なぜなら、この仕事で子どもたちの食い扶持を稼ぐだけでなく、お腹の赤ん坊が流れてくれればいいと願っているからだ。すでに抱えている子どもたちだけでも食べさせられないのに、さらに赤ん坊を抱えるわけにはいかないのである。

赤い蹴出しを見せた女達の仲に交つて、しげは、荒々しい労働に終日従事した。彼女はかうすることによつて、一つには生計を立て、他には胎児に与へる、変化を期待してゐるのである。この上一つの生命が殖えるのは、彼等の悲劇の巣を益々複雑にするより取柄のないものだ、としげは考へたのだ。（略）半裸体やシヤツ一枚になつた男達は、赭土にハンマーを揮つた。（略）単純なメロデーの労働歌が、彼等に神聖な魂の握手を与へた。（略）胎児の腹壁を蹴りつけるやうな運動を感ずると、堪え難い圧力が腹皮をしめつける。彼女は間歇的に起るこの苦痛に唇を咬み、両手をそこへ当てゝじつと抑へてゐた。[11]

　このシーンは、階級とジェンダーという二つの観点から読むことができる。しかしながらここでより重要なのは、この生々しい描写が示すものは、「しげ」の女性としての位置づけと労働搾取の交差だということだ。さらに、それがどのようにして違うものを作り出したかという問題提起もなされている。女性という肉体的な位置づけと労働という経験によるまったく新しい組み合わせを作り上げるわけである。ここでは、肉体的位置づけや階級的な位置づけだけではありえない経験が生じている。そして、小説の題名である「赤」という表現によって、それでしか示しえない交差性の経験が描かれる。

暁の脚が窓にほの白む頃、しげの月経は五ヶ月目に開放された。

　紅朝の中に咲いた一片の肉塊が、慎ましく縮まつて、運命に流目を送つてゐる。此の世に一つの悲劇の種が減つたのだ。誕生と墓場…開幕と幕切れ…。

赤の歌が始まつた――太陽の歌が始まつた。赤だ…。

赤だ……
赤……
赤……
……⑿

男たちが歌う労働歌では、「しげ」の経験を表現することはできない。仮に歌詞を女性らしくしたり彼女の境遇に似せたりして替え歌を作ったとしても、十分ではないだろう。単に階級的な要素やジェンダー的な要素を足してみるだけでは、彼女の経験を表現することはできない。「赤の歌」「太陽の歌」は、彼らの労働歌のパロディーではなく、新たな歌である。

ここに表現されているのは、肉体的（妊娠の経験の赤）で政治的（共産主義の赤）な新鮮な経験である。貧困と妊娠と虐待の交差点で彼女のすべてがひとかたまりになった経験をもとにした、他にはないこの肉体的経験こそ、中本がこの物語で実にパワフルに表現しているものなのである。

この小説で交差性の概念から理解できることは他にもある。それは、「母親であること」と「女性であること」という、異なるアイデンティティの位置づけについてである。中本は、女性と母性とを別々の交差するアイデンティティとして提示している。例えば、夫が妻を殴ろうとしたとき、彼女のお腹が大きいのが見え、彼を思いとどまらせるという場面がある。母親の腹が彼を躊躇させるのだ。しかし彼女がさらに口答えをすると、彼ももう黙ってはいられない。そこには、女が母親であることを忘れてしまっている男がいる。男は自分が（自分の）女よりも優位だと感じたいという欲望にかられて妻を殴る。

別の場面では、「しげ」が自分の帯を売り、工場の監督に菓子折りを買っていくことで夫の復職を頼み込もうとする。中本はここでも効果的な描き方をしている。入り口で彼女に応対する人物として登場するのは、当の工場監督ではなくその妻である。工場監督の妻は、優越感を帯びた雰囲気を醸し出している。しかしながら、彼女はつい最近までバーの女給をしていたのではないかと「しげ」は推測する。ある意味で、現在の「しげ」よりももっと社会的地位が低い境遇だったわけである。「しげ」の推測の描写から、工場監督の妻も社会の階級分類からは逃れえない存在であることがわかってくる。この二人の女性の経済的な不釣り合いは、「全女性」という概念のなかの亀裂を示している。語り手の「しげ」には工場監督の妻に同情を抱く余裕がないが、読者には二人の似ているところと格差が同時に観察できるだろう。階級とフェミニズムを両方視野に入れるだけでなく、それらの交差性を分析することで、「赤」という小説が表現しようとした経験の特異性が明確になるのである。

5　大田洋子「聖母のゐる黄昏」――「女人芸術」一九二九年六月号

「女人芸術」には、のちに「被爆作家」として知られることになる大田洋子のデビュー作「聖母のゐる黄昏(13)」が掲載されている。この作品の内容はプロレタリア文学と呼ばれるものからかなり離れていて、交差性の別の例を提示している。ここで重要なのは、階級でも人種でもなく、身体的・精神的不自由、つまり心身障害である。それには遺伝的分類も含まれる。物語は、血族結婚がおこなわれているある島を描き出す。血族結婚が島の子どもたちに高頻度で精神疾患と身体的障害をもたらしている。

主人公「冴」も、歩行に障害がある女性である。彼女は、島の医者の息子に、「今夜俺のお嫁さん」にしてやると言い寄られる。彼女はそれに騙されて、家に帰る途中の畑のなかで性的に暴行される。しかしこのあと、彼女は男を待つようになる。ある意味で、強姦の被害者が加害者に性的に引かれてしまうという展開になっている。しかし、それと同時にこの小説は、主人公の少女に彼女自身の主体性と性愛の経験を与えるということを、その「夢」の世界を経由して表現していると読むことができる。その体験は、彼女にセクシュアリティを付与する。

セクシュアリティとはここでは、彼女の周囲が、彼女には、つまりハンディキャップをもった若い女性には、手に入れられないものと見なしている何かである。

交差性に関するコーエンの論文で特に注目されてきたメッセージの一つは、アメリカのフェミニズムのなかの黒人女性たちのセクシュアリティの取り扱い方が他と異なっているという点である。白人女性の間の性的表現が多くの場合は解放的体験として受け取られるのに対して、生活保護を受けている貧困層の黒人のシングルマザーのイメージでは（多くはアメリカにおける黒人男性の失業率や収監率の高さによるものだが）、黒人女性の性的経験や表現をそれほどすばらしいものとは見なさない傾向があるのである。これを踏まえてコーエンは、交差性に目を向けることで黒人女性の性的表現の考察が可能になると論じている。[14] それと同じように、大田の小説では、社会的に不可視化された障害者の性的欲望が表現されている。人種と障害という違いはあるが、アメリカにおける性的欲望に対するタブーと類似した構造といえる。交差性という視点を導入して考察することで、太田が書いた障害者の性にも光を当てることができるのではないだろうか。

もう一つ重要なのは、主人公とその義理の姉「兄嫁」とのやりとりである。冴が性的暴行を受けた日、兄嫁は最初は冴が家に遅く帰ってきたことを心配するが、あまりに早くいつもの生活に戻る。この兄嫁の振る舞いは、姉妹関係、あるいは「全女性」の関係性への疑問を起こさせるものだ。義理の姉は親切な人ではあるのだが、自分の義理の妹がつい先ほど性的暴行を受けたことには気づかない。「夕食の膳」や自身の異性愛規範主義的性生活のほうに注意を傾け、何かよくないことが起きたのではないかという「心配」をいったんはもちながらも、それを忘れてしまう。また、島の他の女たちは、銭湯で、冴をけしかけて化粧させ女らしく装わせようとする。けれど彼女は人々の思惑とは別に、自分の肉体的経験を知ってしまっている。この障害者と健常者との線引きは「女たち」のつながりを消すものではないが、その関係性を完全に変貌させる。女性と女性の間に嫉妬のような陳腐な競争関係が生じることがなく、助け合うかからかうという形をとるようになるのである。

医者の息子は、冴を別の意味で再び襲うことになる。彼女が妊娠していることに気づき、堕胎薬を服用させようとするのである。自分たちの性的関係を隠しておくためだったが、彼女はそれを拒んで逃げ出し、子どもを産むことを決断する。そして、その子の父親の名前を知的障害のある弟にだけ告白して、他には口をつぐみ、兄の家族と住むことにする。自分の独特な立場を守り、性的関係や強制結婚に閉じ込められることなく自分なりの家族を作っていくのである。それは冴に向けられた周囲の視線を裏切り、この島にはたらく交差する社会的な力をうまく操縦するために、彼女が選択した方法といえるだろう。

この物語は、冴に対する性的暴行を、単純に若い女性たちへの抑圧として捉えるものではない。そのかわりに、階級的特権（医者の息子など）や健常者優越主義（健常者の肉体は身障者の肉体にまさるという思い込み）、規範性の感覚（アブノーマルな関係をも内包した社会の内部における規範）、そして異性愛規範主義がどのように一つに重なり合って、この若い女性の世界経験を変貌させるのかを語る。彼女が生きる社会におけるセクシュアリティ、社会的特権、ジェンダーと権力の関係の複雑さが、主人公のトラウマや性的喜び、そして非受動性の結合とともにこの物語を形作る。交差性は、このような事態を理解する視点なのである。

おわりに

これらの物語に、差別の諸相を読むこともできるだろう。交差性の概念は、そこに次々と重なる差別の諸相を確認するだけではなく、その交差のなかで何が新しく生じるのか、何が変貌するのかを考える手がかりになる。「女人芸術」は「オール女性」の芸術的な立場から、政治的な内容の方向へ変化したと指摘されてきた。もちろんそれは間違いではない。現在の理論的枠組みでいえば、前期の「オール女性」は女性の特殊性を重要視するフェミニズムという政治的な立場であり、イヴ・コゾフスキー・セジウィックがいう、女性を「マイノリティ化」する立場といえる。一方、後期の「女人芸術」の政治的な記述は、女性を「普遍化」する立場ということができる。つまり、「女性」の状況を社会全体の構造に関わるものとして捉える立場である。[15]

しかし、ここまで論じたように「女人芸術」前期の小説の交差性に焦点を当ててみれば、その時期の「女人芸術」の「普遍化」の傾向が見えてくる。そして、後期の「女人芸術」のプロレタリア的な傾向やアナーキズムでも、それらの理論に縛られず、フェミニズムなどとの交差性が常に視野のうちに含まれていたのだといえる。つまり、前期であっても後期であっても、特に文学の場では、多様な圧迫の種類と経験が探り出されていたのである。

本章では、現在もなお価値を持ち続ける「女人芸術」の驚くほど豊かな点を、この「オール女性」というカテゴリーとしての「女人」と、階級、セクシュアリティ、そしてより広い範囲の他のアイデンティティや経験との間の交差性として抽出した。現代の理論が、「女人芸術」の豊かさをより明確に浮かび上がらせる。過去のテクストに現在の理論的枠組みを援用することはときに非歴史的（a-historical）だという批判を受けるが、むしろそれを超歴史的（cross-historical）な分析として試みるならば、人文学研究の価値と意味を生み出す思考となるのではないか。「女人芸術」の女性たちが普遍化の視線をもったように、私たちもまた、過去と現在を普遍化する視点をもつべきなのである。

注

（1）Sarah Frederick, *Turning Pages: Reading and Writing Women's Magazines in Interwar Japan*, University of Hawaii Press, 2006.

（2）Kimberle Crenshaw, "Demarginalizing the Intersection of Race and Sex: A Black Feminist Critique of Antidiscrimination Doctrine, Feminist Theory and Antiracist Politics," *The University of Chicago Legal Forum*, 1（8）, 1989.（http://chicagounbound.uchicago.edu/uclf/vol1989/iss1/8）［二〇一九年三月二十日アクセス］

（3）Ibid., pp. 141-142.
（4）Ibid., p. 149.
（5）Cathy J. Cohen, "Punks, Bulldaggers, and Welfare Queens: The Radical Potential of Queer Politics," *GLQ*, 3（4）, 1997, Phillip Brian Harper, "The Evidence of Felt Intuition: Minority Experience, Everyday Life, and Critical Speculative Knowledge," *GLQ*, 6（4）, 2000.
（6）Urvashi Vaid, Cohen, op.cit., p. 443 に引用。
（7）Ibid., p. 443.
（8）「女人芸術一年間批判会」「女人芸術」一九二九年六月号、女人芸術社、五ページ
（9）Robin Podolsky, "Sacrificing Queers and Other 'Proletarian' Artifacts," *Radical America*, 25（1）, 1991, pp. 53-60, 58.
（10）中本たか子「赤」「女人芸術」一九二九年一月号、女人芸術社。近年、英訳された。Nakamoto Takako, "Red," Brian Bergstrom trans., in Norma Field and Heather Bowen-Struyk eds., *For Dignity, Justice, and Revolution: An Anthology of Japanese Proletarian Literature*, University of Chicago Press, 2016.
（11）前掲「赤」四五―四六ページ
（12）同作品四七ページ
（13）大田洋子「聖母のゐる黄昏」、前掲「女人芸術」一九二九年六月号
（14）Cohen, op.cit.
（15）Eve Kosofsky Sedgwick, *Epistemology of the Closet*, University of California Press, 1990, p. 10.

コラム 「女人芸術」と外部

飯田祐子

「女人芸術」(女人芸術社)は、多くの外地・外国からの情報を掲載している。このような外部に向けられた関心の高さは、同時代の他の女性雑誌にはない「女人芸術」の特徴といえる。四つに分けて紹介しよう(なお、以下では年月号だけを記し、誌名「女人芸術」は省略する)。

まずは翻訳である。ロシア、イギリス、フランス、ドイツ、イタリア、アメリカなど欧米諸国の小説や評論を掲載している。初期には、松村みね子、八木さわ子、松本恵子などによって、主として短篇小説が訳された。一九三〇年一月号の翻訳特輯では二十本近くの小説などが訳され、そのうちの一つ、中島幸子訳の「偉大な恋」(アレクサンドラ・コロンタイ)は、連載ののちに単行本化(世界社、一九三〇年)された。最も大きな翻訳は、望月百合子訳「みちづれ」(ヴイクトオル・マルゲリット、一九二八年十二月号―一九三一年五月号)である。全二十一回の連載になった。結婚制度を拒否して婚外子を産む女弁護士アニイックの物語で、新しい生き方を読者に伝える作品である。

第二巻(一九二八年七月号―二九年十二月号)までに多いのは、自身の外地や外国での経験を語る文章である。居住者としての報告もあれば、紀行文もある。北村兼子「ハワイより」(一九二八年九月号)、笙千鳥「革命後の北平」(一九二八年十月号)、内山みき「上海より」(一九二九年五月号)、日種明子「台湾より」(一九二九年九月号)、松下文子「伯林片々」(一九三〇年三月号)、岡山恒子「ラングーンの此頃」(一九三一年八月号)など、各地から生の声が届けられた。長谷川春子は渡仏の旅路から紀行文を寄せ、林芙美子は台湾から満州まで一人旅の様子を書き送った。過去の経験を語る山村八重子「比律賓の風物と私」(一九二九年六月号）、後藤郁子「朝鮮の農村」（一九三一年八月号）などもある。読者通信欄には京城、樺太、蒙古、朝鮮、天津などから短文が寄せられている。こうした直接の見聞を語る記事は、それぞれの地との距離を縮め、女性が生きる世界の広がりを実感する契機になっただろう。

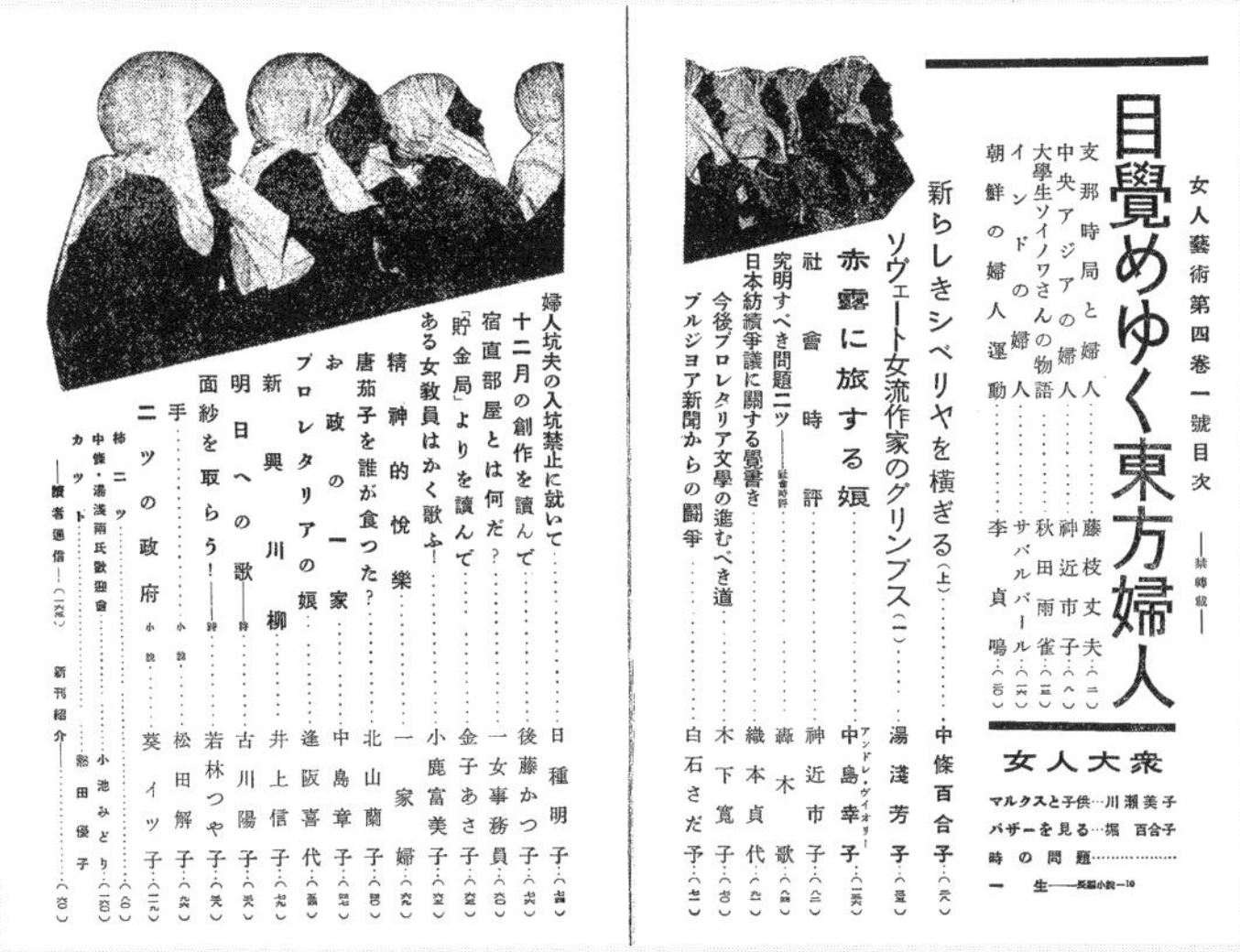
女人藝術第四巻一號目次

目覺めゆく東方婦人　―特輯號―

支那時局と婦人……藤枝丈夫
中央アジアの婦人……神近市子
大學生ソイノワさんの物語……秋田雨雀
インドの婦人……サバルバール
朝鮮の婦人運動……李貞鳴

新らしきシベリヤを横ぎる（上）……中條百合子
ソヴェート女流作家のグリンプス（一）……湯淺芳子
赤露に旅する娘……アンドレ・ヴイオリ　中島幸子
社會時評……神近市子
究明すべき問題二ツ―社會時評……蒔木歌
日本紡績爭議に關する覺書き……織本貞代
今後プロレタリア文學の進むべき道……木下寛子
ブルジョア新聞からの闘爭……白石さだ予

女人大衆
マルクスと子供…川瀬美子
バザーを見る…堀百合子
時の問題……
一生―長篇小説―10

婦人坑夫の入坑禁止に就いて……日種明子
十二月の創作を讀んで……後藤かつ子
宿直部屋とは何だ？……一女事務員
「貯金局」よりを讀んで……金子あさ子
ある女教員はかく歌ふ！……小鹿富美子
精神的悦樂……一家婦
唐茄子を誰が食つた？……北山蘭子
お政の一家……中島章子
プロレタリアの娘……逢阪喜代
新興川柳……井上信子
明日への歌―詩……古川陽子
面紗を取らう！―詩……若林つや子
手―小説……松田解子
二ツの政府―小説……葵イツ子
柿二ツ……小池みどり
中條・湯淺兩氏歡迎會
カット……煕田優子
―讀者通信―　新刊紹介

図1　「女人芸術」1931年1月号（女人芸術社）の目次

第四巻（一九三一年一月号―十二月号）からは、時評的な記事や評論が急増する。ソビエト以外では、アメリカとドイツに関する記事が最も多く、次にイギリス・フランス・スペインなどヨーロッパ諸国の状況が記されている。東アジアでは、朝鮮・支那（中国）・満州などについて記事があり、中央アジアやインドなどについても論じられている。特集も多い。「世界各国活動婦人の近状」（一九三〇年四月・五月・七月号）、「目覚めゆく東方婦人　支那・トルコ・インド・朝鮮」（一九三一年一月号）、「世界各国に於ける婦人デー」（一九三一年三月号）、「世界各国に於けるメーデー」（一九三一年五月号）など、いずれも左傾化に沿った企画といえる。座談会形式の「新満洲国とはどんなところか」（一九三二年四月号）、「婦人新帰朝者のみてきた社会相」（一九三二年六月号）など、関心を多角的に掘り下げる企画もあった。

中期以降の左傾化で、突出して増加するのはロシア・ソビエトの情報である。ソビエトにおける女性解

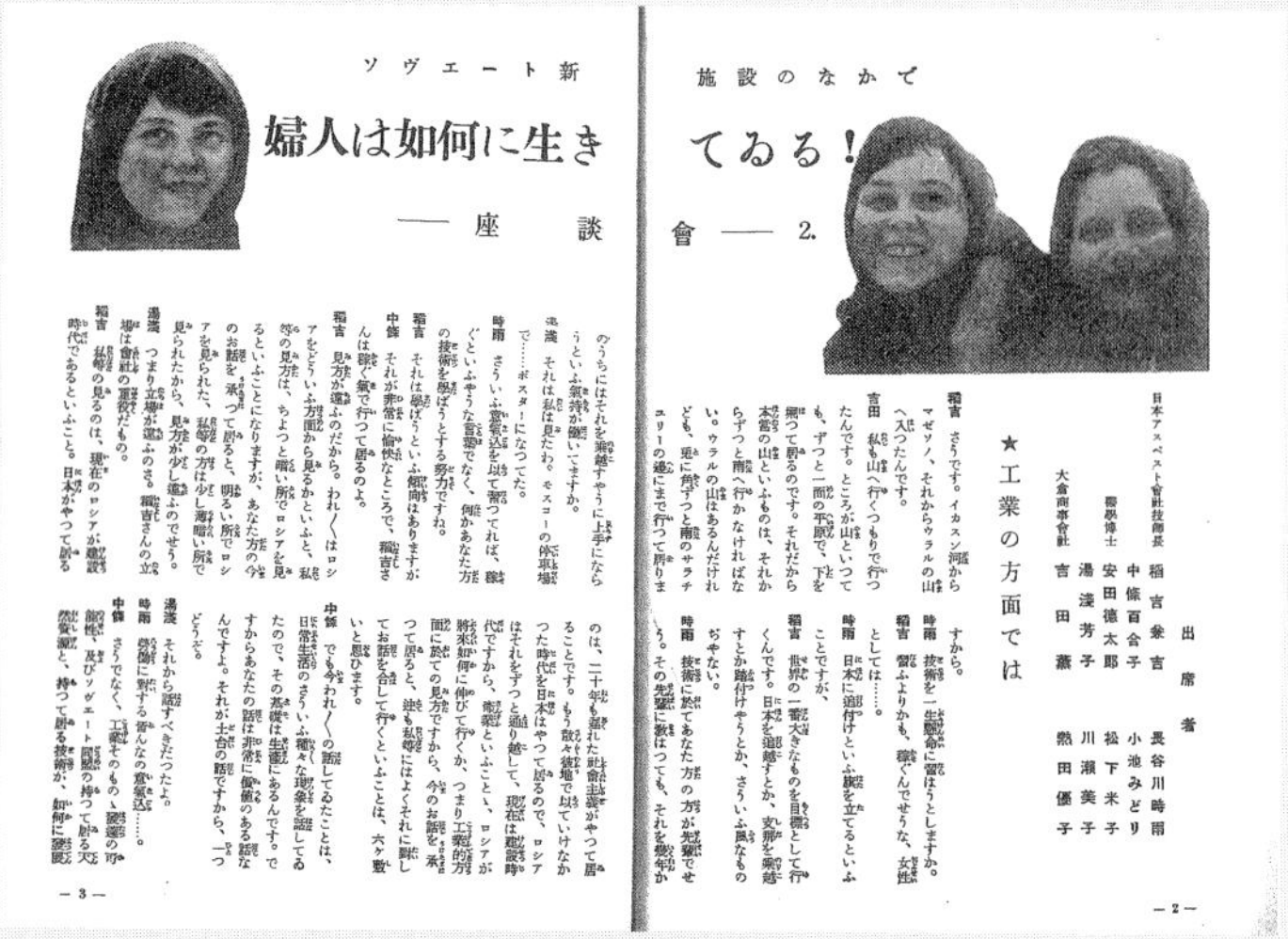

図2　座談会「ソヴエート新施設のなかで婦人は如何に生きてゐる！」
（出典：「女人芸術」1932年3月・4月号、女人芸術社、2－3ページ）

放の実践が取り上げられ、婦人労働者の姿や託児施設などが繰り返し紹介されている。グラビアやカットにも、ロシア・ソビエトの写真があふれた。三周年記念号（一九三〇年七月号）では、巻頭から三五ページまで、上部に「最新ソビエット・グラフ三十四枚」と題して写真を配した（下部はアンナ・カラワーエワ「職場をめぐる 一九二八年のソヴエート」園田時子訳）。巻頭グラビアも、一九三〇年十月号以降はソビエト関連の写真で構成されるようになる。一九三〇年に開催された「女人芸術展覧会」（十二月二十二―二十八日、東京堂）では、「私達の社で誇りにしてゐるソビエート・グラフ」も「二百枚近くの数」展示し、「よくこんなに沢山出来たものだ」と感慨深く記されている（小池みどり「女人芸術展覧会記」一九三一年二月号）。記事では、神近市子「解放されたロシヤの婦人」（一九三〇年七月号）、山本有子「ゲニアイズムのルンペン化と産児制限」（一九三〇年十一号）、中島幸子「コロンタイと「婦人労働革命」」（一九三一年一月号）、「解放された婦人 ソヴエート婦人と五カ年計画」（一九三一年三月号）など、女性問題に焦点化した評論があることにも注目したい。女性の文化実践も、湯浅芳子「ソヴエート女流作家のグリンプス」（一九三一年一月号・四月号）、湯浅輝夫「ソヴエート女流映画監督」（一九三一年五月号）、中條百合子「プロレタリア婦人作家と文化活動の問題」（一九三一年十月号―十二月号）などが論じている。さらに、「ソヴエート婦人文化について本当のことを知りたいと望むのは私ばかりではあるまい」（一九三二年三月号、時雨、編輯後記）という企図で、座談会「ソヴエート新施設のなかで婦人は如何に生きてゐる！」（一九三二年三月号・四月号）がおこなわれた。託児所や産院、育児問題から、プロレタリア性道徳、賃金、工業、女性の労働、個人の欲望まで、話題は多岐にわたり「大変な好評」だったという（一九三二年四月号、宮本、編輯後記）。左傾化はソビエトへの関心を最も強く育て、女性にとってどのような社会が望ましいのかという問題を具体的に検討するための情報が熱く求められたのである。

方向性に変化はあるが、外部に向けられた強い関心は一貫している。国境を超え、大きな動きのなかで日本の問題を考えるまなざしが生み出されていった。「女人芸術」は女性たちを外部につなぐ回路であった。

第7章 〝閨秀作家〟凌叔華の一九三〇年代
——戦時下のセクシュアリティと創作

星野幸代

はじめに

中国人作家・凌叔華[1]（一九〇〇—九〇）は一九二〇年代に作家デビューを果たし、良家の女性を主人公として日常生活のディテールや心理の機微を描くことを得意とした。欧米留学者が集う文芸サロン・新月社に属し、そのメンバーの北京大学教授・陳源夫人として文壇での地位を確立した作家ともいえる。一世代上の作家・魯迅は凌叔華について、他作家が描かなかった名門旧家の貞淑な女性を「ごく慎重に程よく」描写したと評価し、『新中国文学大系・小説第二集・導言』に作品を収録した。[2]当時、凌叔華はいわば「フェミニン」[3]な作風の閨秀作家として評価されていた。一方で、凌叔華はイギリス詩人ジュリアン・ベル（ヴァージニア・ウルフの甥。以下、ジュリアンと略記）と恋愛関係にあったことでも知られる。[4]それが縁になってウルフの助言で英文の自伝をイギリスで出版した、他に例がない中国人女性作家でもある。

中華人民共和国建国後は、魯迅の論敵として知られた陳源が「反動的人物[5]」と批判され、共産党史観にのっとって工農兵のための文学が奨励されるなかで、富裕層に取材した凌叔華作品は中国文学史から抹消された。一九八〇年代に再評価が始まり、作品集などが今日も刊行され続けている。(6) もっとも、台湾や香港などでは一貫して定評があった。(7) フェミニズムの観点から凌叔華を高く評価したのは孟悦と戴錦華である。(8) 二人は著書で、凌叔華が女性に対する伝統社会の抑圧を描いた功績を認め、その「多様で血の通った女性登場人物」を評価した。日本での凌叔華研究は二〇年代の作品を対象としたものが多いが、武漢と四川にいた抗戦期（満州事変以降敗戦まで）を扱ったものが近年現れつつある。(9)

総じて、先行研究では抗戦期における凌叔華に焦点を当てたものは少ない。その理由は、端的にこの時期の彼女の創作が少ないこと、また政治的には彼女が国民党中央宣伝部のメディア「武漢日報」文芸欄に関わっていたことが影響しているだろう。この時期を取り上げた英語圏の研究に、英文学者パトリシア・ロレンスの単著がある。(10) ロレンスの著作は、ウルフとブルームズベリー・グループ、(11) 凌叔華と中国のブルームズベリー・グループを自負していた新月社(12)との関わりを考察しており、充実した比較モダニズム文学／芸術研究である。ただしロレンスは、英訳されていない凌叔華作品や日中の関連研究を踏まえていない。

本章は、抗日の機運が高まる一九三〇年代後半の中国での凌叔華創作の模索を以下の手順で考察したい。まず、ウルフと凌叔華の交流との比較要素として、日本における凌叔華のジェンダー化の傾向を押さえておく。次にジュリアンと凌叔華の交流の概要を追い、抗戦期の武漢の状況を概観する。そのうえで、ウルフと凌叔華の文通は「書き手としての女性」の系譜としてどのような意義があるかを考えたい。

なお武昌、漢口、漢陽については、引用元が前記三地域のいずれかを明記している場合以外は使い分けず「武漢」(13)と表記する。

1　戦前日本で好まれた凌叔華

凌叔華と日本文人との個人的交流はほとんど見いだせない。[14]しかし凌叔華の小説は一九二五年から敗戦にかけて少なからず翻訳され、短篇集も刊行されていた。[15]したがって、戦前日本である程度好まれた作家だったといえる。本節では、太平洋戦争前夜に相次いで刊行された単行本二冊について、翻訳者と出版者の凌叔華観を考察しておく。

中国文学者・澤田瑞穂（筆名・桃生翠）訳『花の寺』（伊藤書店、一九四〇年）は、小説集『花之寺』『女人』『小哥児俩』（注（1）を参照）から十四編を収録している。澤田は「訳者後序」で、凌叔華の「清麗細膩」な文章、「人事の葛藤はぼんやりと裏に隠して、専ら近景になった自然の風物や人間情緒の光と影とを細身の画筆で彩ってゆく」風格を「好ましい」と述べ、その「人生と適度の感覚を保つ清澄なる観照の眼」[16]を評価している。

『お千代さん』[17]は、主として子どもの視線から日常の小さな出来事を描く前掲『小哥児俩』の全訳である。ただ、興亜書局はこの「支那翻訳小説」シリーズについて、明確に「日支提携はまづ相手を理解してから」[18]というコンセプトを打ち出している。四冊目まではすべて男性作家の小説[19]で、五冊目だけ女性作家から選ばれた。一九四〇年の日本で、凌叔華が紹介するにふさわしい女性作家であったのはなぜだろうか。それは以下から読み取れるだろう。

> 彼女の作品は先鋭ではないかもしれないが、上品であり優雅である。たとへば芳り高い鈴蘭の花を思はせるやうなものがある。支那での閨秀作家といへば、ともすると丁鈴（ママ）[20]のやうな左翼張りのものが多いけれど、この凌叔華女士はそれとは全く反対の方向を持ってゐる。彼女はその作品から観察すると多分に近代女性の素

質を有しながら、それにかぶれることの嫌いな、むしろそれを排撃したいやうな、いはゆる古い型の厳粛な中国女性であるやうだ。……その点で宋美齢型女性の跋扈する現代中国には珍しい古典味のある閨秀作家であると言える。[21]

さらに「発行者の詞」（注（18）を参照）のほうは、凌叔華について「幼時を日本に育《ママ》った女性だけに、異国日本及日本人に対する見方も比較的穏健」で、作品は詩情豊かで美しいと推薦している。まとめれば、中国の作家にもかかわらず、日本で育ったため穏健で、左翼ではなく、近代性と古い型とを併せ持ち、女性であり、優雅で詩情豊かな作風によって凌叔華は採用された。作風については前述の澤田評が重なる。

作品のうち『千代子』と『異国』は、日中戦争を明確に背景としている点で他の作品と趣を異にする。『千代子』（注（14）を参照）は、京都を舞台に十二歳の少女・千代子を取り巻く下町の日常を通して、日本人が中国人を「南京虫」「イヌ」などと侮蔑するさま、また第一次上海事変（一九三二年一―三月）に対する人々の考えをまず描く。そのうえで、纏足の女性をからかいにいった少女たちが中国の嬰児の愛らしさにその計画を忘れるさまを描いている。『異国』（注（34））は、上海事変の号外で日本人との友好関係が壊れてしまった中国人女子留学生の悲しみと不安を描いている。いずれも、センシティブなテーマでありながらプロパガンダ性は薄い。わずかにそれが表れたところは検閲で削除された。[22]

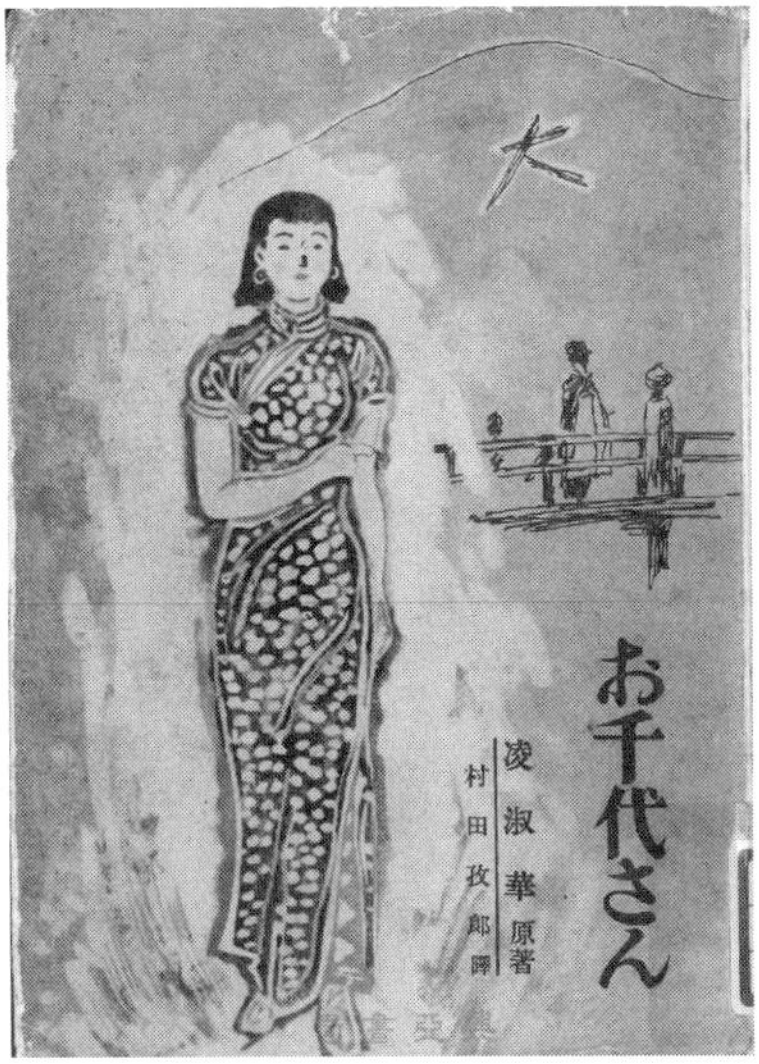

図1　凌叔華『お千代さん』（村田孜郎訳、興亜書局、1941年）の表紙

太平洋戦争前夜の日本で、凌叔華の優雅で「フェミニン」な作風は、「支那での閨秀作家」ではあるが親日的なイメージの演出に使われたのである。

2　武漢での凌叔華とジュリアン・ベル

一九三五年八月末、ジュリアンは三年任期の英文学教授として中国へ向かった。[23] ジュリアンは、イギリスのポスト印象主義の画家ヴァネッサと評論家クライヴ・ベルの長男で、ヴァネッサはウルフの姉である。ジュリアンはまさにブルームズベリー・グループの知性のなかで生まれ育った。彼は変化を求めてタイ、中国、日本に願書を出したという。[24]

着任したジュリアンは、ヴァネッサに手紙を書き送っている。

学長の陳源教授とその妻、隣人たちは素朴で天使の様です。（略）陳夫妻はきわめて洗練されています。陳源氏は評論家でツルゲーネフの翻訳者（そしてゴールディ〔G・L・ディキンソン：引用者注〕の友人）です。陳夫人は画家で小説家、漢口の新聞の文芸欄の編集者です。中国のK・マンスフィールドと言われているそうですが、彼女はそれ以上なのではないかと思います。（一九三五年十月十三日）[25]

陳源はエディンバラ大学とロンドン大学で学位を取得していたため、中国語を解しないジュリアンにとって信頼できる相手だったのだろう。凌叔華について、ジュリアンはさらに、「知的で繊細な天使」「ユーモアのセンスがある」（ヴァネッサ宛のジュリアン書簡、一九三五年十月二十三日）などと評している。

ジュリアンは陳夫妻がブルームズベリー・グループに詳しいことを発見した。「まだここのみんなとは誠実な知人という状態です、叔華――スー〔Sue〕と呼ぶことにしました――という若い女性以外は。彼女は北京のブルームズベリー・グループについて話してくれましたが、僕が理解した範囲では、ロンドンのブルームズベリー・グループと実に似ています」[26]（ヴァネッサ宛のジュリアン書簡、一九三五年十一月六日）。ジュリアンは叔母ウルフにも「中国の代表的な女性作家である学長の妻があなたの作品の熱烈なファンだと聞いてうれしいでしょう」（十一月十一日）と書き送っている。[27]ジュリアンと凌叔華の英語のコミュニケーションは「半分推測」だったが、短期間で急速に親しくなっていく。

凌叔華とジュリアンが愛人関係になったのは、公刊されたジュリアン遺稿集で彼女が「K」と暗号化され始める一九三六年一月頃だろう。[28]二人は北京の凌叔華の家や温泉で過ごし、結婚について話した。ジュリアンはヴァネッサの様々な懸念に対し、「結婚には何の支障もない」「スーは経済的に独立しており、いつでも親友がたくさんいる北京に来て住むことができます」（一月二十六日）と応えている。凌叔華は北京で古物陳列所の研究員を務めたこともあったが、[29]その収入については定かでない。

しかし二人の情事は陳源に発覚し、彼は二人の接触を禁じた。[30]その強硬な姿勢は、彼の性愛観が慣習にとらわれないブルームズベリー・グループとはほど遠かったことを示している。凌叔華は結婚生活をまっとうすると決心した（E・プレイフェアー宛のジュリアン書簡、一九三六年十一月一日）。ジュリアンは一九三七年三月に帰国し、すぐにスペイン医療救助隊に志願、六月にはスペインで医療奉仕隊に配属されるが、傷病兵輸送車の運転中に爆撃に遭い、六月二十日に死亡した。[31]

この時期、八歳年下のイギリス人男性との婚外恋愛は、凌叔華にどのような意味をもったのだろうか。三十代半ばの女性として性的欲望《セクシュアリティ》は満たされただろう。しかし、凌叔華は欲望する主体から妻・母の座に戻った。その要因として、創作に関わる問題が最も影響したのではないかと思われる。魯迅の凌叔華評が陳源との論争に左右されたように（注（2）を参照）、彼女の文壇ネットワークは陳源に多くを負っていた。離婚はそれを捨てることを意味した。さらに、ジュリアン書簡に凌叔華の英語力の問題への言及がある。日本の侵略に脅かされる武漢からの脱出とイギリス文壇デビューという魅力をもってしても、彼女の英語表現者としての不安を払拭できなかったのではないか。むろん、他にも戦況、娘、親の存在など様々な要因が凌叔華の決定に影響している。

3 陥落前夜の武漢における作家・凌叔華

抗戦期前の武漢の出版文化は、上海、北京に比して「砂漠」と称された。[32] 高温多湿な武漢にきた当初、凌叔華は鬱々としていた。[33] ただ武漢での凌叔華の執筆をみると、小説は確かに年一、二編と一九二〇年代ほどの勢いはないが、散文も含めれば寡作とまでは言えない。[34] 凌叔華によれば、「友人たち[35]といくつか文芸刊行物を主宰してきた。私たちは必死で原稿を取り合い、入手できないと自分で間に合わせてきたが、みな私はヒマだと思って（彼らとは違って教員ではないので）しきりに小説を書けという」（「一個故事」一九三七年三月。注（34）を参照）という。武漢在住ながら彼女は「全国的作家」[36]であり、北京、上海、香港などの新聞・雑誌に寄稿していた。さらに彼女は「武漢日報」「現代文芸」欄の編集長として、執筆依頼や編集で忙しかった。

ジュリアンに添削を受け、凌叔華は小説を英語圏に発信できるようになった。その最初の小説が『無聊（*What the Point of it?*）』[37]である。ヒロインである如璧《ルービー》は、女のくせに物書きなんてと女中から陰口をたたかれ、近所の子だくさんの主婦の世間話に付き合う。そこへ夫から親戚の祝いの品を見繕ってくれと使いがきて、買い物にいくがこれと思うものが見つからない。知識人女性の主婦が、知的活動への渇望と退屈な現実とに引き裂かれる一日の心理を描いている。

腕時計を見ると、もう十一時四十五分を回っている、この朝もまた無駄に過ごしてしまったわ。昼食がすんだら一時になってしまうし、それに一回〔武昌から漢口へ：引用者注〕長江を渡ると二時になってしまう。なんて面倒なことだろう。店を一軒一軒見て回るのは考えただけでも彼女は頭が痛くなってきた。（略）如璧が漢口に着くともう午後二時だった。（「無聊」「大公報」一九三四年六月二十三日付〔引用者訳〕）

今日にも通じるテーマであり、凌叔華がこの作品を最初に英訳したのはその普遍性に自信があったからだろうか。澤田瑞穂がすでに指摘したように(38)、如璧は武漢にきたばかりの凌叔華がモデルだろう。「天下月刊」にはこののち、「瘋了的詩人(狂った詩人)」(一九三七年四月、第四巻第四期。中国語版一九二八年四月「新月」第一巻第二期)、ジュリアン没後「写信(手紙を書く)」(一九三七年十二月、第五巻第五期、初出不明)が掲載された。後者は「無聊」のスピン・オフともいえる作品で、知識人女性に手紙の代筆を頼みにやってきた主婦の一人語りだけで展開する。前者は二人だけのユートピアに没入し、狂人と噂される夫婦を描く。いずれも凌叔華作品のなかでは実験的な小説である。これらのタイプ原稿はケンブリッジ大学キング・カレッジ・アーカイブスに保存されており、その書き込みはジュリアンによる添削と考えられる。ただこれら以外、凌叔華創作に、ジュリアンからインスピレーションなどを受けた形跡は目下のところ見いだせない。

一九三七年七月、日中全面戦争となり、凌叔華の創作は散文でさえ激減する。日本軍は北平と天津を占領、広東、南昌、漢口を爆撃(九月二十三日)し、同年九月二十八日、国際連盟の日中紛争諮問委員会は日本への非難決議をとる。翌十月、凌叔華は武漢大学戦時服務団婦女工作組として漢陽の病院に傷病兵を慰問し、「漢陽医院傷兵訪問記」を書いている。

ベッドにはそれぞれ派手なシーツがかかっていて、他の設備と不釣り合いだった。聞けばあるアメリカ人が寄贈したのだそうだ。(略)

私たちは分散して傷病兵たちと話をした。ほとんど河北と河南の人で、南口、北平宛平、保定などで戦ったのだ。入院一カ月の人もいれば、一週間の人もいる。傷はだいたい手術がすみ、現在は薬を替えて回復を待っていた。大半は砲弾による傷で、爆弾が炸裂した鉄片が、腕や胸の骨や大腿骨、また背骨に食い込むと最もやっかいで、壊死を食い止めるために手足を切断した人もいて、たいてい身体を丸めて言葉もなく横たわっていた。（略）中国人は臆病者だとは言わせまい、今回二、三百人の負傷兵と会ったが、なげいたり悪態をついたりする人は誰一人いなかった。

「こんな怪我は当然覚悟していたから何ともない」。腕を切断したある兵士は我々の慰問に答えた。（天津「大公報」一九三七年十一月十四日付〔引用者訳〕）

同年六月、ジュリアンは榴散弾で死んだ。[39] 凌叔華はそれを知り、眼前の傷病兵に重ねていたのではないか。ただ、基本的に観察描写で、語り手の個人的感情が控えめな点に凌叔華の散文の特質が保たれている。

日本軍は一九三七年十一月に上海を、十二月には南京を占領した。撤退した蔣介石が武漢に臨時首都を置くと、知識人たちが移動して武漢は約一年間、全国の文化活動の中心になった。抗日の機運が高まり、国共統一戦線は「蜜月時代」とあって言論統制は緩和された。凌叔華と陳源は一九三八年三月二十七日、武漢で結成された中華全国文芸界抗敵協会に加入する。当該協会は団結と抗日を掲げ、国際的な情報発信も意識していた。参加者は、周恩来も連名したとおり国民党側か共産党側かを問わず九十七人にのぼった。陳夫婦間の軋轢は、非常時の大同団結に飲み込まれたといえるだろう。

国際的にも、決着がついたスペイン戦争に代わって武漢が反ファシズムの「政治的な急進派のメッカ」になった。[40] 中国共産党への取材で有名なジャーナリストであるアグネス・スメドレーや、戦場カメラマンであったロバート・キャパもきている。ブルームズベリー・グループと親交がある作家クリストファー・イシャウッドと詩人ウィスタン・ヒュー・オーデンも武漢にやってきた。[41] 彼らは一九三八年四月二十二日に武漢大学を見学し、「リン・スーホア（凌叔華）、陳源教授夫人」にも会った。このとき、凌叔華はウルフと文通をすでに始めており、イシャウッドにウルフへの贈り物を託している。武漢保衛戦は満州事変、盧溝橋事変よりもアメリカやイギリスの政府とメディアの注目を集め、[42] イシャウッドの紀行文とオーデンの詩からなる『戦争への旅』も、中国に傾くアメリカやイギリスの世論を後押しした。

だが、ついに武漢大学も四川省楽山県への疎開が決まり、陳・凌夫妻も移住した。武漢陥落直前の国際記者クラブでは、「野蛮なファシスト日本の侵入者に対して結集する中国人民の英雄的戦いを報道する」[43]という連帯意識が育まれていた。日本が武漢へ侵攻するほど、中国人と欧米人たちは結束を強め、日本の孤立は深まっていったのである。

武漢に九月末までとどまった作家・胡風によれば、八月には日本空軍が数十機で連日来襲し、「抗戦開始以来、最も身の危険を感じた」[44]という。十月、武漢を日本軍が占領、「朝日新聞」記者の一団と林芙美子が同地を踏む。林は、前述の小説『無聊』の如璧が歩いた街を、次のように描写している。

漢口の町は北京につぐ美しい都会です。大きな建物は、急に看板や旗を塗りかへて外国管理の家になつてをりましたが、わたしは不快な気持ちになりました。日本へ帰つて来て思ふことは、こんな犠牲を払つて戦つてゐる日本は、さうさう外国に遠慮なんかしない方がいゝとおもふ事でした。[45]

林芙美子は漢口を歩きながら、中国人よりも連合軍の存在を意識していた。

半年後の一九三九年、凌叔華は「後方小景」を執筆した（六月一日、香港「大公報」「文芸」）。これは四川省楽山のスケッチで、野菜や肉を担いで売る者、屋台などがひしめくさまが活写されている。大通りでは中学生が「××日本」などのビラを掲げているが、人々は文字を知らないので、紙の質ばかりが気になる。学生は通行人に国家の危機を呼びかけるが、文字と同様に人々には伝わらない。

しばらく聞いていて、察しの良い者が低くささやいた。

「東洋人〔日本人：引用者注〕とかいう人たちがいっぱい土地を占領して、いっぱい物をぶんどって、「ドウホウ」の人を沢山殺したらしいよ…」

「どうりで川下〔江蘇、浙江：引用者注〕の連中が逃げてきたわけだ」一人が言った。

「…我々は「同胞」のために復讐すべきである…」学生はベンチの上で足を踏み鳴らして声を張り上げた。群がった人々に、そこのところははっきり伝わった。

「なんだあだ討ちか、その連中のために復讐するから、手伝ってくれというんだね…」(46)

凌叔華は、その日暮らしの大衆にはそもそも「同胞」という概念がなく、抗日スローガンが意味をなさない光景を語り手の考えを交えずに切り取った。大衆に届く言葉の模索は、大衆に抗戦を呼びかけようとする知識人に共通の問題だった。(47) 識字率がきわめて低かった中国では、日本のような総力戦は困難だった様子がこの散文に表れている。凌叔華の散文の筆力は、プロパガンダを伴わないルポルタージュとして発揮されている。

4 ヴァージニア・ウルフとの文通

凌叔華は一九三八年四月から翌年七月にかけて、少なくとも七通の手紙(48)をウルフと交わし、非常に親身な助言を受けた。これについてはすでに考察したが、(49) ウルフのフェミニズム論への顧慮が足りなかった。阿部沙織は *Ancient Melodies* 執筆のプロセスにこの文通を位置づけている。(50) 楊莉馨はウルフの中国での受容の一例としてこの文通を取り上げ、ウルフの『三ギニー』に影響を与えた可能性を指摘している。(51)『三ギニー』は一九三八年一月に脱稿、その執筆と文通期間とは重なっていないが、前述のとおりウルフは凌叔華を三六年には知っていたから、『三ギニー』にいう戦争に抗日戦を含めてもかまわないだろう。ただウルフ書簡には、女性を抑圧するのと同様の構造をファシズムにも見いだすといった、『三ギニー』につながる主張は見られない。本節は、「女性の文化」(52)の提唱と位置づけられるウルフの主張を凌叔華への助言に読み取り、それと凌叔華の創作との関係を考察することを目的とする。紙幅の関係で六通の要旨を紹介したうえで、凌叔華の創作が届いたあとで送られたウルフの助言だけを取り上げ、若干の考察を加える。まず要旨を示す。

①一九三八年四月五日：凌叔華の状況を思いやる。「たった一つの助言は――自分自身に言い聞かせていることですが――書くことです」。ジュリアンから凌叔華の興味深い半生について聞いていて、英語で出版する場合は協力したい。英語を学ぶためにオースティンの小説、ギャスケル夫人『シャーロット・ブロンテの生涯』などを推薦する。

②同年四月九日：凌叔華から手紙が届いた。自伝を書き始めたそうでとても喜んでいる。読むのが楽しみであり、必要なら添削する。

③同年七月二十七日：イシャウッドに会い、凌叔華がウルフのために彼に託した贈り物をもらった。チャールズ・ラムのエッセーとシャーロット・ブロンテ伝を郵送する。

④同年十月十五日：凌叔華の自伝の一部が届いた。非常に魅力的であり、書き続けて送ってほしい。ただ、イギリス人には一夫多妻制の妻たちの区別が難しい。

⑤一九三九年四月十七日：凌叔華の英文はイギリスの読者には完全には通じない。中国に詳しく、教養もあるイギリス人に口述筆記してもらうのがいい。ウルフ自身は『R・フライ伝』を執筆中である。

⑥同年七月十六日：『R・フライ伝』は難航中。凌叔華の原稿はまとめて読む予定である。凌叔華が同封した「赤と黒のポスター」への礼。ロンドンは難民であふれ、戦争が始まる噂に疎開の準備をしている。

凌叔華が④で送ったのは、おそらく「一件喜事（お祝いごと）」（*Ancient Melodies* 第四章）と考えられる。なぜなら、この時点で凌叔華は *Ancient Melodies* となる中国語の短篇三編をすでに発表しており（注（34）を参照）、そのうち複数の妻たちが登場するのが「一件喜事」だからである。冒頭近くの一節とあらすじを紹介しておく。

「今日は六番目のお母さまの御輿入れですから、お嬢さまは旦那さまにお祝い申し上げるんですよ」。張ばあやは小声で鳳児《フォンアル》に言った。「その次にお母さまと三番目のお母さまと五番目のお母さまにもお祝い申し上げ、新しいお母さまには初対面のご挨拶をするのですよ」。（略）張ばあやはつぶやいた。「旦那さまも今度は上手にお隠しになっていたこと、どなたもご存じなかったようだよ」。（略）

ばあやは鳳児の二本のお下げを結い上げ、先に紅い絹の房飾りをつけてくれた。それはますますお正月気分を盛り上げた。[53]（引用者訳）

このあと、式がにぎやかにおこなわれ、夫人たちが陽気に振る舞うなか、第五夫人だけは不機嫌を「旦那さま」にぶつける。彼女はお気に入りの鳳児を呼び、「死にたい」と泣くが幼女にはわけがわからず、「なぜ泣くの」という問いかけで小説は結ばれる。

凌叔華は、衣服や髪形、儀式のきめ細かな描写のなかに、家父長のもとで対立する女性たちの癇癪、涙、諦め、絶望を描き出す。しかし女性への抑圧は、子どもの視点から「ごく慎重に」表現されている。ウルフは生活や調度のディテールを描写するようにと励ましており、英文版からも凌叔華の作風が読み取れたことがうかがわれる。

書簡⑤の日付の二日前、ウルフは次のように日記に記した。

奇妙なのは、戦争がもたらすと思われる断絶だ。すべてが無意味になる。計画もできない。それからまた連帯感情もやってくる。英国中が同じことを考えている――この戦争の恐ろしさを――同じ瞬間に。今までこれほど強くこれを感じたことはない。（一九三九年四月十五日の日記[54]）

ここに⑤同年同月十七日付の文面を並べてみよう。

書きたいときに書いてください、そして何が起ころうとも貴女の自伝を書き続けてください、まだお手伝いできていませんが、成し遂げれば偉業となるでしょう。私自身が心がけていることを助言しましょう。書いたものがどうなるかなどと気にせず書くことです、何か非個人的なことをするためには。

日記と読み合わせれば、先の見えない戦時下で書き続ける体験を、凌叔華とウルフは共有していたことになる。ウルフは『自分だけの部屋』[55]（ホガース社、一九二九年）で次のように述べた。「サッフォーや、紫式部や、E・ブロンテなど、過去の優れた作家を考えてみれば、そういう作家は創始者であると同時に継承者であり、女性が自然にものを書く習慣を持つようになったからこそ存在した人であることが、お分かりになるでしょう[56]」。ウルフにとって過去の女性作家、自分、後輩の女性作家たちのいずれも、ものを書く女性として「共有の生命[57]」を継承する総体だった。ウルフは、前述の日本の男性翻訳者たちのように、凌叔華を中国人、あるいは女性としてジェンダー化していない。さらに言えば、ウルフの姿勢は、文通の年初めに脱稿した『三ギニー』の「女性として、私は祖国が欲しくはないのです。女性としては、全世界が私の祖国なのです[58]」につながる。

最後の文通から三年後、ウルフが自殺した一九四二年、凌叔華は初の長篇『中国児女』（九月、桂林「文学創作」連載）を執筆した。彼女にとって、社会的要請に応じて抗日の主題を中心に据えた小説への挑戦だった。だが阿部沙織が評したとおり、彼女の持ち味は封印された[59]。この主題は『中国児女』にとどまり、凌叔華は日常の些事を抒情的に描く本来の手法に戻り、出版の当てがないまま自伝を書き続けたと考えられる。

おわりに

抗戦期の凌叔華は、小説の発表は減ったが執筆は続けており、文壇ネットワークもつながっていた。彼女は時代が要請するルポルタージュに、次いで抗日小説にも挑戦した。ただ、彼女はこのジャンルで書き続けることなく、「フェミニン」な作風に戻って自伝を書き続けた。いわば主流文化を拒み、あえて当時の下位文化《サブカルチャー》の座で、「書いたものがどうなるかとは考えずに」書き続けることを選んだ。いわば、「フィーメイル」段階の戦略として「フェミニン」を選んだと言えるのではないだろうか。

凌叔華とジュリアンとの関係は、一九三〇年代日中全面戦争の前夜に進行した。両者の親交は、新月社のブルームズベリー・グループへの憧憬に端を発している。それは凌叔華にとっては、ブルームズベリー・グループを模倣しセクシュアリティを解放することをも意味した。ジュリアンは凌叔華に英語圏での作品発表の道を開き、ウルフと結び付けてくれた。ただ、この関係は個人的交流として存在したのではない。武漢が反ファシズムの中心になる国際情勢と、中国に共感する欧米知識人たちを背景としていた。英語を意思疎通の言語とした凌叔華とジュリアンは、知的に対等だったとは考えがたく、両者の関係は多分にフィジカルな面に偏っていただろう。したがって、凌叔華とジュリアンの文学上の関係は、男性が主導する伝統的役割に符合し、西洋が遅れた東洋を導くという図式にも当てはまる。一方、ウルフはものを書く女性文化の系譜に自分と凌叔華を位置づけ、助言したといえる。

ウルフと凌叔華は、彼女たちがそれぞれ置かれた主流文化の様々な差異、時間と空間を超え、戦争・暴力システムの部外者——女性の〈書き手〉としてつながっていたのである。

注

（1）凌叔華の生涯を略紹しておく（本文で言及した内容は省く）。凌叔華は北京生まれ、籍貫は広東省番禺。父・凌福彭は直隷府政史などの重職を務め、日本視察にも派遣された清朝官僚だった。父は数人の妻をもち、叔華は第四夫人の娘である。一九一二年から凌叔華は異母兄姉妹と神戸の中華同文学校で学ぶが、兄姉四人が布引の滝で溺死したため帰国した（「姉妹四人滝壺に溺る」「神戸新聞」一九一三年八月十一日付）。燕京大学在学中に作家デビュー。二八年十月武漢へ移住する。この間、小説集『花之寺』（伊藤書店、一九二八年）、『女人』（伊藤書店、一九三〇年）、『小哥児倆』（良友図書印刷公司、一九三五年）を刊行。四六年、陳源が国民党の駐パリ・ユネスコ代表となり、一家で渡英する。五〇年代から六〇年代にシンガポールなどの大学で中国文化を講じた。中仏国交に伴い、六五年にフランス政府が国民党ユネスコ機構を閉鎖したため陳源は失職し、ロンドンで没。八九年、凌叔華は帰国、中国文化界は彼女を好意的に迎えたが、翌年五月二十二日、凌叔華は北京でがんのため没した。

（2）魯迅『新中国文学大系・小説第二集・導言』良友図書印刷公司、一九三五年。魯迅の凌叔華評は、文壇の論戦の時期によって変動したが、最終的には引用のように作品の価値を認めた（星野幸代〔大槻幸代〕「凌叔華と「新月社サロン」――恋愛結婚・核家族制度およびマンスフィールドの受容をめぐって」、日本中国学会編「日本中国学会報」第四十六号、日本中国学会、一九九四年）。

（3）エレイン・ショウォールターは、主流ではない《サブカルチャー》文学（女性文学を含む）は三つの段階を経ると述べる。①伝統的な様式の模倣と社会的役割に関する見解の内面化という段階、②そうした基準や価値に対する抗議、少数派の権利と価値の擁護という段階、③「②」の依存状況から少し解放され、自らの内面とアイデンティティを探求する段階である。ショウォールターは女性作家におけるこの三段階を〈女性的な《フェミニン》〉段階、〈フェミニスト〉段階、〈女の《フィーメイル》〉段階と名づけた（E・ショウォールター『女性自身の文学――ブロンテからレッシングまで』川本静子／鷲見八重子／岡村直美／窪田憲子共訳、みすず書房、一九九三年、九ページ）。

（4）この情事をモデルとして、作家・虹影は小説『K』（爾雅出版、一九九九年）を書き、過激な性描写で話題になった（本章末の付記を参照）。陳源・凌叔華夫妻の娘・陳小瀅が名誉棄損として訴え、二〇〇三年に虹影側が敗訴、小説は一時発禁になったが、凌叔華とジュリアンの関係は中国語圏で広く知られることになった。
（5）閻晶明『魯迅与陳西瀅』河北人民出版社、二〇〇二年、一二八ページ
（6）中国では改革開放後の一九八六年に凌叔華『花之寺・女人・小哥児倆』（人民文学出版社）、同『花之寺』（花城出版社）が出た。アンソロジーの類は枚挙に暇がない。全集に近い作品集に陳学勇編『凌叔華文存』上・下（四川文芸出版社、一九九八年）、陳学勇編撰『中国児女――凌叔華佚作・年譜』（上海書籍出版社、二〇〇八年）がある。
（7）台湾に渡った夏志清は凌叔華を高く評価した（Chih-tsing Hsia, *A History of Modern Chinese Fiction*, Yale University Press, 1961, pp.83-84.）。中国での凌叔華作品の空白期に刊行されたものとして『凌叔華自選短編小説集』（星州世界書局、一九六〇年）、蘇雪林／張秀亜／林海音編『近代中国作家与作品』（純文学出版社、一九六七年）などがある。
（8）初版は孟悦／戴錦華『浮出歴史地表――現代婦女文学研究』河南人民出版社、一九八九年。本章では同書の人民大学出版社版（二〇〇四年）七三―九四ページを参照。
（9）中国共産党史観の影響を受けた戦後の中国文学研究で、凌叔華を最も早く再評価したのが飯塚容「凌叔華――人と作品」（中央大学文学部編「中央大学文学部紀要」第百六号、中央大学文学部、一九八三年）だった。その後、画家としての凌叔華に焦点を絞った池上貞子、同時代作家と比較した中本百合枝、中村みどり、杉村安幾子の研究があり、近年では年代を追って作風の変遷を探究する阿部沙織の一連の論考（後述）がある（紙幅の関係で論文名省略をご寛恕いただきたい）。
（10）Patricia Laurence, *Lily Briscoe's Chinese Eyes: Bloomsbury, Modernism and China*, University of South Carolina Press, 2003. 英語圏の伝記的研究として凌叔華の妹・淑浩（医師）の孫による凌姉妹伝があるが、淑浩に関する記述が中心である（Sasha Su-ling Welland, *A thousand Miles of Dreams: The Journeys of Two Chinese Sisters*, Rowman & Littlefield Publishers, 2007.）。
（11）ウルフ兄姉弟のサロンに集ったケンブリッジ出身者を中心とする知識人グループ。美術評論家ロジャー・フライ、経済学者メイナード・ケインズ、作家エドワード・モーガン・フォースターなど多士済々であった（クウェンティン・ベル『ブルームズベリー・グループ――二十世紀イギリス文化の知的良心』出淵敬子訳［「グループの社会史」

第二巻〕、みすず書房、一九七二年）。

（12）星野幸代「徐志摩と新月社――近代中国の文芸的公共圏」東京大学大学院人文社会系研究科博士論文、二〇〇一年

（13）武漢は湖北省の長江と漢江の合流点に位置し、武昌、漢口、漢陽の三地区で構成されている。一八五八年の天津条約で漢口が開港され、イギリス・フランス・ドイツ・ロシア・日本が租界を設置した。一九二六年に武昌・漢口・漢陽が合併、武漢市となる。

（14）凌叔華は日本語を多少は解したはずだが、日本語の作品は発見されていない。少女時代の日本滞在経験については自伝的英文小説 Ling Chen and Su Hua, *Ancient Melodies*, Clarke, Irwin & Company, [1953]1969 で家族での花見と（第十五章）、兄姉の水難を一文で述べる程度である。二度目の滞日一九二七年から二八年に取材した作品は散文『登富士山』（「現代評論」第百九十三・百九十四期、現代評論社、一九二八年）、小説『晶子』、『千代子』（本文参照）、『異国』（同前）だが、日本作家との交流は、陳源による「西京通信（一）谷崎潤一郎氏」（「新月」第一巻第二号、新月書店、一九二八年）以外記録がない。

（15）戦前に発表された単行本以外の邦訳は以下のとおりである。凌叔華「酒後」訳者名なし、「改造」「現代支那号」夏季特集号、改造社、一九二五年、同「太太」厳徹生訳、「満蒙」第十巻第二号、中日文化協会、一九二九年、同「彼女等の彼（一幕劇）」吉田正太郎訳、「日支」日支問題研究会、一九二九年、同「春天」宮越健太郎訳、「炬火」第十八号、東京外国語学校文芸部外語学院出版部、一九三四年、同「一件喜事」武田武雄訳、「支那語」第十一―十二号、外語学院出版部、一九三六年、同「千代子」武田泰淳訳、謝冰心ほか『女流作家集』奥野信太郎ほか訳（「現代支那文学全集」第九巻）所収、東成社、一九四〇年

（16）桃生翠「訳者後序」、凌叔華『花の寺』所収、桃生翠訳、伊藤書店、一九四〇年、二六三―二六六ページ

（17）凌叔華『お千代さん』村田孜郎訳、興亜書局、一九四一年

（18）「発行者の詞」、興亜書局の畑米吉と前掲五人の編集顧問の連名。同書四―五ページ

（19）巴金『滅亡』興亜書房、一九四〇年、張資平『瑛姑娘』興亜書房、一九四〇年、老舎『小坡の誕生日』興亜書房、一九四〇年、郭沫若『海棠香国』興亜書房、一九四〇年

（20）丁玲は、中国近現代を代表する女性作家の一人。一九二〇年代、近代的な女性の心理を鋭く描いた。三〇年代には

共産党に入党し、中国左翼作家連盟の雑誌「北斗」（一九三一―三二年）を編集。
（21）村田孜郎「訳者序」、前掲『お千代さん』所収、一ページ
（22）「異国人としての僻見」として半ページ空白になっている。これに関しては池澤實芳「凌叔華「千代子」考――二種の日本語訳を中心に」（福島大学経済学会編「商学論集」第八十五巻第四号、福島大学経済学会、二〇一七年）が詳細に検証している。
（23）クウェンティン・ベル『回想のブルームズベリー――すぐれた先輩たちの肖像』北條文緒訳、みすず書房、一九九七年、一八ページ
（24）フランセス・スポールディング『ヴァネッサ・ベル』宮田恭子訳、みすず書房、二〇〇〇年、二九五ページ
（25）Quentin Bell ed., *Julian Bell: Essays, poems and letters*, Hogarth Press, 1938, p.49.
（26）*Ibid*.,p.58.
（27）*Ibid*.,pp.54-56.
（28）この書簡は「Kが入浴中にこれを書いています」と始まる（*ibid*.,p.75）。ケンブリッジ大学キングズ・カレッジ・アーカイブス所蔵のタイプ原稿では「K」はもとは「Sue」だったと確認できる（資料 CHA/1/SS/3/16）。Bell, *op.cit*.）。スポールディングは、ジュリアンは本気ではなかったという見解を示している（前掲『ヴァネッサ・ベル』三一三ページ）。
（29）陳学勇「凌叔華年譜」、前掲『中国児女』所収、二二一ページ
（30）ジュリアン宛陳源書簡、資料 CHA/124、ケンブリッジ大学キングズ・カレッジ・アーカイブズ蔵
（31）前掲『ヴァネッサ・ベル』三一九ページ
（32）阪口直樹『十五年戦争期の中国文学――国民党系文化潮流の視角から』研文出版、一九九六年、一八三ページ
（33）胡適宛陳源書簡一九二九年十二月二十六日、中国社会科学院近代史研究所中華民国史研究室編『胡適来往書信選』上所収、中華書局香港分局、一九八三年、五五六ページ
（34）武漢で凌叔華が発表した小説を挙げる。＊はのちに *Ancient Melodies* の一部となったもの。凌叔華「旅途」「文季月刊」復刊号、文季月刊社、一九三一年、同「晶子」「北斗」第一巻第二期、胡風書店、一九三一年、同「無聊」（天

津)「大公報」「文芸」大公報社、一九三四年、同「異国」「大公報」大公報社、一九三五年、同「転変」「武漢日報」副刊「現代文芸」第三十一・三十二期、中国国民党中央宣伝部、一九三五年、同「楊媽」「文芸月刊」第八巻第四期、文芸月刊社、一九三六年、＊同「一件喜事」「大公報」副刊「文芸」大公報社、一九三六年、＊同「死」「十年」開明書店創業十周年記念誌、開明書店、一九三六年、同「一個故事」(散文)「中学生」第七十三号、開明書店、一九三七年、同「小蹬」「青年界」第十二巻第一号、北新書局、一九三七年、＊同「八月節」「文学雑誌」第一巻第四期、上海商務印書館、一九三七年

(35) 作家・蕭乾は香港「大公報」「文芸」を編集していた一九三五年から三七年、凌叔華と原稿を都合しあった(蕭乾「記叔華」、楊揚編『凌叔華――朝霧中的哈大門大街』所収、珠海出版社、一九九七年、一ページ)。

(36) 前掲『十五年戦争期の中国文学』一八三ページ

(37) Ling Shuhua, "What the Point of it?," *T'ien Hsia Monthly*, Vol.3, No.1, 1936. *T'ien Hsia Monthly* は英文学術誌、一九三五年八月に上海で創刊され、一九四一年九月まで刊行、中国文化を国外に紹介した。彭発勝『向西方詮釈中国《天下月刊》研究』清華大学出版社、二〇一六年

(38) 桃生翠「訳者後序」、前掲『花の寺』所収、二六五ページ

(39) ジュリアン戦死の状況は次のとおりに記されている。「飛んできた榴散弾の破片をジュリアンの体がさえぎり、コリアの命を救った」「病院に運ばれ、胸に大きな傷を負い、出血もひどかったが、それでも意識はあった。(略)榴散弾の破片が取り除かれたあと、ジュリアンは昏睡状態に陥り、フランス語でしゃべり、六時間後に死んだ」(前掲『ヴァネッサ・ベル』三二二ページ)

(40) ジャニス・R・マッキンノン/スティーヴン・R・マッキンノン『アグネス・スメドレー――炎の生涯』石垣綾子/坂本ひとみ訳、筑摩書房、一九九三年、二五一ページ

(41) W. H. Auden and Christopher Isherwood, *Journey to a War*, Faber & Faber, [1939]1982.

(42) Stephen R. Mackinnon, *Wuhan, 1938: War, Refugees, and the Making of Modern China*, University of California Press, 2008, p.138.

(43) 前掲『アグネス・スメドレー』二五〇ページ

（44）胡風『胡風回想録――隠蔽された中国現代文学史の証言』南雲智監訳、鷲巣益美／宮入いずみ訳、論創社、一九九七年、一一二五ページ
（45）林芙美子『戦線』朝日新聞社、一九三八年、一九九ページ
（46）凌叔華「後方小景」、前掲『凌叔華文存』下所収、六七六ページ
（47）鈴木将久『上海モダニズム』中国文庫、二〇一二年、二六八―二六九ページ
（48）Nigel Nicolson and Joanne Trautmann ed., *The Letters of Virginia Woolf: vol.6, 1936-1941*, Harcourt Brace Javanovich, 1982 には Ling Su-Hua (Mrs. Chen) 宛書簡を六通収録しており、その一通目の冒頭に「最初の書簡」への言及があることから、もう一通存在したことがわかる。
（49）星野幸代（大槻幸代）「レポート――凌叔華『Ancient Melodies』とV・ウルフ」「小冷賢一君記念論集」東京大学文学部中国語中国文学研究室、一九九三年
（50）阿部沙織「凌叔華『Ancient Melodies』成立の周辺をめぐって」、中国文芸研究会編「野草」第九十四号、中国文芸研究会、二〇一四年
（51）「遥か東の凌叔華が描く中華民族の惨状と異民族に蹂躙される光景が、ウルフの思考と創作にさらに開かれた歴史的背景を与えたかもしれない」（楊莉馨『二〇世紀文壇上的英倫百合――弗吉尼亜・伍爾夫在中国』星野訳、人民出版社、二〇〇九年、七五ページ）
（52）ショウォールターは次のように主張する。「文化的理論は、書き手の女性の間に、重要な差異があることを認める――階級、人種、国籍、歴史等はジェンダーに劣らず重要な文学上の決定要因なのである。それにもかかわらず、女性の文化は、文化全体の内部で集団的な一つの体験――時間と空間を越えて女性作家たちを互いにつなぐ体験――を形成している」（エレイン・ショウォールター「荒野のフェミニズム批評」、エレイン・ショウォールター編『新フェミニズム批評――女性・文学・理論』青山誠子訳〔岩波モダンクラシックス〕、岩波書店、一九九九年、三二三ページ）
（53）凌叔華「一件喜事」、前掲『凌叔華文存』上所収、二六八ページ
（54）ヴァージニア・ウルフ『ある作家の日記』神谷美恵子訳（ヴァージニア・ウルフコレクション）、みすず書房、一

九九九年、四四四ページ

(55) ヴァージニア・ウルフ『自分だけの部屋』(一九二九年)は、女性の創作には経済的自立と精神集中できる環境が必要だという主張で知られる。ヴァージニア・ウルフは同書で様々な女性作家にまつわる諸問題――文学史における女性作家の少なさ、女性文学に共通する性質、怒りとその要因などを提起した。それらの問題は第二派フェミニズム以降のフェミニズム/ジェンダー批評の射程として引き継がれ、展開されてきた。

(56) ヴァージニア・ウルフ『自分だけの部屋』川本静子訳、みすず書房、一九八八年、一六五ページ

(57) 同書一七二ページ

(58) ヴァージニア・ウルフ『三ギニー――戦争と女性』出淵敬子訳、みすず書房、二〇〇六年、一六三ページ

(59) 阿部沙織「一九四〇年代の凌叔華――「中国児女」をめぐる一考察」(お茶の水女子大学中国文学会編「お茶の水女子大学中国文学会報」第二十九号、お茶の水女子大学中国文学会、二〇一〇年)はこの作品について、「〈新女性〉作家がポスト五四の戦時下にいかに女性を表象したか」という観点から分析し、幼い兄妹が抗日戦争に身を投じるというプロットに時代の要請に応えたという意義を認めたうえで、凌叔華作品の特徴だった女性の内面や無垢な子どもの世界が「もはや存在する余地がないことに、痛ましさを感じずにもいられない」(六〇ページ)と評している。

[付記] 本章を脱稿して半年後、重要な凌叔華研究論文として、阿部沙織氏の「虹影『K(英国情人)』論――交錯する中国/女性へのまなざし」(「野草」百号記念号編集委員会編著『中華文藝の饗宴』〔「野草」第百号〕所収、研文出版、二〇一八年)が刊行された。

コラム　一九三〇年前後の中国の女性雑誌

楊佳嘉

「女人芸術」(女人芸術社)が発行されていた一九二八年から三二年の間、中国では、上海を中心とした大都市を拠点にして数多くの女性雑誌が刊行されている。この時期に刊行されていた女性雑誌は百十誌以上あり、そのうちこの時期に「創刊」された女性雑誌が百誌を上回る。(1) ただし、長期間刊行された女性雑誌は少なく、創刊後一、二年未満で廃刊や停刊するものが多かった。その原因として、個人による発行が多く、長期間の資金を維持するのが困難だったこと、女性運動や政治運動の推進を目的にする雑誌が運動の衰退によって停刊したこと、読者層の狭さ、(2) 新たに成立した南京国民政府の厳しい言論統制、(3) などが考えられる。

雑誌の内容によって、この時期の女性雑誌は思想・文芸雑誌、消費・ファッション雑誌、女子大学の学術誌・校友会誌と大きく三種類に分けることができる。最も多いのは思想・文芸雑誌であり、全国レベルから地方まで、広範囲にわたっていた。全国レベルの女性雑誌のうち男性が主宰したものには、「婦女雑誌」(商務印書館、一九一五年一月―三一年十二月)、「婦女旬刊」(中華婦女学社、一九一七年六月―四八年十二月、日中戦争時期は停刊)、「新女性」(新女性社、一九二六年一月―二九年十二月)などがある。そのうち、「婦女雑誌」が休刊や停刊なく、十七年という長期間にわたって刊行していて、近代の中国女性雑誌史上に時間的にも空間的にも大きな影響力があったといえる。(4) 女性が主宰したものには、「女鐸報」(広学総会、一九一二年四月―五〇年十二月、一九四二―四四年六月停刊)、「女青年」(「女青年月刊」)(中華浸会書局、一九二二年一月―三七年七月)、「現代婦女」(愛文書局、一九二八年一月―?)、「婦女共鳴」(婦女共鳴社、一九二九年三月―四四年十二月、三一年十一月十五日―三二年一月十五日停刊)などが挙げられる。しかし、キリスト教団体(「女鐸報」「女青年」）や国民党婦人団体（「婦女共鳴」）などの機関誌が多く、「女人芸術」のような新人女性作家の発掘を目的とする商業雑誌はめったになかった。これらの女性雑誌の共通点は、女性問題（恋愛、結婚、仕事、女性の解放、女性権利の取得）について検討しながら、海外の女性運動や女性の現状（イギリス、アメリカ、ソビエト、日本など）を積極的に紹介したことである。注意すべきなのは、西欧やソビエトの新説を翻訳する際には、日本を経由する場合も多かったことである。また、この時期に地方の女性雑誌も次々と創刊している。南京の「江蘇婦女」（江蘇省婦女協会、一九二八年一月創刊）、上海の「上海婦女」（上海特別市婦女協会、一九二八年八月創刊）などが、ほぼ「女人芸術」と同じ時期に創刊している。その他、北京の「婦女月刊」（北平特別市婦女協会、一九二九年九月創刊）、杭州の「浙江省婦女協会彙刊」（浙江省婦女協会、一九三〇年十二月創刊）、西安の「西北婦女」（西北婦女問題討論会、一九三一年四月創刊）などもある。

一方、この時期には消費の主体としての都市女性向けのファッション雑誌も流行し始めた。「今代婦女」（良友図書印刷公司、一九二八年六月―三一年十月）、「玲瓏」（三和公司、一九三一年三月―三七年八月）などが際立つ。これらのファッション雑誌は、モダンガールや有名な令嬢の写真と絵を表紙に掲げ、ファッション、美容、家庭生活、新知識、恋愛問題などを取り上げて新女性のイメージを作り出すとともに、女性の自立、

図1　「女青年」1930年8月号（中華浸会書局）の表紙

図2　「婦女共鳴」1930年1月号（婦女共鳴社）の表紙

図3　「玲瓏」創刊号（三和公司、1931年3月）の表紙

自己解放を牽引した。そのかたわら、国内外の時局や外国情報の紹介もあり、内容は映画、美術、文芸などの幅広い分野にわたっていた。豊富な写真を掲載しているこれらの雑誌メディアは、都市の近代化に伴う消費社会の様々な側面を反映している。

もう一つ留意すべきなのは、女子大の学内誌の発行である。例えば国立北平大学女子師範学院主宰の「女師大学術季刊」（国立北平大学女子師範学院図書出版委員会、一九三〇年三月創刊）、「女師大旬刊」（国立北平大学女子師範学院図書出版委員会、一九三一年一月創刊）などが、この時期に創刊している[5]。「女師大学術季刊」は女子大の学術誌であり、学内の学術研究成果、西洋の学説、理論の紹介や翻訳を掲載した。「女師大旬刊」は学生間の連絡を強めるために創刊した校友会誌であり、学生生活の紹介、大学各学部・研究科の状況、教員と学生の学術論文と文芸作品を掲載している。前述した思想・文芸雑誌、消費・ファッション雑誌と比べて、女子大の学術誌と校友会誌はその内部交流や内部流通のためという特徴が強く、発行部数も影響力も前記の二種類の雑誌には及ばない。

これらの雑誌は、一九三一年の満州事変をきっかけにほとんどが抗日救国に傾いていき、そのコンテクストのもとで女性の責任を問う性格を鮮明にしていった。

注

（1）前山加奈子「中国の女性向け定期刊行物の創刊年一覧表――1898年～1949年」、「近きに在りて」編集委員会編「近きに在りて――近現代中国をめぐる討論のひろば」第四十八号、汲古書院、二〇〇五年、八八―九六ページ参

照

（2）前山加奈子「女性定期刊行物全体からみた『婦女雑誌』――近現代中国のジェンダー文化を考える一助として」、村田雄二郎編著『『婦女雑誌』からみる近代中国女性』所収、研文出版、二〇〇五年、三七三ページ

（3）周紅『性別、政治与国族視野下的女性解放言説――《婦女共鳴》（1929―1944）研究』花木蘭文化出版社、二〇一三年、一八ページ

（4）村田雄二郎「『婦女雑誌』と近代中国女性」、前掲『『婦女雑誌』からみる近代中国女性』所収、五―六ページ

（5）もちろん、この時期以前にはすでに女子大の学内誌が存在した。例えば、中国最初の女子大である金陵女子大学の学内誌「金陵女子大学校刊」はその一つの例である。

第8章　「女人芸術」創刊から廃刊、そして「輝ク」

尾形明子

はじめに

「女人芸術」（女人芸術社）と「輝ク」（輝く会）復刻版を繰りながら、四十年余の時間を思い出している。私にとって「女人芸術」「輝ク」、長谷川時雨との出会いは、研究者として過ごしてきた時間にそのまま重なる。その間何冊かの本もまとめた。(1)

一九九三年九月、二週間にわたって池袋東武百貨店で開催された「長谷川時雨と「女人芸術」――昭和を切り開いた女たち」展は、「青鞜」（青鞜社、一九一一―一六年）と平塚らいてうの陰に隠されていた「女人芸術」および長谷川時雨の復権を果たした。

二〇〇九年十一月から一〇年一月にかけて、神奈川近代文学館で「生誕１３０年　長谷川時雨展」が開かれ、その年の七月、シドニー大学で「長谷川時雨と「女人芸術」」の国際シンポジウムがあった。小さな展覧会も同時に開かれた。シドニーの七月は冬。シンポジウムを終えて、赤々と燃える大きなストーブに囲まれた港のレストランで懇親会があった。横田文子、若林つや、平林英子、望月百合子、円地文子、八木秋子、城夏子、松田解子、辻山春子、佐多稲子、中本たか子、中島幸子、佐藤さち子、熱田優子、山内みどり、川瀬美子、そして長谷川時雨の甥の仁さん――「女人芸術」の方々の顔が浮かび、長い歳月を思った。

それから七年、二〇一八年一月、オープンして間もない名古屋大学のジェンダー・リサーチ・ライブラリーで飯田祐子氏を中心に「女人芸術という回路」展と国際シンポジウムが開催された。台湾、中国、韓国、アメリカ、日本の研究者が、一九二〇年から三〇年代の女性作家・評論家について発表した。会場の熱気に包まれながら、新たな「女人芸術」研究のスタートを実感していた。

1　「女人芸術」創刊

一九二八年七月、長谷川時雨は「女人芸術」を創刊する。十二歳年下の夫・三上於菟吉の資金援助を得て、四十八歳の時雨は「新人女性作家・新人女性評論家の発掘育成」と「全女性の連携」という二つの夢の実現に向かって邁進する。かつての「青鞜」社員を仲間に誘い、優秀な若手編集者をそろえ、華やかに「女人芸術」は船出した。

表紙は、新人女性画家・埴原久和代の静物画「夏の香」。口絵は「モスクワに於ける中条百合子氏の近影」。秋田雨雀、湯浅芳子、ニキチナ[2]、鳴海完造と並んで、百合子がいる。目次ページ上部の女性の祭典のようなカットとアマゾネスを思わせる口絵は長谷川春子。

山川菊栄「フェミニズムの検討」、神近市子「婦人と無産政党」、望月百合子「婦人解放の道」と、社会主義者、マルクス主義者、アナキスト（無政府主義者）を代表する三人の評論が巻頭に並ぶ。感想・随筆は岡田八千代、生田花世、若山喜志子など、歌は岡本かの子、柳原燁子、今井邦子、創作はささきふさ、平林たい子、真杉静枝、長谷川時雨、松村みね子（翻訳）、八木さわ子（翻訳）と、大家・中堅作家を中心に新人が配される見事な編集となっている。時雨の交友、文壇での位置が見える。

創刊号から初期の「女人芸術」には、長谷川春子の活躍が大きい。十七歳年下の妹・春子を片腕に四十八歳の時雨は雑誌経営に乗り出そうとしていた。明治末から大正期にかけてすでに時雨は、演劇雑誌「シバヰ」（シバヰ発行所、一九一二年一月―一三年七月）を発刊している。六代目菊五郎らとともに立ち上げた「舞踊研究会」（一九一二年四月）、「狂言座」（一九一三年十二月）も時雨の一大事業だった。当時、時雨の傍らには、七歳年下の演劇青年・中谷徳太郎が寄り添っていた。

「女人芸術」は時雨にとって夢であると同時に、それまでの集大成ともいえる事業だった。若い春子のセンス、三上於菟吉の資金力と出版経営への情熱が、時雨を支えていた。

三上は一九二二年、直木三十五とともに出版社・元泉社を興している。時雨と岡田八千代の前期「女人芸術」（一九二三年七・八月号）を発刊したのも元泉社だった。関東大震災以降、三上の作家としての人気が高まったこともあって執筆に忙しく、出版事業は休止状態だった。が、三上は三五年に再び出版社サイレン社を起こし、自身の随筆集『随筆わが漂白』（一九三五年）、長谷川時雨『草魚』（一九三五年）、同『近代美人伝』（一九三六年）などを出版している。既成の商業ジャーナリズムにあきたらず、理想の出版を目指していた三上が、円本ブームの印税を時雨に贈ったのは、時雨の献身への感謝だとか、浮気ばかりしていることへの贖罪だとか、だけでは決してなかった。

「女人芸術」は、三上と時雨の共同事業だったと考えられる。創刊号の「文壇・劇壇 人気番附」は三上の企画だった。かつて『女人芸術の世界』を執筆したときにはまったく考えなかった創刊の状況に、四十年経たいま、思いが及ぶ。時雨を前面に出し、三上が資金面でも経営面でも支え、春子が二人をアシストする、という計画が見える。

春子は、幼い頃から父親譲りの画才を発揮し、画家を志していた。時雨の応援で、鏑木清方に日本画を、梅原龍三郎に洋画を学んだ。同時に一九一五年、時雨が母親・多喜のために鶴見に開いた二千坪の料亭・花香苑を、母親とともに切り盛りしていた。

箱根塔ノ沢で温泉旅館の経営に成功した多喜は、経営が傾いていた東京芝の紅葉館の総支配人に迎えられ、東洋一の社交場と言われるまでに発展させた。政治家・実業家に交じって、時雨の関係で文壇の集まりもしばしばもたれた。時雨の「舞踊研究会」「狂言座」の発表舞台にもなっている。

多喜によってよみがえった紅葉館の経営をめぐって、それまで見向きもしなかった株主たちとトラブルが起こり、時雨は奔走するが、結局、多喜は総支配人の立場を追われてしまう。

花香苑の開業は、失意の多喜を励ますと同時に、多喜について紅葉館をやめた大勢の女中たちのために、時雨が用意したものだった。弁護士の父親と旗本御家人の娘である母親の血を受け継ぎ、時雨には大胆で緻密な経営能力とリーダーとしての資質があった。しかも母親に読書を禁じられた幼い日から、十四歳で池田侯爵邸へ行儀見習いに出され、肋膜を病んで家に戻り、十八歳で政略結婚を強いられた。そうしたなかを必死に生き抜いてきた時雨には、「弱者」への深い同情があった。

これらの屈辱に満ちた日々を時雨は「薄ずみいろ」（「青鞜」一九一五年十一月号から一六年一月号まで四回連載）に赤裸々に描いた。ペンネームとした奈々子は名無しの意味である。ただひたすら「書くこと」をばねに、時雨は困難を乗り越え、自らの力で運命を切り開いてきた。その思いが「新人女性作家・評論家の発掘育成」「全女性の連携」の夢となって「女人芸術」に結実した。

2　「女人芸術」の時代

創刊号の「編集後記」に、時雨は次のように書く。

水無月とは瑞々しくも晴朗な空ではないか。いたるところに生々の気はみちみなぎつてゐる。だがなんと、いま全世界で、この日本の女性ほど健かにめざましい生育をとげつゝあるものがあらうか？　初夏のあした、ぼつぱいと潮が押あげてくるやうに、おさへきれない若々しい力をためさうとしてゐる同性のうめきをきくと、なみだぐましい湧躍を感じないではゐられない。あたしもその潮にをどりこみ、波の起伏に動きたいと祈る。[3]

時雨の実感だった。が、一九二八年の日本の現実は、「生々の気」が満ちあふれていたとはいえない。全国に特別高等警察（特高）が設置され、二月、初めての普通選挙法による衆議院総選挙がおこなわれたが、社会・共産主義者の弾圧を計った三・一五事件（三月）、山東出兵（四月）、済南事件（五月）、張作霖爆殺事件（六月）と続く。中国で関東軍の暴走が始まり、それに熱狂する国民の声が危惧を抱く国民の声を圧倒した。また、前年から続く昭和金融恐慌の不安が社会全体を覆っていた。

翌一九二九年にはウォール街大暴落によって世界的恐慌の嵐が吹き荒れる。日本共産党の大検挙（四・一六事件）によって、一般国民の意識に共産党＝非国民の図式が強められていく。三〇年になると米や生糸の暴落によって農村は大打撃を受け、しかも大凶作が重なり、無数の小作争議が発生する。台湾では少数民族が日本人集落を襲い百人もが殺される霧社事件が起き、日本では浜口雄幸首相が狙撃されて重傷を負う。

一九三一年になると、もはや中国での関東軍の暴走は止めるすべがなく、九月、関東軍が南満州鉄道の線路を爆破し、それを口実に満州全土を占領する。満州事変である。三二年一月、日本と中華民国の軍事衝突（第一次上海事変）が起き、三月には「満州国」が樹立される。ただちに国際連盟のリットン調査団が満州事変、満州国を調査する。五月には青年将校が犬養毅首相を暗殺、五・一五事件によって政党政治が終焉する。

その時代を生きる人にとって、時代を見通すということはこうも難しいものなのだろうか、とあらためて思う。

もちろん歴史を俯瞰できるのは、のちの時代に与えられた特権だし、いまを生きる我々も、のちの時代から同じような批判を受けることになるだろう。そのとき、まっすぐに戦争に続く道のりが準備されていたことに、時雨も大多数の女性も気がついていない。十数年後、中国、東南アジアで繰り広げられた目を覆うばかりの惨状も、日本各地を廃墟と化し、無数の犠牲者を生んだ空爆も、もちろん広島・長崎への原爆投下を経ての敗戦も、夢想だにしなかったことだろう。

こう書きながら、かつての私を振り返る。二十代から三十代にかけて、毎週末、「女人芸術」の方々に会い、時間のたつのも忘れるほどに夢中で話をうかがい、一冊一冊をていねいに読み込み、国会図書館で当時の資料を文字どおり漁る。何もかもすべてが楽しくてたまらなかった。歴史でしかなかった時代が、その時代を生きていた方々によってよみがえった。創刊号の時雨の「編集後記」は、当時の私自身の思いでもあった。『女人芸術の世界』『女人芸術の人びと』を書いたときのあふれるような幸せな時間を思い出す。ようやく「女人芸術」という場を見つけた女性作家の喜びを共有した思いだった。

上田文子「晩春騒夜[4]」、林芙美子「黍畑[5]」の詩、「放浪記[6]」の連載、長谷川時雨「日本橋[7]」、松田解子「乳を売る[8]」、中本たか子「鈴虫の雌[9]」「恐慌——けれどもそれは未来につゞく[10]」「東モス第二工場[11]」、大田洋子「聖母のゐる黄昏[12]」、矢田津世子「反逆[13]」、窪川いね子「自己紹介[14]」、尾崎翠「木犀[15]」「アップルパイの午後[16]」「映画漫想[17]」、藍川陽「霧が降る[18]」、大石千代子「第二世の群[19]」、中條百合子「新しきシベリアを横切る[20]」——思いつくままに、私が衝撃を受けた作品名を書き連ねてみる。五巻六号四十八冊。それぞれの表紙、口絵、カット、毎号の編集後記、社中日記もあざやかに思い浮かぶ。

「女人芸術」四十八冊が私の目の前に繰り広げて見せたものは、書くことがうれしくてたまらないという女性作家たちの生き生きとした姿だった。家と国家に対して、というよりも自分を縛ってきた制度や枠組み、理不尽な現実に反抗し、そこから飛翔しようとする女性作家の姿だった。彼女たちには「女人芸術」と長谷川時雨への深い信頼があった。

「女人芸術」を左傾に任せてしまったのは、そうした女性作家たちの姿に時雨が共鳴したからにほかならない。前述したように、「女人芸術」は時雨と三上、春子との三人による共同事業だとしても、「女人芸術一年間批判会」[21]での女性作家たちの「もっとまじめなものを読みたい」という要求を無視することはできなかった。「文藝春秋」（文藝春秋社）の女性版を目指していた三上と春子への批判だった。三上は出資者であり文壇の大家であったこともあって、批判の矛先は春子に向かった。

時雨の決断は早く、春子をパリに留学させることを決意する。画家を志していた春子に反対する理由はなかった。後任として、のちに、時雨の「女書生」と生田花世に称された熱田優子が入った。優子もまた画家を目指してパリ留学の準備のためにアテネ・フランセに通っていた。春子よりもはるかに時代に敏感で、恵まれた若者らしい正義感に満ちていた。

国際赤軍救援組織（モッフル）に関わることになる熱田優子の参加によって、「女人芸術」の左傾はさらに加速化した。それを時雨が認め、任せたのは、新しい時代を生きる若い人たちを応援したい、と同時に、貧富差別、男女差別を時雨自身がなんとかしたいと思っていたからにほかならない。「弱いものに味方しなくてどうするのさ」「女が女の味方しなくてどうするの」――「女人芸術」「輝ク」を貫いているのは、そうした時雨の強烈な思いだった。

時代に対する明確な認識はなくても、時代は確実に「女人芸術」を追い込んだ。三回の発売禁止処分を受け、長嶋暢子《ヨネ》、熱田優子、中本たか子、松田解子が、非合法活動によって相次いで逮捕された。「女人芸術」はプロレタリア文学の拠点となり、職場の理不尽を訴える読者の声であふれた。毎号発禁すれすれで、発売日には時雨は疲労困憊して寝込んだという。

不況の波も押し寄せてくる。一冊四十銭の「女人芸術」は、プロレタリア文学に共感する働く女性たちには高価だった。「女人芸術」を買うために米二升を売らなくてはならない。一冊を数人で買い、回し読みが習慣化した。アカの雑誌という評判から、家族に購入を反対される女性たちも多かった。

さらに三上於菟吉が資金援助を拒んだ。三上には、アナーキズム、サンジカリズムの思想に共鳴する資質があり、たび重なる風俗紊乱による発売禁止も気にしない反骨精神もあった。といっても、人気作家としての立場もあって、あまりの左傾ぶりにそれ以上加担することはできなかったのだろう。

時雨の日常は多忙を極めていた。毎号のプラン、執筆依頼、編集のアドバイスから絶え間ない接客、毎月のように主催する出版パーティー、恒例の観劇会、座談会や会合、さらに三上の妻としての日常――「女人芸術」を通して第一線に復帰した時雨の生活は、充実してはいたが、それと引き換えに目の回るほどに多忙だった。時雨が座っているのを見たことがないと、かわいがられて育った姪の飯島みすゞが回想している。

執筆は深夜から明け方だった。多くの随筆の他に、「女人芸術」に埋め草として書いた「旧聞日本橋」は、幼い時雨の目に映った江戸から東京の変遷を実に生き生きと伝えて、時雨の代表作になった。

左傾し、デモやストライキに参加し、次々と逮捕、収監される「女人芸術」の人たちに、毛布や下着を差し入れ、釈放時には身元引き受け人となって、その後の身の振り方まで世話をした。

過酷な取り調べに精神を病み、松沢病院に入れられた作家の中本たか子は、面会室にきてくれた時雨が「あなたは立派だよ。弱いものの味方をするのは当たり前だものね」と言って、暖かな毛布と寝間着を手渡してくれた日のことを繰り返し私に語った。中本の二度目の保釈時には、時雨は身元引き受け人を菊池寛に頼んでいる。

三上の資金援助の打ち切りは、時雨を窮地に陥れた。一九三二年六月、印刷費の請求を時雨は病床で受けた。一九三二年七月号「女人芸術」五周年記念号は、時雨に渡されることなく裁断された、という。編集者の小池みどりも熱田優子もついに目にしていない。この行方を探し続けたが、印刷所の秀英舎にも残っていなかった。文字どおり幻の五周年記念号となった。時雨は廃刊を決意した。

3 「女人芸術」はどうしてやめたか

「女人芸術」廃刊から十カ月後、一九三三年四月一日付で「輝ク」が創刊された。三三年にちなんで「燦燦と輝く」太陽のイメージを命名に込めた。「輝ク」が「ク」なのは、どこまでも広がっていく感じだから、と時雨がこだわったことを初期編集者の川瀬美子から聞いた。わずか四ページのリーフレットであり、「女人芸術」と比べるべくもないが、資金のすべては時雨のポケットマネーからだった。

左肩に「輝ク」、その右横に「黎明は近づく――われらのゆく手！　さんさんたる光の中に立つわれら！」の文言が二行並ぶ。「輝ク」というタイトル、「黎明は近づく」「さんさんたる光の中に立つわれら」をもって、戦争協力のレッテルを貼る研究者があとを絶たないが、この時期、時雨には戦争協力の発想さえなかった。「女人芸術」後のよりどころをようやくに得た時雨にとって、「輝ク」は文字どおり輝くであり、きわめてオプチミスティックな希望と夢の結実だった。時代の虚無、重さを雰囲気として感じてはいても、大多数の人々と同じように時代への明確な認識はなかった。「女人芸術」創刊時と同じく、時雨の歴史認識、時代認識の弱さに、「輝ク」を繰りながら、しばしば呆然とする。

一九三三年の歴史年表には、次のような事項が並ぶ。二月、大島三原山で松本貴代子が投身自殺（以降、三原山で自殺が流行）。小林多喜二、築地署で虐殺される。三月、三陸地方大地震・津波が起こる（死者三千八人、行方不明者五十六人）。国際連盟脱退。四月、京都大学滝川幸辰教授休職発令、法学部長らが三十八人辞表提出（滝川事件）。六月、共産党幹部佐野学、鍋山貞親転向声明（以降、転向者続出）。七月、政府、満州移民計画大綱発表。八月、第一回関東地方防空大演習。十二月、共産党スパイ査問事件。皇太子誕生。

それぞれ、歴史の一コマに見えるが、政府は着実に言論を抑え、左翼運動を弾圧しながら、対外的には、国際的孤立の道を選び取っていた。ヨーヨーや「東京音頭」に興じる人々が巷にあふれ、若者は競って三原山の噴煙に飛び込む。農村の疲弊は極限に近く、女子の身売りが日常化していた。大学は出たけれどの時代は続いていた。中国の戦線は膠着状態だったが、それでも当時の新聞・雑誌には、日本が世界を相手に戦争を仕掛けようとしている予感、危機感は希薄だった。

「輝ク」創刊号は、二ページ上半分に「二月十七日第二回輝く会　鳥居龍三博士講演の大要　上代の女性について」が載り、三ページ上半分には、二枚の写真とともに「長谷川時雨氏全快祝賀会　十二月十八日目黒雅叙園に於て百二十余名の女性によつて開かれた。心から時雨女史の全快を喜び祝ふ女性たちの各々得意のかくし芸を演じて和気愛裡に散会した」とある。

それ以外は、一ページから四ページまですべて「女人芸術はどうしてやめたか」という時雨の文章で占められた。付記に「これは昨年婦人世界社より求められて書いたものだが譲りうけて此処に載せた」とある。「輝ク」創刊にあたって取り戻し、「女人芸術」に対する時雨の総括とした。「輝ク」創刊のいきさつもつぶさに書き込んでいる。

「『女人芸術』はどうしてやめたか」で、時雨はまず自分自身を分析する。

都会生れの私は、生れながらに本質に帽子をかむせられて、しかもその帽子、具合よくスッポリ眼深にはまつてしまつたものと見えて、甚た朦朧と育ちあがり、とても従順な子であり節度を知る貞淑な妻である。こゝに、都会人が鑑賞するものに箱庭といふものがある。雨露風雪を知らずに、しかも大樹巨木然たる形体だけをした小つぽけな、小指にもたらない、植木が珍重される。

私がなぜこんな事を言ひ出したかといへば、畢竟私は、この箱庭の植木然たる存在だからで、自分を憎む火の玉が心にカツと燃盛つても、すぐスツと自分で鎮圧てしまう、よく言へば堪忍、悪くいへば都会人共通の虚無的デカダンだ。私は他の同性達とおなじく、唇の裏を血の出るほど嚙みしめて、女性なる故にうける侮蔑をこらへてきた。だが、習性とはなんといふ皮肉か、私の激しい気迫が、憤然とするをりに、見えない両手を強かりと例の眼深な帽子の縁を押へつけてゐる——それで、正義感はせまい潔癖性となり、ツツーと通りぬけてゆく電気のよう《（ママ）》な怒りは、たゞ我儘気随な、気早な、怒リンボといふ嘲笑をうけて終るところだつた。[22]

そうした自分自身から抜け出すことができたのは「女人芸術」の存在だった。

私の心のかむつてゐる帽子は、死ぬまでとれないにしても、幸ひに帽子の下からのぞいてゐる眼は新時代の色彩を見あやまらなかつた。月々に生れる新しい雑誌は生きてゐる。ことに潑溂たる若き女性「女人芸術」が、時代の波動に敏感なのは当たり前であつたらう。私は椎の身を拾ふ仲間にたとへたが、「女人芸術」によつて声をあげた女性たちは、私同様に、心のかむりものが頭からどうしてもとれないおなじなげきをもつ人々とそんなものを嵌められまいともがく若人と、これから生まれるものには、この桎こくをうけさせまいとするものとの、みな共通な、自分が生れぬさきぐ〵の虐げられた同性のうめきを、苦悩を背負つて、はじめて与へられた、自分たちのほんとの声をきく、たつた一つの場所であつたから我人共にどうか守ってゆかうと愛したのだ。あれは、私といふものが一人で出してゐたと思つたらば大きな間違ひだ。私は日本にも、世界にも、たつた一つしかない女性全体の雑誌だと思つてゐた。それは、女歌人の集まりに歌の雑誌があり、文学専門に「火の鳥」があり、文化連盟に「働く婦人」があり、奥う《（ママ）》めおさんに「婦人運動」があり、堺真柄さんに「赤い星」があり「労農」にも婦人版があつたが、「女人芸術」はすべてに解放し、自由に、学術的にも広く求め、堂々とそのいづれとも手をつないで、女性の位置を獲得し、女性による新興国の輝きを充実させよう《（ママ）》とした。それは全女性の意気であつた。[23]

かつて創刊のとき、レインボーグリル（内幸町大阪ビル地階）で開かれた茶話会で七十人の出席者に向けて時雨は、「いい作品、いい作品、その外に何があらう。私たちのほしいのはたゞそればかりだ。いい騎手も駿馬を要する。そこで私たちの「女人芸術」がいい女人騎手のために駿馬たらんことをとおもふ」（署名：無名指子）[24]と語る。最後までその思いを貫いていた。

　にもかかわらず、というよりだからこそ「女人芸術」は廃刊を余儀なくされる。世界大恐慌からくる不況のあおりをもろに被った形だった。返本の山とそのうえに相次ぐ発売禁止。負債は日に日に増え、心労に時雨は倒れる。病床に届いたのはすでに刷り上がっているはずの五周年記念号ではなく、差し押さえの知らせだった。激しい怒りを込めて廃刊の経緯を語った時雨は、「女人芸術」を総括して次のように結ぶ。

女人芸術は広げた傘のよう《（ママ）》だつた。突然の風雨に淩はれはしたが、それは決して不可抗力ではなかつた。柄が細かつたのだ。私といふものがかぼそかつたのか、いゝえ、それは私が代表しただけで、真実は未だ女性が頭でつかちであり、真にみんなして柄をおさへてゐなかつたからだ。表面的な仕事には多くの人があらはれた。だが、二分して評論家と創作家だけで、学術的報告や、研究的感想はすけなく、雑誌創造の新機略をもつた人も現はれなかつた。小説にせよ、論文にせよ、階級運動へ飛込んでゆくにもせよ、女性独特のものがなく残念ながら男性に附従しすぎるきらひがあつた。[25]

長い引用となったが、できるなら全文を読んでほしい。「女人芸術」について時雨が真正面から記した唯一のものであり、時雨の庇護の傘を利用こそすれ、支えようとしなかった時雨を囲む女性作家集団が浮かぶ。現在にまで続く問題がここに集約され、提起されているのだろう。
「私はいま、秋雨そぼ降る空を見やりながら、『私はどう生きたらよいか』と思ひながらこれを書き終る」[26]――と書いた時雨は、間もなく「輝ク」創刊に至る。

「輝ク」については、すでに私は『「輝ク」の時代』を書いている。今後、より深く、より広く、研究されていくことを期待している。

4 「輝ク」を検証するために

「女人芸術」「輝ク」と並べて記しながら、「輝ク」をたどった日々のつらさを思い出す。あんなにも楽しく弾んでいた「女人芸術」研究だったのに、「輝ク」では、ページを繰ることさえ息苦しくなった。かつて私は『輝ク復刻版』解説で次のように書いた。すでに『「輝ク」の時代』で記したが、重複することを許していただきたい。

しかも、なんと鮮やかに時代が見えてくることか。左傾した『女人芸術』の色合いのままに、他の婦人雑誌には見られなくなったプロレタリア小説や詩歌、ソヴエト讃歌、海外通信など、自由でインターナショナルな誌面が五十二、三号まで続くのだが、それが一九三七（昭和十二）年七月の日中戦争の始まりを機に一変する。慰問特集となり、陸海軍の兵士のための慰問文集が編まれ、慰問袋の募集が始まり、「輝ク部隊」が成立し、『輝ク』は次第に「輝ク部隊」の機関誌のようになる。兵士やその家族への感謝と共感あるいは遺児への励ましや慰めが誌面にあふれ、生真面目に素直に、いっぱいの思いの中で銃後の守りを果たそうとする。百一号（実際は百二号）からなる『輝ク』を繰っていくことは、そのまま激化する戦争の時代を今に手繰り寄せることであり、同時に『輝ク』を一方に置くことによって『女人芸術』は新たな照明をあてられることになろうし、長谷川時雨の像もまた鮮やかになろう。そして何よりも、個々人の善意や共感、人間としての素直で自然な感情を、すくいあげ、絡めとり、組み込んでいく政治というもののメカニズムが、浮かび上がってくるはずである。[27]

そして、基本的にはこの認識はいまも変わらない。創刊時から一九三七年八月号までの「輝ク」には、第３節で述べたように、戦争へ直進する時代の気配はほとんどみられない。

小林多喜二の虐殺、社会主義者の雪崩のような転向を、かつてともに理想国家の実現を、平等な社会の到来を夢見た「女人芸術」の人々はどのように受け止めたのか。あるいは姦通罪を違法とする滝川教授の発言をめぐって始まった滝川事件にどのように反応したのか。たずねてまわったことがあった。「そうね、毎日忙しく動き回っていましたね」「何にも覚えていない。青春ってそんなものでしょ」「つらいこともあったけれど、月日は流れていくしね」「生きていくことに精いっぱいだった。家族抱えてまた刑務所に行くのは、いやでしたからね」――佐多稲子さん、中本たか子さん、円地文子さん、熱田優子さん、みなさん戸惑いながら答えてくださった。そのお顔を思い出す。

「輝ク」は一九三七年十月号「皇軍慰問号」から突然に変貌する。

これまで白抜きの「輝ク」の題字は黒い正方形で囲まれていたが、この号から三十二個のギザギザをもった円形に変わる。太陽の光線を表しているのだろうか。旭日旗にも似ている。

一面は岡本かの子「わが将士を想ふ言葉」から始まる。長い散文詩だが全文引用する。

出征軍人将士となりたまふ時、日本男子は既に神なるを感じる。一体光る。その万体の光、合して今、唐土の野に粛々と進み給ふを感ずる。

今し、日本の秋の金風に鬣《たてがみ》を振つて出で立たんとする軍馬も亦、神の光を放つ。人間の女の私がふかくく頭を垂れて袂別の礼をばなせり。

何故に戦ふかを問ふは既に人類中の閑人である。既に戦ふ現象中にあつて、誠意それに当つて勝つこそよけれ。人力以上の気魄あつてこそ大敵に勝つ。たとへ寸時分時の敗れありとも大局に於て勝つ。武器は双方にあつて備ふるところ。誠意と優秀なる気魄を備へ、人類の絶頂所に達したる雄偉切実なる魂あつて遂に勝つ。あゝ、一心凝つて大君を想ひ、祖国同胞を憐むが為めに身を忘れて戦ふ勇士よ。たましひ光り給へるわが日本の将士達よ。君達を遠く送りて淋しけれども、今、日本の秋は晴れに晴れて国土豊饒のみのりに恵まる。

女子は、もすそをかゝげて街路の役に、また慎ましく賢き家居に、おん身等が残したまへる父母、愛し妻、可憐なる子達の護りに、いそしみつゝあり。今や君が祖国の、日本女性等こそ、君達の男々しき光に対照して、優しく凛々しき光となり銃後の国に充ち満つるを知り給へ。

さらば、朝には朝の陣を、夜はまた遠き夜陣の君達をひたすら想ふ祖国日本の女性より。(28)

岡本かの子の詩に対して、次号の一九三七年十一月号で宮本百合子は「兵士たちは、ごく普通の市民の一人一人であり、なみの人間であり、而もそれらの何の奇もない人間が、避けがたき事情の下に万難を冒して自身の生涯を賭してゐるからこそ、私たちの心持は歴史の深刻な意義とともに深く動かされるのであると思ひます。ヒロイズムの自己陶酔は私たち女を愚劣にします」(29)と厳しく言及している。筆名を中條から宮本に変え、政治犯の妻であることをあえて明らかにした百合子の姿勢は一貫している。

対して平塚らいてうは絶賛の感想を寄せる。

「今、その慰問号を頂き、頭文、岡本かの子さんの出征将士を想ふ散文詩を拝誦し、事変以来、皇軍勇士の心境に神を見、彼等が現人神にましします天皇陛下に、帰命し奉ることによつて、よく生死を超越し、容易なことでは到達し得ない宗教的絶対地に易々としてはいつてゐることにひどく感激してゐたわたくしは、ようこそ言つて下さつたと、まことに同感至極で、おそらくこれは銃後の日本女性大衆すべての今言はんと欲してゐるこゝろでありませう」(30)「天皇陛下の万歳を唱へて死ぬ時も笑つて死ぬといふのも本当でせう。陛下の御稜威《みゐず》のもとにおのづから大悟の境に安住し得る日本人は、思へば何といふ仕合せな国民なのでせう[31]」

書き写すのはつらいが、「輝ク」にはいくつもの平塚らいてうのこの期の言説・文章が残っている。

さらに時代が進み、「紀元二千六百年」の一九四〇年一月号の「輝ク」は、与謝野晶子の詩「頌声」から始まる。

かしこかる神武元年、
かへりみて指かがなへば、
たぐひなき二千六百。
その春に逢ふ喜びを、
云はんとし、歌はんとして、
力まだ足らぬ我身を、
恥多く思ふと云へど、
まごころをもて唯今の、
大御代の栄えを祝ひ、
新しき東亜細亜の、
盟主にて君のましまし、
国民の一つごころに、
いそしめる、光の四方に
あまねきを、幸ひとして、
双の手を高く挙げつつ、
寿詞《よごと》のみ申すを人よ、

許せかし、また思へらく、
よく生きん、強くあらまし、
我等いま属するところ、
日の本の輝く部隊。[32]

一九四〇年十一月号でも、「紀元二千六百年」の式典に合わせて平塚らいてうと高群逸枝が頌を寄せている。平塚らいてうは「わが神倭伊波礼毘古命《カンヤマトイハレヒコノミコト》　大和の鳥見の山に霊畤《まつりのには》をたて　皇祖大神に大孝をのべたまひてよりこゝに二千六百年　今日このあひがたき祝典にあひ　みたみわれのよろこびにいや高くかかげられたる一億のいのちはたゞひとすじに大君に帰一し大御心の顕現に翼賛しまつることのかしこさ　ああ　おのづから湧きあがる弥栄《いやさか》の声　一つに和して六合をおほふ[33]」と手放しでたたえている。

文学史に豊穣をもたらした岡本かの子、与謝野晶子は、敗戦を見ずに間もなく亡くなっている。しかしながら、戦後も第一線を歩み続けた平塚らいてうがこの時期の発言に対して自らを批判したことは聞かない。「元始女性は太陽であつた」からの輝かしい歴史に傷をつけるつもりはないが、戦時下の言説をあたかもスキップしてしまったような女性作家・歌人・評論家について、私たちは正面から向き合わなくてはならないだろう。

戦地に赴く兵士への感謝や同情、素朴な愛国心は、この時代を生きた人々のごく自然な感情であり、肉親を兵として送り出せばなおさらその武運、勝利を祈りたくなったことだろう。そうした感情の高まりのなかで、戦争に関わっていった多くの人々と、「天皇の御心」の前に死をも賛美し、聖戦をたたえた、いわばプロパガンダの役割を果たした知名女性とは、明らかに一線を画されなくてはならない。

一九三八年二月号の一面は、上海から帰ったばかりの鈴木紀子の「南市の薔薇——上海帰報」で占められる。上海南市に着いた部隊にいる義弟を訪ね、兵士たちとなごやかに食事して一緒に町に出る。「南市は支那人町で不断《（ママ）》でも日本人は気味悪がつて来なかつた町だそうである。くづれた煉瓦の下に藍衣の支那人の××××××

×残つて、ころがつてゐた。真昼だといふのに、人影はなく町全体ひつそりして、私たちの靴音が不気味に響くだけである」[34]。野犬が中国人の骸骨をくわえてくる。道には血痕が残り、迫撃砲を受けて死んだ弟を思う。そうした町にクリーム色の薔薇が一株、いまを盛りと咲いている。「私はわけもなく悲しくてその薔薇を丁寧に折つて〇〇部隊長に贈るため持ち返つたのだつたが本部へたどりつくまでに、もう花びらがこぼれ始めてゐた」[35]

やさしい、ある情感のこもった文章だけに、そこが中国の地であり、中国人の町であったことのひとかけらの認識もないことがつらい。日本軍による南京占領、大虐殺がなされたのは一九三七年十二月である。

各地で日常化していた虐殺の光景は、もちろん一般市民の知るところではなかったが、放置され、犬にひきずられた中国人の遺体を感情なく見つめ、そこに咲く薔薇を部隊長のためにと手折る人の姿に、戦争というものをあらためて思う。筆者の鈴木紀子についての資料は見つからない。激化する戦時下、敗戦後、どのような生活をしていたのかと、しばしば考える。

「輝ク部隊」の創設を含めて、「輝ク」には戦時下の女性の歩みがあざやかに反映している。女性文壇のほとんどすべてが参加していた。作家たち、知名女性の眩暈《めまい》がするような言説に、私たちはきちんと向かい合っていくしかない。

彼女たちが、一九四一年八月に死去した長谷川時雨に促されて、と言い訳をし、その時代をスキップしてしまったとしても、私たちはこだわり続けなくてはならない。「女人芸術」から「輝ク」終刊までの十三年間とは何であったのか。なぜあのように変節してしまったのか。その荒れ狂った時代を見つめ続け、検証し続けなくてはならない。

注

（1）尾形明子『女人芸術の世界——長谷川時雨とその周辺』ドメス出版、一九八〇年、同『女人芸術の人びと』ドメス出版、一九八一年、同『「輝ク」の時代——長谷川時雨とその周辺』ドメス出版、一九九三年、尾形明子編・解説、長谷川時雨『長谷川時雨作品集』藤原書店、二〇〇九年、など

（2）エフドクシア・フェードロブナ・ニキーチナ。ソビエトの文芸学者。

（3）長谷川時雨「編集後記」「女人芸術」一九二八年七月号、女人芸術社

（4）上田文子「晩春騒夜」「女人芸術」一九二八年十月号、女人芸術社

（5）林芙美子「黍畑」「女人芸術」一九二八年八月号、女人芸術社

（6）林芙美子「放浪記」「女人芸術」一九二八年十月号—二九年十月号、女人芸術社

（7）長谷川時雨「日本橋」「女人芸術」一九二九年四月号—一九三〇年十一月号、女人芸術社

（8）松田解子「乳を売る」「女人芸術」一九二九年八月号、女人芸術社

（9）中本たか子「鈴虫の雌」「女人芸術」一九二九年三月号、女人芸術社

（10）中本たか子「恐慌——けれどもそれは未来につゞく」「女人芸術」一九二九年十月号、女人芸術社

（11）中本たか子「東モス第二工場」「女人芸術」一九三二年一—六月号、女人芸術社

（12）大田洋子「聖母のゐる黄昏」「女人芸術」一九二九年六月号、女人芸術社

（13）矢田津世子「反逆」「女人芸術」一九三〇年十二月号、女人芸術社

（14）窪川いね子「自己紹介」、前掲「女人芸術」一九二九年三月号

（15）尾崎翠「木犀」、同誌

（16）尾崎翠「アップルパイの午後」、前掲「女人芸術」一九二九年八月号

（17）尾崎翠「映画漫想」「女人芸術」一九三〇年四月号—一九三〇年九月号、女人芸術社

（18）藍川陽「霧が降る」、前掲「女人芸術」一九三〇年十二月号

（19）大石千代子「第二世の群」「女人芸術」一九三一年十二月号、女人芸術社

（20）中條百合子「新しきシベリアを横切る」上・下、「女人芸術」一九三一年一—二月号、女人芸術社

（21）「女人芸術一年間批判会」「女人芸術」一九二九年六月号、女人芸術社

（22）長谷川時雨「『女人芸術』はどうしてやめたか」、「輝ク」一九三三年創刊号、輝く会

(23) 同論文
(24) 「『女人芸術』創刊のつどい」「女人芸術」一九二八年八月号、女人芸術社
(25) 前掲「『女人芸術』はどうしてやめたか」
(26) 同文
(27) 尾形明子「解説」『輝ク 復刻版』所収、不二出版、一九八八年、二ページ
(28) 岡本かの子「わが将士を想ふ言葉」「輝ク」一九三七年十月号、輝く会、一ページ
(29) 宮本百合子「身ぶりならぬ慰めを」「輝ク」一九三七年十一月号、輝く会、二ページ
(30) 平塚らいてう「皇軍慰問号を読む」、同誌三ページ
(31) 同文
(32) 与謝野晶子「頌声」「輝ク」一九四〇年一月号、輝く会、一ページ
(33) 平塚らいてう「紀元二千六百年頌」「輝ク」一九四〇年十一月号、輝く会、一ページ
(34) 鈴木紀子「南市の薔薇」「輝ク」一九三八年二月号、輝く会、一ページ
(35) 同文

コラム　内なる娼婦差別を描き出すこと——若杉鳥子「古鏡」の深淵

林　葉子

「女人芸術」（女人芸術社）には、ジェンダーと階級が交差する社会問題についての論説が多い。しかし、性に関わる諸問題のなかには論説というスタイルでは表現しづらい事柄もある。そうした複雑な現実を丁寧に描写した秀作としてここで着目したいのは、娼婦差別を内側から描いた若杉鳥子の一つの小説である。

そもそも日本では、娼婦差別に対する批判は、明治期に公娼制度批判として始まった。公娼制度が存在した戦前の日本の性売買が現代のそれと根本的に違う点は、売春の対価を得るのは娼妓本人ではなく親権者だったということである。それゆえに、同じ「売春」という言葉を使って説明していても、戦前と戦後ではその言葉が指しているものの内実はまったく異なる。戦前の日本では、性を売る決定権は本人にはなかったのである。当時の公娼制度の根底には、「家」が貧困に陥ったときに娘が犠牲となって身を売るのを当然のことと見なす女性差別があった。つまり、若い女性たちを男性よりも下位の存在と見なして従属させる家制度と公娼制度とは同じコインの裏表であって、廃娼論者はそのような制度の差別性を指摘していたのである。

しかし、やがてそうした廃娼論者たちもまた、心の内で娼婦を差別しているではないかと同時代の人から激しく糾弾されることになった。公娼制度の差別性とは別に、個々人の内にある差別意識が問われたのである。伊藤野枝による矯風会批判が、その例としてよく知られている。伊藤の批判の矛先は、公娼制度そのものでも、当時の廃娼運動を率いていた男性たちでもなく、なぜか矯風会の女性たちへと向けられた。その伊藤を、さらに新進の山川菊栄が批判して論争になり（「廃娼論争」一九一五—一六年）[1]、娼婦差別問題は、女と女の闘いという様相を呈した。伊藤は、公娼制度を必要とする男性たちを擁護する一方で、富裕層の女性たちが娼婦批判をするのは傲慢で許せないとして、矯風会の女性たちに怒りをぶつけたのだった。

「女人芸術」の創刊は、その廃娼論争から約十二年後のことである。一九二八年八月号に掲載された若杉鳥子の「古鏡」という小説は、いまではほとんど顧みられることがないが、娼婦差別をリアルに描き出すことに成功した作品として注目に値する。それは、かつての伊藤の矯風会批判のように他者の差別意識を非難するものではなくて、小説という表現方法をとることで娼婦差別を自分自身の心の動きとしてあぶり出してみせたのである。

この小説「古鏡」は、元娼妓の「お房さん」と、その語りを聞く「私」の物語である。「お房さん」は元は娼妓だったが、「隣村の村長の後妻」になった。しかし、四十代後半になって、彼女は昔の知り合いだった「私」を突然訪ねてきた。そして「お房さん」は、娼妓だった過去のために周囲の人々から冷酷に扱われるつらさを「私」に語り始めるのである。「お房さん」の両親は、彼女が若かった頃に幼い妹を残して亡くなっていて、「お房さん」はその妹の養育費のために娼妓になった。しかし妹の一家は、いまでは恩人である彼女に対して「堪え切れない侮辱と虐待とをする」。また、後妻として懸命に育てた先妻の子たちも、彼女にひどい仕打ちをする。そのように世話した家族からも裏切られ、居場所をなくした「お房さん」は妹の家を出て、子育て中の貧しい主婦である「私」を頼ろうとするが、「私」は「お房さん」に同情しながらも、次第に彼女を疎ましく思い始めるのである。「お房さん」は最後に使い古した鏡を「私」に残して去り、自殺する。

この「古鏡」という小説の中心に据えられているのは、元娼妓の「お房さん」に対する「私」の同情心と嫌悪感である。「私」は、頭では「お房さん」に対する周囲の人々の冷遇を不当な仕打ちだと考え、「お房さん」の話を「聴いてやろう」とするが、「お房さん」に対する違和感をどうしても拭うことができない。若い頃に遊廓で酷使されたがゆえの「お房さん」の落ち着きのなさや世間知らずな振る舞いが「異常」だと感じられ、彼女の「嬌態」に「私」はぞっとするのである。娼妓時代の名残のその「嬌態」に対する嫌悪感は、

「私」だけでなく「お房さん」の周囲の人々にも共有されている。そして、そうした状況こそが元娼妓の「お房さん」を死に追いやったのだと、彼女の死後に「私」は気づく。しかし「私」は、その事実からも目をそらしてしまう。

この小説が描くのは、「私」の偽善性である。それは、娼婦差別を階級差別の単なる一部と見なすこととは異なる、新たな視点である。娼妓にさせられた女性たちは、たとえ遊廓を抜け出してその後の経済的な問題を解決できたとしても、過去に娼妓だったことの苦しみからすぐに解放されるわけではなかった。若い日に男性に対する性的奉仕を強いられたことで身につけさせられた「嬌態」は、彼女たちの身体に刻み込まれた男性支配の暴力の痕跡である。その隠しきれない傷跡は、周囲の人々に遊廓の暗さをたびたび想起させ、元娼妓の彼女たちが語る重苦しい「追憶」は、あたかも「泥水」のように、遊廓の外の「私」たちの「新しい日々」に「氾濫」するのである。それを嫌って逃げ惑うのは、必ずしも富裕層の女性たちばかりであるとはかぎらなかった。

娼妓だった頃の「お房さん」の姿を映し続けてきた鏡は、彼女の死後、「私」に託された。そしていまは、この小説の世界に入り込んだ読者の「私」たちに託されている。その古鏡はいまも、傷つけられた彼女たちから目を背けたい「私」たちに、自らの内なる差別意識を見つめよと訴えかけている。

注

（1）伊藤野枝「傲慢狭量にして不徹底なる日本婦人の公共事業に就て」、伊藤野枝、井手文子／堀切利高編『定本伊藤野枝全集』第二巻（学藝書林、二〇〇〇年）二八七―二九六ページ。初出は「青踏」一九一五年十一月号（青鞜社）。この伊藤の論説と、それに対する山川（青山）菊栄の批判やその他の反響をあわせて「廃娼論争」と称せられている。折井美耶子編集・解説『資料 性と愛をめぐる論争』（「論争シリーズ」第五巻）、ドメス出版、一九九一年、一九五―二七〇ページ参照

論文に「「非当事者」にできること」（「Juncture」第8号）、「震災後の都市の変革可能性」（「原爆文学研究」第17号）など

サラ・フレデリック（Sarah Frederick）
1969年、アメリカ・バーモント州生まれ
ボストン大学准教授人文学部世界文学科日本文学比較文学准教授
専攻は日本近代文学、文化史、女性、ジェンダー・セクシュアリティ、女性作家研究など
著書に*Turning Pages*（University of Hawai'i Press）、論文に"Beyond Nyonin Geijutsu, Beyond Japan"（*Japan Forum* vol.25）、"The Travels of a Japanese 'Girl' Yoshiya Nobuko's 1928 World Tour"（Roberta Micallef ed., *Illusions and Disillusionment*,ILEX/Harvard University Press）など

星野幸代（ほしの・ゆきよ）
1968年、東京都生まれ
名古屋大学人文学研究科教授
専攻は中国近現代文学、比較舞踊史
著書に『日中戦争下のモダンダンス』（汲古書院）、共著に『越境する中国文学』（東方書店）、『多角的視点から見た日中戦争』（集広舎）など

楊佳嘉（ヨウ・カカ）
1990年、中国・山西省生まれ
名古屋大学大学院人文学研究科博士後期課程
専攻は日本近代文学、日中近現代比較文学
論文に「森三千代の「病薔薇」における日中女性同士の繋がり」（「人文学フォーラム」第2号）、「塀の中の異国幻想」（「日語教育与日本学研究」2013年号）など

尾形明子（おがた・あきこ）
東京都生まれ
文芸評論家
専攻は近代日本文学
著書に『女人芸術の世界』『「輝ク」の時代』（いずれもドメス出版）、『自らを欺かず』（筑摩書房）、『華やかな孤独 作家 林芙美子』（藤原書店）、『評伝　宇野千代』（新典社）など

林 葉子（はやし・ようこ）
1973年、千葉県生まれ
同志社大学人文科学研究所助教
専攻は近現代日本政治思想史、日英帝国関係史、ジェンダー研究
著書に『性を管理する帝国』（大阪大学出版会）、共著に『男女別学の時代』（柏書房）、『戦後日本思想と知識人の役割』（法律文化社）、『〈性〉の分割線』（青弓社）など

［著者略歴］（執筆順）

呉佩珍（ゴ・ハイチン）
1967年、台湾・高雄生まれ
国立政治大学台湾文学研究所准教授
専攻は日本近代文学、日本植民期日台比較文学、比較文化
著書に『真杉静枝与殖民地台湾』（台北・聯経出版）、共著には *Re-Playing Shakespeare in Asia* (Routledge)、『〈異郷〉としての大連・上海・台北』『〈異郷〉としての日本』（ともに勉誠出版）、『津島佑子の世界』（水声社）など

張文聰（チョウ・ブンソウ）
1985年、台湾生まれ
名古屋大学大学院人文学研究科博士候補研究員
専攻は日本近代文学、植民地台湾日本語文学
共著論文に「近年日本的台湾研究状況（2012―2017）」（「台湾史研究」第26巻第1号）など

李恵鈴（イ・ヘリョン）
1971年、韓国・ソウル生まれ
成均館大学校東アジア学術院副教授
専攻は韓国近現代文学／文化
共編著に『検閲の帝国』（新曜社）、共著に『朝鮮の女性〈1392-1945〉』（クオン）、論文に「監獄、あるいは不在の時間」（「文学」2010年3月号）など

相川拓也（あいかわ・たくや）
1987年、山梨県生まれ
日本エスペラント協会事務局次長、東京大学大学院総合文化研究科博士課程満期退学
専攻は朝鮮近代文学
共著に『韓国近代文学と東アジア1』（ソミョン出版、韓国語）、論文に「李箱「翼」における男女関係と都市空間」（「朝鮮学報」第228輯）、「京城の路地の歳月」（「仇甫学報」第14号、韓国語）など

孫知延（ソン・ジヨン）
1970年、韓国・ソウル生まれ
慶熙大学日本語学科副教授
専攻は日本近現代文学
論文に「日本帝国支配下におけるマイノリティ民族の言語戦略」（「日本思想」第30号）、「沖縄共同体構想と女性のセクシュアリティ」（「耽羅文化」第49号）、「羅恵錫の欧米旅行記にあらわれた西欧、アジア、そして女性」（「羅恵錫研究」第4号）、「孔枝泳・辻仁成『愛のあとにくるもの』を通してみた「日韓和合」という問題」（「日本研究」第36号）など

加島正浩（かしま・まさひろ）
1991年、広島県生まれ
名古屋大学文学研究科博士後期課程
専攻は日本近現代文学

［編著者略歴］
飯田祐子（いいだ・ゆうこ）
1966年、愛知県生まれ
名古屋大学大学院人文学研究科教授
専攻は日本近現代文学、ジェンダー批評
著書に『彼らの物語』『彼女たちの文学』（ともに名古屋大学出版会）、編著に『『青鞜』という場』（森話社）など

中谷いずみ（なかや・いずみ）
1972年、北海道生まれ
二松学舎大学文学部准教授
専攻は日本近現代文学・文化
著書に『その「民衆」とは誰なのか』（青弓社）、共著に『コレクション戦争と文学』別巻（集英社）、論文に「空白の「文学史」を読む」（「日本近代文学」第98集）など

笹尾佳代（ささお・かよ）
1979年、徳島県生まれ
神戸女学院大学文学部准教授
専攻は日本近現代文学
著書に『結ばれる一葉』（双文社出版）、共著に『論集 樋口一葉』第4巻（おうふう）、『スポーツする文学』（青弓社）など

女性《じょせい》と闘争《とうそう》　雑誌「女人芸術」と一九三〇年前後の文化生産

発行――2019年5月28日　第1刷
定価――2800円＋税
編著者――飯田祐子／中谷いずみ／笹尾佳代
発行者――矢野恵二
発行所――株式会社青弓社
〒162-0801 東京都新宿区山吹町337
電話 03-3268-0381（代）
http://www.seikyusha.co.jp
印刷所――三松堂
製本所――三松堂

ISBN978-4-7872-3453-7　C0036